Raúl Krauthausen | Benjamin Schwarz

Wie kann ich was bewegen?

RAUL KRAUTHAUSEN | BENJAMIN SCHWARZ

Wie kann ich was bewegen?

DIE KRAFT DES KONSTRUKTIVEN AKTIVISMUS

Edition Körber

Bibliografische Information der Deutschen Nationalbibliothek

Die Deutsche Nationalbibliothek verzeichnet diese Publikation in der Deutschen Nationalbibliografie; detaillierte bibliografische Daten sind im Internet unter http://dnb.d-nb.de abrufbar.

Umschlag: Groothuis. www.groothuis.de
Covergestaltung und Illustration: Katja Hübner, kommuneart, Hamburg | www.kommune-art.de
Herstellung: Das Herstellungsbüro, Hamburg | www.buch-herstellungsbuero.de
Druck und Bindung: CPI books GmbH
Printed in Germany

ISBN 978-3-89684-291-6

www.edition-koerber.de

Inhalt

Vorwort

Es ist der 22. Januar 2020. Der einst frostige Berliner Winter zeigt sich bei milden 14 Grad. Wir sitzen im Kreuzberger Café Ahorn, Raúl Krauthausen bei Pasta und Apfelschorle, Benjamin Schwarz bei Ingwertee. Covid-19 ist noch kein Thema, die Klimakrise schon. Wie bei ersten Verabredungen üblich, ahnt noch niemand, was daraus werden wird. Was uns sofort eint, ist die Abneigung gegenüber Small Talk. Das wird uns künftig noch viel Zeit sparen. Also sprechen wir direkt über Aktivismus, über gute und schlechte Kommunikation und über das Olympia-Projekt. Eigentlich sollten wir über Social Media sprechen, über Benjamins Firma part und Raúls zahlreiche Projekte. Doch schnell geht es um mehr als Instagram-Strategien, Communitys und Content-Produktion. Es geht um aktivistische Arbeit. Warum tun wir das? Und wie? Und was bewirkt es?

> Raúl: Mir schwebt so etwas vor wie ein konstruktiver Aktivismus.
> Benjamin: Und wie sieht der konkret aus?
> Raúl: Lass es uns herausfinden.

Bevor wir uns für diese Zusammenarbeit gefunden haben, erfuhren wir beide einen inneren Wendepunkt. Für Raúl liegt er in der Erkenntnis, nicht weiter am »Inklusionszirkus« teilnehmen zu wollen. Nicht weiter von Barrieren in Köpfen zu sprechen, bevor nicht die bürokratischen wie physischen Barrieren beseitigt sind und es selbstverständlich überall

Zugänge und Möglichkeiten für Menschen mit Behinderung gibt. Für Benjamin ist es die Zusammenarbeit mit Greta Thunberg. Er trifft sie dabei nicht persönlich, weil sie währenddessen über den Atlantik segelt und er diese Reise in die Welt kommuniziert. Sie weckt in ihm jedoch die Überzeugung, noch viel mehr im Kampf gegen die Klimakrise tun zu können. Und tun zu müssen.

Wir sind Betroffene, die aus ganz persönlichen Motiven etwas bewegen wollen. Ein Mensch mit Behinderung, der für eine tatsächlich barrierefreie Gesellschaft kämpft. Und ein Vater, der dafür kämpft, dass seine Kinder nicht unter den Folgen der Klimakrise leiden müssen. Wir handeln aus persönlichen Motiven. Wir sind nicht objektiv, wir versuchen es nicht einmal zu sein. Dies ist keine wissenschaftliche Arbeit. Wir sind keine reinen Beobachter von Aktivismus. Wir sind mittendrin. Wir haben klare Haltungen und kommunizieren sie auch deutlich.

Und das haben wir mit denen gemein, die wir für dieses Buch treffen: Deutschlands bekannteste Aktivist*innen[1]. Von ihnen möchten wir wissen, wie ein konstruktiver Aktivismus aussehen kann und auf welche Art und Weise sie etwas bewegen. Geht das überhaupt außerhalb des Parlaments? Oder vielleicht nur dort? Wie radikal muss Aktivismus sein, damit er eine Chance gegen all die Machthabenden in Politik und Wirtschaft hat? Wie wird aus politischem Protest politisches Handeln? Warum tust du das? Warum gibst du nicht auf?

Muss ich persönlich von etwas betroffen sein, um als Aktivist zu kämpfen? Was kann ich als einzelner Mensch erreichen? Wo und wie kann ich anfangen?

Jedes unserer Gespräche haben wir aufgezeichnet, Teile davon als Podcast veröffentlicht. Die Aufnahmen haben wir transkribiert und analysiert. Satz für Satz. Wichtige Erkenntnisse, schlaue Gedanken, spannende Geschichten und inspirierende Fragen – die Aktivist*innen haben viel zu sagen. Jedes Gespräch war für uns aufreibend und so intensiv, dass es Tage dauerte, es zu verarbeiten. Klar, manche von ihnen kannten wir bereits, andere sahen wir zum ersten Mal. Nach jedem Termin schauten wir uns an: Wow, was für ein Mensch! Was für ein Gespräch!

Manchmal überwältigt uns das Held*innenhafte, die Selbstlosigkeit der Aktivist*innen. Dann haben wir einfach nur noch das Bedürfnis, uns zu bedanken – für all die Arbeit, die Zeit, das Leben, das jemand dem Gemeinwohl widmet.

Unser Buch entstand in der Coronakrise, zum Teil während des Lockdowns. Entsprechend viel fand digital statt. Und auch wir trafen uns immer weniger am Ufer des Berliner Landwehrkanals, umso häufiger in digitalen Räumen. Erst wollten wir eine Art Leitfaden schreiben: vom reinen Protest zum konstruktiven Aktivismus. Doch in unseren Gesprächen wurde uns mehr und mehr bewusst: Aktivismus kommt selten von außen, er kommt von innen. Er braucht diesen überzeugungsgetränkten Veränderungswillen, der stärker ist als jedes menschliche Bedürfnis nach Freizeit, Couch oder Party.

Ist dies hier ein Buch von Aktivisten für Aktivist*innen? Nicht nur. Wir glauben, dass vor allem diejenigen, die ihre*n eigene*n Aktivist*in in sich noch nicht aufgespürt haben, hier fündig werden. In den Geschichten und Gesprächen, zwischen und in den Zeilen, in einem konstruktiven Aktivismus. Gleichzeitig ist dies kein missionarisches Buch. Wir teilen zwar die Überzeugung »No one is too small to make a difference«, aber ebenso: »NOT everyone is a changemaker«. Um sich an der Verbesserung der Welt zu beteiligen, müssen wir nicht alle aktivistisch werden.

Und doch: Wir sind nicht bereit, die Welt so hinzunehmen, wie sie ist. Und wir sind uns sicher, dass wir das auch nicht müssen. Dass sie sich verändern lässt, ist längst bewiesen. Nicht allein. Sondern im gemeinsamen Handeln.

Und das fängt immer bei dir an.

AKTI
VIS
MUS.

1. Aktivismus

»Es bedeutet […], daß es auf Erden keinen Menschen gibt – so brutal, so persönlich feindselig er auch sei –, ohne angeborenes Fundament von Güte, ohne Liebe zur Gerechtigkeit, ohne Achtung vor dem Wahren und Guten; all dies ist für jeden erreichbar, der die geeigneten Mittel verwendet.«

Aldous Huxley: Plädoyer für den Weltfrieden und Enzyklopädie des Pazifismus, 1993

Das Mädchen trägt einen lila Schulrucksack auf dem Rücken und ein Schild vor sich in den Händen – fast halb so groß wie sie selbst. Langsam geht sie durch die ruhige Fußgängerzone. Es ist früh am Morgen, die Sonne versteckt sich noch hinter den historischen Gebäuden. Ihre hohen Wände begrenzen den Weg rechts und links. Dort, am schattigen Rand, bleibt das Mädchen stehen. Sie lehnt das Schild gegen die Mauer, legt ihren Rucksack ab und nimmt einen Stapel Flugblätter heraus. Mit einem Stein beschwert sie den Papierstapel, damit der Wind die Blätter nicht wegweht. Sie setzt sich auf den noch kalten Boden, die Beine angewinkelt neben ihrer roten Trinkflasche und dem Rucksack. Zu ihrer Linken das Schild: »Skolstrejk for klimatet«.

Es ist Montag, der 20. August 2018. Das Mädchen schreibt auf Twitter: »Wir Kinder tun normalerweise nicht das, was ihr uns sagt, sondern das, was ihr tut. Und da ihr Erwachsenen euch einen Dreck um meine Zukunft schert, tue ich das auch. Ich trete bis zum Wahltag in einen Schulstreik für das Klima.«[1] Das schwedische Online-Magazin *Aftonbladet* berichtet noch am selben Tag: »Die 15-jährige Greta Thunberg findet, dass die Menschen das Klima nicht ernst nehmen.« Auf die Frage, warum sie streike, gibt Greta eine klare Antwort: »Niemand sonst tut etwas, also muss ich tun, was ich kann. Es ist meine moralische Verpflichtung, etwas zu tun.«[2]

Einen Tag später setzen sich zwei weitere Mädchen dazu. Am Freitag sind es bereits 35 Menschen, Schüler*innen und Erwachsene. Schon jetzt wird über das streikende Mädchen aus Stockholm über die Landesgrenzen hinaus berichtet. Niemand nennt sie Aktivistin.

Wir leben in einer Zeit, in der politisches Handeln über das Weiterleben auf diesem Planeten entscheidet: Ein Virus legt die ganze Welt lahm, die weitaus größere Klimakrise zerstört Lebensgrundlagen, Arten sterben aus, soziale Ungerechtigkeit und Menschenfeindlichkeit bedrohen unsere Gesellschaft. »Wir sind an einem Punkt angelangt, wo wir gar keine Wahl haben, ob wir uns engagieren wollen oder nicht«[3], sagt die Aktivistin Carola Rackete. Die Frage ist also nicht, ob, sondern wie. Wie kann ich was bewegen? Wie muss ich mich engagieren, damit sich durch mein Handeln etwas verändert? Bewirke ich etwas, wenn ich als einer von hunderten oder tausenden Menschen mit Plakaten an einer Demonstration teilnehme? Schert sich irgendwer um meinen lauten Protest? Ändert sich dadurch etwas? Oder mache ich das vielleicht nur, um mein eigenes Gewissen zu beruhigen? Um überhaupt etwas zu tun? Spielen wir uns damit nicht nur vor, wir könnten etwas erreichen?

Fragen wir die Aktivistin Cesy Leonard. Sie ist Gründerin der Gruppe Radikale Töchter, mit der sie jungen Menschen die Politik mit spielerischen Methoden näherbringt: »Ich glaube, dass die Politik nur durch die Beteiligung der Bürger*innenschaft, nämlich durch kreativen Protest, überhaupt erst lebendig wird. Politischer Protest ist lebenswichtig für die Demokratie.«[4] Er ist aber nicht selbstverständlich. Es ist nicht einmal selbstverständlich, politisch zu sein, politisch zu denken. Meinungsforscher*innen bestätigen den Eindruck, dass sich Menschen in Deutschland vor allem mit dem beschäftigen, was die Konsumwelt zu bieten hat – mit all dem, was vermeintlich privat ist. Ist das schlimm? Oberflächlich? Verantwortungslos? Oder vielleicht sogar gefährlich?

Nein, Oberflächlichkeit und politisches Desinteresse führen nicht zu Boshaftigkeit. Doch wer weniger nachdenklich mit seiner Umwelt umgeht, ist eine leichtere Beute für Menschen mit bösen politischen Absichten. »Das Böse ist ein Oberflächenphänomen«, schreibt die politische Theoretikerin Hannah Arendt in ihrem Buch zum Eichmann-Prozess

1961: »Wir widerstehen dem Bösen nur dann, wenn wir nachdenklich bleiben. Das heißt, indem wir eine andere Dimension erreichen als die des täglichen Lebens. Je oberflächlicher jemand ist, desto eher wird er sich dem Bösen ergeben. Das ist die Banalität des Bösen.«[5]

Wir werden nicht als politische Menschen geboren. Eine wichtige Voraussetzung ist unsere Erziehung. Aus Familien, in denen beim Frühstück oder Abendbrot über Politik gesprochen wird, erwachsen leichter politische Menschen, die es gelernt haben, über den eigenen Tellerrand zu blicken und gesellschaftliche Zustände zu hinterfragen.[6] Das klingt nun vielleicht so, als sei für politisches Interesse ein gewisses Maß an Bildung vonnöten. Doch politisch interessiert sind auch diejenigen, die rechte Parolen grölen oder nicht an den Klimawandel glauben. Die Frage, die ein politischer Mensch bejahen wird, lautet zunächst einmal nur: Interessieren mich die Regeln des Zusammenlebens? Und zwar unabhängig davon, wie ich sie gerne hätte?

Im besten Fall aber entwickeln wir ein Urteilsvermögen und einen Gemeinsinn, basierend auf demokratischen Werten. Gute politische Bildung schützt vor den Feinden der Demokratie, weil sie verhindert, dass sie entstehen. Die Demokratie überlebt aber nur, wenn viele Menschen politisch sind. Wenn sich viele dafür interessieren, wie es der Gesellschaft geht, in der wir zusammenleben. Unpolitisch ist der, dem das Schicksal der Polis (Gemeinwesen) gleichgültig ist, sagt Aristoteles.[7] Uns geht es hier um all diejenigen, denen es nicht egal ist, was vor ihrer Haustür geschieht, ob die Gesellschaft für alle funktioniert oder ob auch die Generationen nach uns weiter auf diesem Planeten leben können. In diesem Buch geht es um die, die bereit sind, etwas dafür zu tun.

Ihr Engagement ist kein rein selbstloses gemeinnütziges Handeln, denn letztlich profitiert jede*r von einer friedlichen demokratischen Grundordnung. Und auch am Erhalt des Planeten Erde sollte uns allen gelegen sein. Aktivistin Carola Rackete findet klare Worte: »Es braucht sehr viel mehr Menschen, die sich politisch und gesellschaftlich engagieren. Gerade weil wir uns durch die Zerstörung der Ökosysteme in einer existenziellen Krise befinden. Die Klimakrise ist für mich nur ein Teil des gesamten Problems, zu dem ja auch die Ozeanversauerung hinzukommt, das sechste Artensterben, der Verlust der Böden, die Landwirtschaft, die massiven Probleme der Ungleichheit innerhalb der Gesellschaft. All diese Krisen fordern massive Veränderungen. Und die lassen sich nur umsetzen, wenn sich viele Leute dafür einsetzen. Es reicht einfach nicht, wenn wir nur alle vier Jahre mal wählen gehen.«[8]

Aber können sich denn überhaupt so viele Menschen politisch engagieren? Nicht selten lautet die Reaktion: Wann soll ich das denn noch machen?! Der Unternehmer Waldemar Zeiler ist politisch aktiv, seit er sich finanziell abgesichert fühlt. Er zeigt Verständnis für diejenigen, die das eben (noch) nicht sind und ihren Alltag unter großen Anstrengungen meistern müssen: Kinder, pflegebedürftige Eltern oder ein fordernder Job, all das erfordert mehr als nur Zeit und Geld. Seiner Meinung nach gibt es aber »genug privilegierte Menschen, die das machen könnten, und die müssen ran«[9].

Das allgemeine politische Interesse in Deutschland ist auf Rekordhoch.[10] Vor allem bei jüngeren Menschen. Es äußert sich in politischen

Bewegungen, Demonstrationen oder Online-Aktionen. Gleichzeitig wollen sich immer weniger Menschen aktiv in Parteien oder Gewerkschaften engagieren. Für den gelernten Buchhändler, Aktivisten und Gewerkschafter Orry Mittenmayer nehmen viel zu viele Bürger*innen ihr Recht auf Politik nicht wahr: »Ich gehörte vor zwei, drei Jahren auch noch zu denen, die immer gedacht haben: Politik gehört nicht mir«, erzählt er, »Politik gehört irgendwelchen alten weißen Männern in Hinterzimmern. Und ich habe nicht mitzureden. Ich bin zu dumm. Und als Schwerhöriger habe ich sowieso keine Chance, da irgendwie mitgestalten zu dürfen. Es brauchte für mich erst mal die gewerkschaftliche Arbeit, um zu verstehen, dass tatsächlich jeder von uns partizipieren kann und jeder von uns eigentlich auch in der Pflicht ist, wenn er oder sie die Möglichkeit dazu hat.«[11, 12] Orry Mittenmayer ist nicht etwa 65 Jahre alt, sondern erst 25, als er sich wie David gegen Goliath der Plattformökonomie entgegenstellt. Orry arbeitet da als »Rider« beim Lieferdienst Deliveroo und will trotz fehlender Arbeitnehmer*innen-Vertretung die miesen Arbeitsbedingungen nicht länger hinnehmen. Er organisiert den Aufstand der Essenskuriere und wird am Ende erster Betriebsratsvorsitzender bei Deliveroo.

Orry ist mit seinen heute 28 Jahren die Ausnahme: In ganz Europa klagen die Gewerkschaften über ein Nachwuchsproblem. Es gibt dafür viele Erklärungen. Wer politisch uninteressiert ist, sucht als junge*r Arbeitnehmer*in kein politisches Engagement. Wer sich selbst eher politisch rechts, konservativ oder wirtschaftsliberal einordnet, schließt sich ebenfalls keiner Gewerkschaft an. Abgesehen von der wachsenden Gruppe der AfD-Wähler*innen in den Arbeitnehmer*innen-Vertretungen. Bleiben also diejenigen, die sich selbst politisch links verorten. Doch die folgen oft progressiven Ideen und fordern gesellschaftliche Veränderung auf allen Ebenen. Sie wollen sich nicht vom alten, bürokratischen, vermeintlich überstrukturierten und wenig flexiblen Apparat einer Gewerkschaft aufhalten lassen.

Wer mit den Grünen sympathisiert, steht meist ebenfalls nicht unter Verdacht, sich gewerkschaftlich engagieren zu wollen: Zwischen den Grünen und den Gewerkschaften gibt es erst seit wenigen Jahren Verbindungen. Und es wird noch viel passieren müssen, bis das in der Wähler*innenschaft ankommt. Die Mitgliederzahl der SPD schrumpft dagegen unaufhaltsam. Die Verbindung der Partei zur Gewerkschaft ist aber eher eine Erklärung für deren Schwund als eine Lösung für einen Aufschwung. Bleibt noch Die Linke. Hier sind die Verbindungen seit jeher sehr eng. Eigentlich scheinen fast alle Linken auch mit der Gewerkschaft verbunden zu sein. Doch das reicht nicht, um das Nachwuchsproblem zu lösen, zumal Die Linke keine besonders junge Partei ist. Die traditionelle Nähe der Gewerkschaften zu wenigen politischen Parteien erweist sich als großer strategischer Fehler. Zumindest, wenn es um die Rekrutierung von Nachwuchs geht. Bevor 2007 Die Linke entsteht, ist die SPD die einzige parteipolitische Partnerin der Gewerkschaften. Jahrzehntelang. Sicher, auf jeder gewerkschaftlichen Demonstration taucht auch mal eine kommunistische Fahne auf. Das wird in den 1980er und 1990er Jahren in Westdeutschland von damals noch potenten Sozialdemokrat*innen belächelt und als sozialistische Folklore geduldet. Mit der Entwicklung der SPD zur zwischenzeitlich nur noch viertstärksten Kraft auf Bundesebene mit einstelligen Landtagswahlergebnissen rücken auch die Gewerkschaften von ihr ab. Als die SPD noch immer versucht, Arbeitsplätze und Klima gegeneinander auszuspielen, sprechen Gewerkschaftsvertreter*innen längst auf Klimademos. Sie wissen: Hier sind die jungen politischen Menschen. Doch die fragen sich: Ist das nun ein taktisches Anbiedern der Politik-Boomer? Oder haben es die Gewerkschaften endlich begriffen? Nicht, wenn wir auf das Thema Kohleausstieg sehen. Gewerkschafter wie Michael Vassiliadis, der Vorsitzende der Industriegewerkschaft Bergbau, Chemie und Energie (IG BCE), ignorieren den Klimawandel. Ihnen geht es nachweislich nur darum, eine klimafreundliche Politik als möglichst teuer darzustellen:

»Die Regierung muss Verantwortung dafür übernehmen, wenn sie einen rentablen Industriezweig politisch abschalten will.«[13] Es ist diese Art von Politik und Lobbyismus, die einen rechtzeitigen Kohleausstieg und damit eine zukunftsgerechtere Klimapolitik verhindert.

Es ist fraglich, ob neuere Formen der politischen Beteiligung, also jüngere Bewegungen oder digitale Formate, die Bildungsaufgaben klassischer Einrichtungen übernehmen können. Mit Fridays for Future steigt das Interesse an Politik, Engagement und Demokratie in einer ganzen Generation massiv an. Aber politische Bildungsarbeit ist weder ihr Ziel noch ihre Aufgabe. Die Bewegung aus Jugendlichen und Studierenden organisiert sich von Beginn an selbst. Jeglicher Einfluss der Eltern- und Lehrer*innengeneration wird erfolgreich ferngehalten. Dadurch lernen

zumindest die jungen Aktivist*innen mehr, als ihnen irgendeine Einrichtung jemals vermitteln könnte.

Maßnahmen und Angebote muss es jedoch vor allem für diejenigen geben, die zu Hause weniger in Kontakt mit politischen Inhalten kommen. Diejenigen, bei denen aus unterschiedlichsten Gründen nicht morgens am Frühstückstisch aus der Tageszeitung zitiert oder abends pünktlich zur Tagesschau um Ruhe im Wohnzimmer gebeten wird. Kürzungen von Förderprogrammen, die beispielsweise durch das Bundesministerium für Familie, Senioren, Frauen und Jugend vorgenommen werden, schwächen die politische Bildung. Private Vereine oder Stiftungen bieten Programme und fördern Projekte, können das wachsende Leck aber nicht stopfen, zum Beispiel Projekte wie das VielRespekt-Zentrum in Essen, das durch den privaten Stifter Reinhard Wiesemann finanziert und von dem Sozialaktivisten Ali Can geleitet wird. Ihm begegnen hier Menschen, die nahezu ohne politische Bildung aufgewachsen sind: »Manchen Leuten wurde dieser Zugang nie ermöglicht, sie wurden nie an einer bestimmten Stelle ihres Lebens getriggert oder haben sich nie selbst damit auseinandergesetzt. Und sie schämen sich dafür, dass sie nicht mithalten können.«[14]

Es muss auch einfache Zugänge zu politischen Inhalten geben. Und zwar ohne populistische Vereinfachungen. Ein Beispiel: Weit über eine Million Menschen lesen noch die *Bild*-Zeitung, weit mehr folgen ihren Inhalten online, oft indirekt durch die Verbreitung über Social Media. Direkte Aussagen in einer einfachen Sprache mit kurzen Sätzen und vielen Bildern vermitteln das Gefühl der Verständlichkeit. Das Problem: Es ist eben nicht nur einfach, sondern oft allzu vereinfacht. Zwar soll auch bei *Bild* ein niederschwelliger Zugang zu politischen Themen geboten werden, aber eben nur zu ganz bestimmten und auf eine bestimmte Weise. Aus derart undifferenzierter und selektiver Information lässt sich jedoch keine weitere Stufe der Erkenntnis erklimmen. Noch besser als Stufen wären im Übrigen Rampen, also bessere Zugänge zu Nachrichten. Eine inhaltliche Rampe wäre eine verständliche und korrekte Verbindung zwischen vermeintlich komplexeren Themen und der Lebensrealität vieler Menschen. Medien wie *Bild* sind aber von vornherein flach angelegt: keine Stufe, keine Rampe, kein Weiterkommen. Stattdessen werden Stimmungen erzeugt.[15] *Fox News* schafft dies in den vergangenen fünf Jahren im Dienste Donald Trumps in den USA: eine systematische und massive Ignoranz durch eine einseitige und dramatisierende Berichterstattung, durch Meinungen und Fake News. Dahinter stehen politische Interessen. Und von denen profitieren keineswegs die Gruppen, die diese Medienangebote hauptsächlich nutzen. Wir sind gewarnt, denn spätestens seit Trump wissen wir, wohin solch ein massenmedialer Populismus führen kann. Gezielte Falschinformationen und dramatisierende Berichterstattung provozieren wütende Massen und Gewalt. Die Erstürmung des Kapitols im Januar 2021 und die versuchte Stürmung des Reichstags im August 2020 sind nur mehr Ergebnisse dieses Populismus.

Es braucht andere Wege, Menschen politische Inhalte näherzubringen. Demokratieaktivistin Cesy Leonard betont, wie wichtig es sei, zu begreifen, was Politik mit mir und meinem Leben zu tun habe. Und zu begreifen, dass diese Demokratie, wenn ich mich nicht für sie einsetze, und sei es auch nur in meinem kleinen Sozialraum, Stück für Stück in Gefahr geraten könnte.[16]

Klein anfangen also: vor der eigenen Haustür, in der Nachbarschaft und im Freundeskreis[17]. Vieles ist »politisches Engagement«, auch wenn es sich nicht so nennt. Nicht wenige Menschen behaupten von sich, sie hätten »mit Politik nichts am Hut«, und leisten aber zugleich durch ihr ehrenamtliches Engagement weit mehr für die Gesellschaft als andere, die sich selbst als »politisch« einstufen. Etwas politisch zu bewegen, kann auch bedeuten, beim Elternabend die Stimme zu erheben, wenn sich andere dagegen aussprechen, ein Kind mit Behinderung[18] in die Klasse aufzunehmen. Das ist sehr politisch. Aber niemand muss es so nennen. In unserem Gespräch mit Cesy Leonard kommen wir auf das Sozialunternehmer*innen-Netzwerk Ashoka und deren Leitsatz »everyone a changemaker« zu sprechen: »Mir scheint, das ist es, was Leute abschreckt und verängstigt: wenn sie das Gefühl haben, sie müssten ein changemaker sein.«[19]

Andere Menschen engagieren sich nicht, weil sie sich weder mit sozialen noch mit politischen oder gar globalen Themen auseinandersetzen wollen. Ihnen erscheint die Ignoranz das beste Mittel gegen die großen Krisen der Zeit zu sein.

Darüber wollen wir mit Carola Rackete sprechen. Wir sitzen zusammen im »bUm – Raum für die engagierte Zivilgesellschaft« am Berliner Landwehrkanal. Das Gebäude sollte mal der Google-Campus werden. Intensive Proteste aus Berlin-Kreuzberg verhinderten das. Jetzt gibt es hier für Menschen, die gemeinnützige Arbeit machen, vergleichsweise günstige Büroplätze zu mieten. Außerdem ist hier eine Initiative für Menschen ohne Obdach beheimatet. Carola Rackete ist nur sehr selten in Berlin. Eigentlich ist die Naturschutzaktivistin immer irgendwo in der Welt unterwegs. Wir diskutieren über die globalen Zusammenhänge von Krisen und fragen uns: Warum führen die Dürren in Russland zu einem politischen Rechtsruck in Deutschland? Und warum wird so wenig über globale Politik gesprochen? »Wer informiert sich darüber? Ist das für Leute relevanter als das Ergebnis des Fußballvereins?«[20]

Das Ergebnis des Fußballspiels steht nur beispielhaft für das Private. Das Private, in das sich die meisten Menschen immer wieder zurückziehen, weil das Leben dort überschaubarer, machbarer, sicherer scheint. Denn die Welt ist voller Zumutungen. Erich Fromm beschreibt in seinem Werk *Haben oder Sein* das »Absterben unseres Selbsterhaltungstriebes«, das darin begründet sei, dass »der einzelne die sich am Horizont abzeichnende Katastrophe den Opfern vorzieht, die er jetzt bringen« müsste.[21] Lieber mit Auto und Flugzeug in die Klimakatastrophe als regelmäßig mit dem Fahrrad zum Bäcker.

Ironischerweise gilt der Rückzug ins Private mittlerweile selbst als Bewegung, wenn auch nicht als politisch. Sie wird auch Postindividualisierung genannt. Spätestens die Coronapandemie mache den Rückzug ins Private zum Megatrend, ließen unlängst Forscher*innen des Frankfurter Zukunftsinstituts verlauten.[22] Nicht ganz freiwillig, möchten wir einwerfen. Die Menschen sind schließlich gezwungen, deutlich mehr Zeit im Privaten zu verbringen. Das Öffentliche wird zur ansteckenden Bedrohung, verkörpert durch radikalisierte Wissenschaftsleugner*innen. Viele Menschen sehnen sich nach einer Rückkehr in den öffentlichen Raum – die wenigsten meinen damit den politischen. Es geht hier vielmehr um Freizeitaktivitäten, Urlaubsreisen, Einkaufserlebnisse, Friseurbesuche oder die Freuden des Biergartens. Gleichzeitig zwingt die Pandemie geradezu zur Auseinandersetzung mit politischen Inhalten. Das überfordert nicht wenige und erschöpft viele. Und der ein oder andere winkt ab: »Eine weltweite Krise reicht doch erst mal, bleib mir bloß weg mit dem Klima.« Was kann ein*e Aktivist*in an der Stelle tun? Wir müssen den Menschen wortwörtlich entgegenkommen. Wenn sich jemand nur für den eigenen Vorgarten interessiert, müssen wir eben die Probleme dorthin tragen.

Ja, es lässt uns verzweifeln, wenn wir darüber nachdenken, dass jeder einzelne von uns ausgegebene Euro irgendwo einem Menschen das Leben retten könnte. Leider stimmt es trotzdem. Ja, es liegt nicht in unserer alleinigen Verantwortung. Es sind vor allem politische Fragen, die Politiker*innen beantworten und nicht auf uns in der Zivilgesellschaft abwälzen sollen. Und trotzdem bleiben es unsere gemeinsamen Themen. Für viele ist ein Problem erst dann relevant, wenn es sie direkt bedroht – das Vorgarten-Phänomen, das praktisch bedeutet: Wir müssen die Themen frühzeitig näher an die Menschen heranbringen. Durch persönliche Verbindungen. Klimaaktivistin Luisa Neubauer wendet diese Methode bereits an, indem sie versucht, »nicht die Geschichten von denen zu erzählen, die junge Studentinnen sind wie ich, sondern die Geschichten von meiner Mutter als Krankenschwester mit vier Kindern, wie sie anfing, politisch aktiv zu werden. Oder von meiner Großmutter, warum sie aktiv wurde.«[23] Wir sollten weniger von Waldbränden auf anderen Kontinenten berichten als von den Wäldern, die den Menschen näherstehen. Autorin und Aktivistin Dana Buchzik beschäftigt sich damit, wie wir es schaffen können, für Probleme zu sensibilisieren, und auch sie hält nichts von pauschalen Botschaften. »Wir erreichen die Menschen am ehesten, wenn wir Geschichten erzählen. Und wenn wir konkret überlegen, wie wir sie auf die Zielgruppe hin zuschneiden. Wir alle wollen doch als individuelle Person angesprochen werden.«[24]

Die Metaebene fühlt sich für viele Menschen offenbar zu groß, zu weit weg, zu theoretisch an. Es ist absurd, aber es scheint viele Menschen nicht zu berühren, wenn wir ihnen sagen, dass das Klima die Erde unbewohnbar machen wird. Weil sie es sich nicht vorstellen können. Und das, obwohl die Klimakrise in Form von Waldbränden oder überfluteten Städten längst bei ihnen angekommen ist. Ist es Desinteresse oder eine Art Schutzmechanismus, der ein konsequentes Handeln gegen die Katastrophe verhindert? Verschließt sich die Psyche der Menschen vor zu vielen negativen Nachrichten? Wo bleiben die Alternativen, die Auswege, die positiven Ziele?

Wir beschäftigen uns nicht mit einer besseren Welt, die möglich wäre, sondern wundern uns in einem fort, dass nichts passiert. Die feministische Aktivistin Anne Wizorek erzählt von einem Twitter-Account, der Tagesschaumeldungen aus den 1980ern, 1990ern teilt, und fragt sich, warum damals auf die Nachrichten zur bevorstehenden Klimakatastrophe nicht reagiert wurde: »Warum müssen wir warten, bis uns wirklich der Arsch auf Grundeis geht? Warum muss man immer warten, bis es gar nicht mehr anders geht? Ich habe das Gefühl, wir prokrastinieren unsere bessere Welt geradezu. All das zeigt natürlich, wie stark die Machtstrukturen immer noch sind, gegen die wir da arbeiten müssen.«[25] Warum musste erst der CDU-Politiker Walter Lübcke von einem Rechtsterroristen erschossen werden, damit Regierende auf den rechten Terror im Netz reagieren? »Erst danach ging ein großer Aufschrei durch die Politik, und plötzlich wurde sehr schnell gehandelt«[26], rekapituliert Mia von Reconquista Internet, die wir aus Sicherheitsgründen nicht mit vollem Namen nennen. Das Vorgarten-Phänomen führt zu einer stets nur reagierenden Politik. Und eine Politik ohne Ideen, ohne Zukunftsvorstellung animiert die wenigsten Menschen dazu, sich an ihr zu beteiligen. Demokratie aber braucht Menschen, die mitmachen.

In einer Diktatur wiederum ist ein*e Aktivist*in in aller Regel sogleich ein*e Staatsfeind*in. Auch wenn in der DDR von »verdienten Aktivisten« gesprochen wurde, wenn Genossen für systemtreues »aktives« Engagement in Vereinen oder anderen Gruppen ausgezeichnet wurden. Die Orden finden sich noch heute auf Berliner Flohmärkten oder über eBay-Kleinanzeigen. Wesentlicher für heutige Zusammenhänge ist der Aktivismus als pazifistisch-sozialistische Bewegung, der sich in den wenigen Jahren zwischen den beiden Weltkriegen vor allem Literaten mit einem besonderen »Weltänderungswillen«[27] anschlossen. Ziel der Bewegung war es, Intellektuelle parteiunabhängig für die Politik zu aktivieren. Noch heute definiert ein solcher Veränderungswille den Aktivismus – unabhängig von seiner jeweiligen inhaltlichen Ausrichtung: Aktivist*innen fordern Veränderungen. »Das große Ziel liegt immer darin, dass das, was man macht, letztlich in einer Veränderung der politischen Agenda, der politischen Verhältnisse, münden soll und sich dann im Alltag der Menschen spiegelt«[28], beschreibt Ali Can seine Intention als Sozialaktivist.

Sind wir politisch interessiert, fallen uns Dinge auf. Dinge, die wir ungerecht finden, die wir gerne anders hätten, die unseren Werten widersprechen. »Protest« bedeutet, zu sagen, dass wir mit etwas nicht einverstanden sind. Darin liegt schon eine erste Handlung: Ich habe nicht nur eine politische Meinung, ich äußere sie auch, selbst wenn sich die

Dinge dadurch noch nicht ändern. Denn Protest allein ist nicht konstruktiv, er zeigt in der Regel noch keine Lösung auf, sondern benennt lediglich das Problem. Dabei machen wir die Erfahrung, dass das Äußern politisch kontroverser Meinungen eine Wirkung erzielt. Sie zeigt sich jedoch nicht selten in kurzfristigen Diskussionen oder im Streit, aber auch wenn wir jemanden durch gute Argumente überzeugen können. Wobei wir uns mit guten Argumenten schon wieder einen kleinen Schritt weiterbewegt haben. Wir meinen also nicht mehr nur, sondern bringen auch gute Gründe vor. Vom Aktivismus sind wir hier noch Lichtjahre entfernt.

Und doch gilt: Wer nicht politisch interessiert ist, wird wohl nur in den allerseltensten Fällen Aktivist*in. Und nur, wer so weit kommt, seine politische Meinung auch zu vertreten und zu begründen, wird auch die nächsten Schritte gehen können. Habe ich schon etwas bewegt? Kommt ganz darauf an: Ich könnte sagen, ich habe mich selbst bewegt. Ein kleines Stück. Die Schritte von der Gleichgültigkeit zur politischen Haltung, schließlich zur politischen Äußerung und weiter zum politischen Protest sind individuell sehr verschieden. Politisch zu sein, ist auch eine Typfrage: Wie verhalte ich mich, wenn mir ein Problem begegnet? Schließe ich instinktiv die Augen und hoffe, dass es jemand anderes für mich löst? Oder suche ich selbst nach Antworten?

Genau das ist die erste Voraussetzung, um politisch aktiv zu werden: Augen auf, nach Lösungen suchen, handeln. Werde also aktiv! Obacht, da ist es wieder. Wir nähern uns dem Aktivismus. Aber Handeln allein ist noch kein Aktivismus, vor allem nicht, wenn das Handeln zu *Aktionismus* wird. Leider werden diese beiden Begriffe oft verwechselt, dabei könnten sie nicht unterschiedlicher sein: »Aktionismus« beschreibt nur mehr ein impulsives Handeln ohne jedes erkennbare Ziel. Aktionen werden zum Selbstzweck. »Aktivismus« meint dagegen ein aktives, fortschrittliches und zielstrebiges Handeln. Mit Blick auf den Ursprung des Begriffes, wie ihn jene Autor*innen, die die Welt verändern wollten, verstanden[29], und zugleich auf eine der heutigen Definitionen[30], die dem Aktivismus nicht nur zielstrebiges, sondern auch fortschrittliches Handeln zuschreibt, können wir festhalten: »Aktivismus« bedeutet, für Veränderung zu handeln.

Das Gegenteil von Aktivismus ist der *Attentismus*, der sich sprachlich aus dem französischen »attendre« ableitet, was abwarten bedeutet. Ein*e Attentist*in ist eine Person, die untätig bleibt, abwartet, passiv verharrt. Und das ist Aktivist*innen ein Dorn im Auge, meint der Philosoph Karl Popper. Er stellte bei ihnen nicht nur »die Neigung zur Aktivität«, sondern auch die »Abneigung gegen jede Haltung des passiven Hinnehmens« fest.[31] Ein*e Aktivist*in ist demnach nicht nur selbst aktiv, sondern verurteilt auch diejenigen, die keine Aktivist*innen sind. Aber stimmt das überhaupt (noch)? In einem unserer Gespräche mit Luisa Neubauer fragen wir sie, ob sie die Menschen verstehen kann, die sich als »nicht politisch« einordnen und sich damit lieber komplett aus den Debatten heraushalten. Luisa bejaht die Frage und fügt hinzu: »Ich wünsche mir, dass diese Menschen die Krisen für sich entdecken oder zumindest so angesprochen werden, dass ihnen ein bisschen klarer wird, dass es so etwas wie den unpolitischen Menschen in einer Demokratie nicht wirklich gibt.«[32] Das stimmt, wenn wir das passiv Politische berücksichtigen. Also Menschen, deren Handeln unfreiwillig und unbewusst politisch ist. Beispielsweise das Einkaufen oder die Nutzung bestimmter Verkehrsmittel. Es reicht jedoch nicht aus, passiver Teil politischer Prozesse zu sein. Denn das bedeutet nicht einmal, wählen zu gehen. Wir meinen hingegen das bewusste politische Interesse. Und darauf aufbauend das politische Handeln. Eine Form dessen ist der Aktivismus. Er weist auf konkrete Probleme hin und fordert Veränderungen. Dafür formuliert er konkrete Ziele – sei es im Umweltschutz, für das Tierwohl, gegen Rassismus oder für die Inklusion – scheinbar unabhängig vom Thema.

Mit Demokratieaktivist Shai Hoffmann sprechen wir über den jungen Rechtsextremisten Sanny Kujath, der in der Fernsehdokumentation *Rechts. Deutsch. Radikal.*[33] des Journalisten Thilo Mischke porträtiert wird: »Er würde sich vielleicht selbst eher als Heimattreuer positionieren, aber für mich, in meinem Verständnis, ist er ein Aktivist«, sagt Shai Hoffmann und erklärt: »weil er für eine Idee, für eine Ideologie, vor die Kamera tritt, um andere Menschen dafür zu begeistern, gewissen Bewegungen und Strömungen beizutreten. Und das ist ja die Idee des Aktivisten: andere Leute zu aktivieren, etwas zu tun.«[34] Demnach ist ein Neonazi auch ein Aktivist? Oder ein Rechtspopulist? Gibt es rechten Aktivismus? Ganz langsam. Die rechtsextremistische Gruppe »Identitäre Bewegung« nennt ihre eigenen Aktivitäten selbst »patriotischen Aktivismus«[35]. Auch in der medialen Berichterstattung wird von »rechten Aktivisten« gesprochen. Allerdings wird in vielen offiziellen Definitionen[36] nicht grundlos darauf hingewiesen, dass der Aktivismus progressive Ziele erreichen will, die die Gesellschaft weiterbringen. Wir schließen uns jener Definition an, die unter »Aktivismus« den Einsatz für ein bestimmtes politisches Ziel versteht, das fortschrittlich und nicht menschenfeindlich ist. Doch warum nennen wir das nicht einfach politisches Engagement?

Für Luisa Neubauer sind Aktivist*innen die, die es ernst meinen. Wer von »politischem Engagement« spreche, schwäche diese Intention ab, nach dem Motto: Die einen sind radikal und wollen Veränderung, die anderen spielen im großen Sandkasten der demokratischen Beteiligung. Machthabende kommen ab und an vorbei, um sich mit den Spielenden fotografieren zu lassen oder ihnen eine Auszeichnung zu verleihen. Hoch lebe das politische Ehrenamt, denn es tut mir nichts! Das ist die eine Perspektive auf politisches Engagement. Die andere stellt zu Recht fest, dass das demokratische System ebendieses Spielen im Sandkasten braucht. Ohne es fehle ein wichtiger Baustein, das ganze Haus würde wackeln. Machthabende brauchen Bürger*innen, die sich engagieren, die auf unterschiedliche Art und Weise die Demokratie lebendig halten. Denn politisches Engagement bedeutet oft Arbeit auf lokaler Ebene, im vermeintlichen Klein-Klein der Kommune. Wir könnten auch sagen: Arbeit mit den Menschen. Wer Kindern beim Lesenlernen hilft, unterstützt die Demokratie. Wer geflüchtete Menschen bei Behördengängen begleitet, stärkt das System. Wer mit einer Elterninitiative dafür sorgt, dass Schüler*innen mit Behinderung an der Schule der eigenen Kinder unterrichtet werden können, arbeitet politisch.

Carola Rackete hadert dagegen mit den sprachlichen Zuordnungen: »Was ist ein Aktivist? Vielleicht ist ein Aktivist ja einfach nur ein Teil der Zivilgesellschaft, letztlich eine Person, die sich engagiert. Ich sehe da nicht, wo die Grenze zwischen Engagement und Aktivismus verlaufen soll.«[37] Sie selbst spricht lieber von »sozialem Engagement«. Und auch für Demokratieaktivist Shai Hoffmann sind hier die begrifflichen Grenzen fließend: »Als ›Aktivismus‹ würde ich auch bezeichnen, wenn du deinem Nachbarn hilfst, für die Älteren einkaufen gehst, dich mal blicken lässt, einen Tee trinkst. [...] Das ist schon Aktivismus im Kleinen. Und jede*r kann damit anfangen.«[38] Die Schriftstellerin Margarete Stokowski wählt für sich einen noch breiteren Zusammenhang: »Ich glaube, dass politisches Handeln oft auf einer wesentlich kleinteiligeren Basis stattfindet. Wenn ich einfach solidarisch mit meinen Mitmenschen bin, auf der Arbeit ordentlich mit den Leuten umgehe und niemanden bescheiße. Ich bin schon ein politischer Mensch, wenn ich nach bestimmten Werten, wie Solidarität und Ehrlichkeit, Gleichberechtigung, lebe.«[39] Politisches und aktivistisches Handeln sind ebenso wie soziales Handeln wertegesteuert. Das Soziale selbst kann dabei der Wert sein, der mich und das aktivistische Handeln vorantreibt. Deutlich trennen lassen sich Aktivismus und Engagement dadurch, dass Engagement auch außerhalb politischer Themen stattfindet. Ganz praktisch gesehen unterscheiden sie sich in den Arbeitsumfängen: Aktivismus wird von Aktivist*innen meist als Vollzeitbeschäftigung betrieben, ein Engagement kann auch mit wesentlich geringerem Aufwand und in weniger Zeit stattfinden. Auch die Dringlichkeit ist ein wichtiges Unterscheidungsmerkmal. Ein Engagement verträgt mehr Gelassenheit als der Aktivismus, dessen aktuelle

Themen ihn immer wieder zur Radikalität herausfordern. So finden sich bei Aktivist*innen meist radikalere Forderungen. Deshalb wird das, was sich politisches Engagement nennt, in der Gesellschaft als deutlich friedlicher wahrgenommen und somit besser akzeptiert als der Aktivismus. Denn wer sich engagiert, der hält sich meist an gesetzliche Bestimmungen und gesellschaftliche Konventionen. Dem Aktivismus wird viel eher unterstellt, er würde gesetzliche Begrenzungen überschreiten, um seine Ziele zu erreichen. Und das liegt nicht nur an der inhaltlichen Radikalität, sondern auch daran, dass ihm häufig Begriffe wie »Gewalt«, »Chaos« und »Randale« zugeordnet werden. Der eine denkt bei »Aktivismus« an brennende Autos, der andere an streikende Schüler*innen.

Diese populären Assoziationen beeinflussen auch die Aktivist*innen selbst – weniger weil ihnen damit Gewalt unterstellt wird, sondern weil der Begriff bewusst diffamierend eingesetzt wird, um Andersdenkenden die Kompetenz abzusprechen. So gilt die Autorin Margarete Stokowski in Deutschland als eine der wichtigsten Feminist*innen unserer Zeit, ihre Texte sind zweifellos aktivistische Werke. Sie selbst möchte sich aber nicht Aktivistin nennen, »weil das, was andere bei mir als Aktivismus erkennen, im Grunde mein normaler Job als Autorin ist. Zudem wird der

Begriff oft in einer sehr abwertenden Bedeutung benutzt, zum Beispiel, wenn man sagt: Das ist kein Journalismus, sondern Aktivismus.«[40] Der Vorwurf, jemand sei Aktivist*in, kommt dabei nur aus einer politischen Richtung, stellen wir mit Margarete Stokowski fest, »wenn es darum geht, Leute zu diskreditieren, zumeist Linke oder Feministinnen. Sehr selten ist von christlichen oder kapitalistischen Aktivisten die Rede. Oder Klimazerstörungsaktivist*innen. Die dürften relativ selten sein, obwohl es natürlich Menschen gibt, die eine solche Position aktiv und fordernd vertreten. Wenn man also den Begriff benutzen will, um Leute zu beschreiben, die politische Ziele verfolgen und auch Dinge tun, um diese zu verwirklichen, dann müsste man das eigentlich konsequenterweise auch auf Abtreibungsgegner*innen anwenden, die politische Texte schreiben oder in Talkshows gehen. Die werden aber relativ selten so genannt, und das ist ein Problem mit diesem Begriff.«[41]

Wer politisch aktiv, aber nicht links ist, wird selten mit dem Stempel »Aktivist« diskreditiert. Das zeigt: Dahinter liegt ein politisches Interesse, und es sind konservative, reaktionäre Kräfte, die den Begriff bewusst instrumentalisieren – einen Begriff, der an sich nichts Beleidigendes hat, der nur deshalb als negativ wahrgenommen wird, weil bestimmte Medien ein abwertendes Bild aufbauen. Gäbe es nicht die junge Klimabewegung um Fridays for Future oder Ende Gelände, wäre der Begriff vermutlich in seiner positiven Bedeutung verloren.

Selbst bei Carola Rackete, die der aktiven Klimabewegung angehört, zeigt die verbreitete negative Anwendung des Wortes ihre Wirkung. In unserem Gespräch merken wir, wie stark sie dieses öffentliche Bild der Aktivist*in bereits eingenommen hat: »Ich persönlich mag das Wort nicht so gerne. Weil ich finde, dass es etwas Abwertendes hat, weil damit häufig übersehen wird, welche Kompetenzen Menschen in einem bestimmten Bereich haben. Auch mich nennen die Leute manchmal eine Klimaaktivistin. Dann erwidere ich immer: Ich bin Naturschutzökologin. Ich habe das studiert. Ich weiß, warum die Klimaerwärmung für den Artenschutz ein Riesenproblem ist. Man wird schon ein bisschen so hingestellt, als ginge es hier um eine persönliche Meinung oder einfach so ein Hobby und nicht um eine ernsthafte Angelegenheit.«[42] Es ist verständlich, dass Menschen in ihrem Tun nach dem benannt werden wollen, was sie können und gelernt haben. Der Titel »Aktivist*in« sollte keine Kompetenzen oder Berufsbezeichnungen ersetzen. Er kann diese im Positiven ergänzen. Wichtig ist dabei, dass der Begriff inhaltlich zugeordnet wird, denn niemand ist themenunabhängig aktivistisch: Wir sind Aktivist*innen für die Rechte behinderter Menschen, Antirassismusaktivist*innen oder Klimaaktivist*innen.

Dana Buchzik ist Journalistin, Autorin, Expertin für Radikalisierung und in ihrem Thema durchaus aktivistisch tätig. Sie findet weniger die

Begriffsfrage entscheidend als vielmehr die Frage: »Hat da jemand ein Problembewusstsein, hat er die Zeit, hat er die Kraft?« Sie interessiert, »ob Menschen sich einbringen. Welchen Namen sie sich dabei geben, ist für mich irrelevant.«[43]

Okay: Warum werfen wir dann die Bezeichnung »Aktivist*in« nicht einfach über Bord? Niemand zwingt uns, sie zu benutzen. Doch vielleicht brauchen wir genau diesen positiven Sammelbegriff, um als fortschrittliche Bewegungen zusammenzukommen und gemeinsam für gesellschaftlichen Wandel zu sorgen? Die junge Klimabewegung ist mit der Rückeroberung des Begriffes schon relativ weit. Sie besetzt ihn durch ihren friedlichen, konstruktiven, wissenschaftlich gestützten Protest wieder positiv, indem sie ihn aktiv einsetzt. Dass diese Strategie bereits funktioniert, sehen wir daran, dass der Titel nun schon als eine Art Schutz vor persönlichen Angriffen fungiert: Luisa Neubauer sitzt im Jahr 2020 in der Talkrunde von Markus Lanz. Der mandatslose CDU-Politiker Friedrich Merz fordert sie auf, sie solle sich doch Mehrheiten suchen und bei der Bundestagswahl kandidieren. Er selbst wäre froh, könnte er Mehrheiten hinter sich bringen wie Luisa Neubauer. Stattdessen scheitert Merz mit allen Kandidaturen innerhalb der CDU. Aber das ist in jeglichem Sinne nicht (mehr) wichtig. Es geht darum, wie die alte politische Welt von Männern wie Friedrich Merz auf jüngere Menschen reagiert, die für ihre Zukunft kämpfen, die etwas verändern wollen. Luisa Neubauer erklärt uns, wie hilflos diese Menschen sich ihr gegenüber aufführen: »Wenn mir ein Politiker wie Friedrich Merz so etwas vorschlägt, dann spricht er nicht mich an – nicht Luisa Marie Neubauer, die in Hamburg geboren ist und gerne Fahrrad fährt –, sondern er spricht eine junge Frau in der Politik im weitesten Sinne an, von der er nicht ganz weiß, wie man sie am besten einsortieren kann. Aber das Einsortieren wäre der in seinen Augen hilfreichste Schritt, um mit Disruption umzugehen.«[44] Wir alle machen das unaufhörlich: Wir versuchen einzuordnen, was wir hören und sehen. Und so, wie wir andauernd Dinge in die Schubladen unseres Gehirns hineinstopfen, holen wir sie auch wieder heraus. So ähnlich verhält es sich auch mit den Begriffen »Aktivismus« und »Engagement«. In der Theorie lassen sie sich klar unterscheiden, lebendig aber werden sie durch die Erfahrungen, die wir damit verbinden. Das wird in unseren Gesprächen mit den Aktivist*innen sehr deutlich, denn auch hier öffnen sich die individuellen Schubladen: Was ist für *mich* Aktivismus? Was ist Engagement? Was ist Politik?

Pia und Mia von der Aktivist*innen-Gruppe Reconquista Internet bringen es auf den Punkt: »Wir haben festgestellt, dass dieser Aktivismusbegriff so seine Tücken hat«, sagt Pia, »er ist so klischeebehaftet wie emotional. Wir müssten wohl im schwarzen Hoodie vor dem Rechner sitzen und mit Aktionen provozieren; dabei viel krasser sein, als wir eigentlich sind. An die Grenzen gehen. Für uns sind Aktivisten die Leute von Greenpeace, die auf Booten unterwegs sind. Wir fühlen uns dagegen manchmal eher wie ›Wohlfühlaktivisten‹, weil wir im Warmen sitzen und es uns gut geht. Aber natürlich sind wir dennoch aktiv. Und ich glaube, dieser Wortteil, ›aktiv‹ zu sein – das ist das, womit wir uns identifizieren können. ›Aktivismus‹ heißt für uns deshalb, dass wir nicht hilflos dastehen wollen, sondern den Drang haben, etwas positiv zu verändern.« So sieht auch Mia die Besonderheit der Aktivist*innen in ihrer aktiven Eigenschaft, positive Ideen konsequent weiterzuverfolgen, nicht zu fragen, ob sie sie umsetzen sollten, sondern wie.[45]

Die beiden jungen Frauen von Reconquista Internet entlarven die begrifflichen Zuschreibungen als lang gehegte Klischees. Sie denken an Greenpeace. Kein Wunder: Die Organisation prägt seit Jahrzehnten die Bilder von Aktivist*innen in medialen Nachrichten so sehr, dass die Begriffe »Aktivismus« und »Greenpeace« für viele Menschen direkt miteinander verwandt sind. Carola Rackete nennt die Non-Profit-Organisation den »Großvater der Umweltbewegung« und bezweifelt, »dass Greenpeace noch radikal sein kann«.

Carola Rackete selbst gehört zur jüngeren Generation von Aktivist*innen. Ihr Name und ihr Gesicht sind bekannt. Trotzdem identifizieren sie die wenigsten Menschen als die Klima- und Naturschutzaktivistin, die sie ist. Denn die öffentliche Person wird mit einem anderen Einsatz verbunden: Im Juni 2019 rettet sie als Kapitänin der Sea-Watch 3 im Mittelmeer insgesamt 53 aus Libyen flüchtende Menschen aus Seenot.

Nach wochenlangem Warten auf eine Genehmigung läuft die Sea-Watch 3 in der Nacht zum 29. Juni trotz eines Verbots der italienischen Behörden den Hafen der Insel Lampedusa an. Nach ihrer Ankunft wird Carola von der italienischen Polizei festgenommen.

Carolas Einsatz ist außergewöhnlich. Sie riskiert damit sehr viel, vor allem ihre Freiheit, da sie damit rechnen muss, in einem italienischen Gefängnis zu landen. Hinzu kommt, dass das Thema Flucht sehr politisch und emotional aufgeladen ist. Carola muss sich verstecken und lebt bis heute aus Sicherheitsgründen weitgehend anonym an unbekannten Orten. Sie wird zum Symbol für eine humane Fluchtpolitik. Ihren selbstlosen Einsatz vor einem brisanten politischen Hintergrund will sie trotzdem nicht Aktivismus nennen: »Im Kern ist Seenotrettung sehr konservativ, weil wir ein Gesetz ausfüllen, das vorschreibt, Menschen in Seenot zu retten. Das ist in internationalen Konventionen so festgelegt. Der Schutz des Menschenlebens wird ja normalerweise in der christlichen Kirche – und angeblich auch von der CDU – hochgehalten. So weit die Theorie. In der Praxis versuchen die europäischen Staaten mit wirklich allen bürokratischen Mitteln, die ihnen zur Verfügung stehen, zu verhindern, dass wir mit unseren Schiffen im Mittelmeer sind. Das ist ein politisches Statement.«[46] Juristisch und moralisch erkennt es die Kapitänin als ihre erste Pflicht, Menschen vor dem Ertrinken zu retten. So wie all die anderen Seenotretter*innen bei Sea-Watch, Mission Lifeline oder Sea-Eye.

Carola Rackete ist dennoch politische Aktivistin: Die Naturschutzökologin nimmt an aktivistischen Aktionen teil, wenn es beispielsweise darum geht, Wälder zu schützen, die für Autobahnen oder Kohleabbau gerodet werden sollen. Der Kampf um den Erhalt und den Schutz unserer Natur vor kapitalistisch motivierter Zerstörung ist eine historische Auseinandersetzung des Aktivismus. In Deutschland sind die Bilder dazu lange jene aus den 1970er und 1980er Jahren. Neben dem Waldsterben geht es da vor allem um die Atomkraft, verbunden mit Orten wie Gorleben oder Wackersdorf. Im bayerischen Wackersdorf soll in den 1980er Jahren eine Wiederaufbereitungsanlage für atomare Brennstäbe gebaut werden. Bis heute gelten die Proteste als die intensivsten ihrer Art. Die Bilder erinnern an einen Bürgerkrieg: Auf der einen Seite stehen Aktivist*innen der Antiatomkraftbewegung gemeinsam mit der lokalen Bürger*innenbewegung, auf der anderen die Staatsgewalt, im schlimmsten und wortwörtlichen Sinne. Polizist*innen schlagen auf die friedlich protestierenden Menschen ein, schießen mit Reizgas aus Wasserwerfern und werfen aus Helikoptern Rauchbomben ab. Doch die Angst vor jährlich 500 Tonnen Atommüll vor der eigenen Haustür lässt die Menschen nicht aufgeben. Vier Jahre lang geht der Kampf. In dieser Zeit wächst eine starke Gemeinschaft aus Anwohner*innen und Aktivist*innen. Mehrere von ihnen sterben an den Folgen der massiven Polizeigewalt, hunderte werden schwer verletzt.

Gewalttätige Auseinandersetzungen prägen über Jahrzehnte das öffentliche Bild »der Aktivisten«, gefüttert durch Nachrichtenbilder von vermummten, Steine werfenden Demonstrant*innen und brennenden Autos. Es ist anzunehmen, dass diese Art der begrifflichen Einsortierung noch heute in vielen Köpfen kursiert. Sie ist in dieser Pauschalität noch nie richtig gewesen, denn sie verwechselt Aktivismus mit Gewalttourismus[47] oder gar mit Extremismus. Die riesige Mehrheit von Aktivist*innen lehnt, themenübergreifend, Gewalt ab. In unseren Gesprächen sogar nahezu ausnahmslos. Gewalt gehört nicht – und schon gar nicht automatisch – zum Aktivismus. Und doch haben mehrere der Aktivist*innen in unseren Gesprächen das Bedürfnis, sich davon abzugrenzen.

Demokratieaktivist Shai Hoffmann erklärt uns, warum er sich so deutlich distanziert: »Ich würde niemals zu Gewalt aufrufen. Kein brennendes Auto, keine demolierte Fensterscheibe ist in irgendeiner Weise konstruktiv, sondern im Gegenteil destruktiv – Gewalt erzeugt mehr Hass auf der anderen Seite und führt automatisch dazu, dass links pauschal als linksextrem gesehen wird. Und deswegen halte ich das für den falschen Weg. [...] Also wenn ich jetzt sage, wir müssen uns radikalisieren, dann ist das auf jeden Fall eine friedliche Radikalisierung.«[48]

Lea von Reconquista Internet begegnet viel Wut und Hass in ihrer alltäglichen aktivistischen Arbeit. Dennoch lehnt auch sie sprachliche und physische Gewalt ab. Wir fragen sie, wie der Widerstand gegen den stärker werdenden Rechtsextremismus aussehen könnte: »Ich glaube, dass es uns gelingen muss, ohne selbst die Grenzen zur Gewalt zu überschreiten. Wir müssen uns hinstellen und deutlich machen, dass wir Gewalt nicht tolerieren. Und ich glaube, dass wir dennoch eine wehrhafte Demokratie sein können, mit allen Elementen und allen Playern, die darin eine Rolle spielen.«

Die US-amerikanische Politikwissenschaftlerin Erica Chenoweth findet heraus, dass Proteste ohne Gewalt ihre inhaltlichen Ziele im Vergleich zu gewalttätigen Bewegungen doppelt so häufig erreichen.[49]

Doch wo beginnt, was wir Gewalt nennen? Gegen wen oder was richtet sie sich? Wir trennen Aktivismus von Randale, Gewalttourismus oder Extremismus. Aldous Huxley formuliert diese Unterschiede in seinem *Plädoyer für den Weltfrieden*:

> »Gewaltloser Widerstand bedeutet nicht Nichtstun. Er bedeutet, die enorme Kraftanstrengung zu unternehmen, die nötig ist, um das Böse mit dem Guten zu überwinden. Diese Kraftanstrengung baut nicht auf starke Muskeln und teuflische Waffen: Sie baut auf moralische Tapferkeit, auf Selbstbeherrschung und auf das unentwegte, zähe Bewußtsein, daß es auf Erden keinen Menschen gibt – so brutal, so persönlich feindselig er auch sei –, ohne angeborenes Fundament von Güte, ohne Liebe zur Gerechtigkeit, ohne Achtung vor dem Wahren und Guten; all dies ist für jeden erreichbar, der die geeigneten Mittel verwendet.«[50]

Wir halten für uns fest: Aktivismus ist das Handeln für Veränderung, das auf tiefen Überzeugungen und klaren politischen Zielen basiert. Das bedeutet auch, »in Vollzeit an einem Problem zu arbeiten«, so die Autorin Dana Buchzik in der festen Überzeugung, »dass es ansonsten auch einfach nicht viel bringt«[51].

Aktivismus und Parlament

Der Weg zum Aktivismus beginnt mit meinem politischen Interesse. Es folgt die politische Meinungsäußerung, denn aus meinem Interesse ist eine Haltung erwachsen. Nun bin ich in der Lage, Probleme zu identifizieren und mich in einer Sache zu engagieren. Dieses Engagement in unterschiedlicher Form kann zum Aktivismus führen. Ist Aktivismus demnach ein weiteres Level im großen Spiel politischer Beteiligung? Wieder so ein schwammiger Begriff: »Beteiligung« heißt im Politischen oft Bürger*innenbeteiligung. Und die wirkt meist wie eine von Politiker*innen gnädig eingerichtete Spielwiese, um hinter dem Tagesordnungspunkt »Bürgerbeteiligung« einen Haken machen zu können. Am Ende handelt es sich hier um Pseudopartizipation. Doch Beteiligung sollte kein Selbstzweck sein. Denn dann wird sie unnützes Beiwerk. Politiker*innen und Verwaltungen müssen auch weiter ohne Bürger*innenbeteiligung entscheiden können. Dort, wo sie sinnvoll ist, sollte die Beteiligung dann aber auch tatsächlichen Einfluss haben und nicht nur formal stattfinden.

Zwar gibt es inzwischen die ersten Bürger*innenräte, doch steckt dieses Format strukturell noch in den Kinderschuhen. Zudem ist es kein aktives Beteiligungskonzept: Denn in den Bürger*innenräten soll die Gesamtbevölkerung repräsentiert sein, weshalb sie über ein Losverfahren besetzt werden. Wenn ich also zur politischen Beteiligung hinzugelost werde, ist das fast das Gegenteil von Aktivismus, wo ich mich und andere allein durch eine Überzeugung aktiviere. Bürger*innenräte sind also keine Form politischen Engagements, sondern eine mehr oder weniger freiwillige Beteiligung. Die klassische Bürger*innenbeteiligung meint die potenzielle Befragung von Menschen, meist in lokalpolitischen Angelegenheiten: »Sind Sie für oder gegen Windräder in Ihrem persönlichen Blickfeld?« Oder aber auch: »Welche Geräte soll der neue Spielplatz bekommen?« Diese Prozesse gibt es schon lange, in unterschiedlichen Formaten und sehr oft unter dem Aufmerksamkeitsradar einer mit Alltagssorgen beschäftigten Gesellschaft.

Die eigene Entscheidung, politisch zu handeln, drückt sich auf lokaler Ebene häufig in Nachbarschaftsinitiativen oder Ähnlichem aus und verfolgt meist singuläre bzw. individuelle Ziele – entsprechend geht es um Partikularinteressen statt um jene, die sich auf eine größere Gemeinschaft beziehen. Es geht mir also nicht um die Verkehrspolitik, ich will nur keine parkenden Autos vor meiner eigenen Tür.

Wenn wir aktivistisch für eine Sache kämpfen, versuchen wir, möglichst viele Menschen für unser Anliegen zu gewinnen, das wiederum auch anderen Menschen zugutekommt. Aktivismus ist politischer Protest für Fortgeschrittene, um nicht Profis zu sagen und viel zu schnell bei Christian Lindners Antwort auf Fridays for Future zu landen. Der FDP-Politiker findet »politisches Engagement von Schülerinnen und Schülern toll«, twittert er am 10. März 2019. Von Kindern und Jugendlichen könne man aber nicht erwarten, dass sie bereits alle globalen Zusammenhänge, das technisch Sinnvolle und das ökonomisch Machbare sähen. Das sei »eine Sache für Profis«. Ein Shitstorm auf Knopfdruck, aber das Kalkül des Politikers geht auf, denn die politische Botschaft ist mit einem rhetorischen Kopftätscheln überbracht: die klare Trennung zwischen den »Kindern und Jugendlichen« und den Profis. Die einen sind für das »Engagement« zuständig, die anderen als die Profis für die Zusammenhänge, das Machbare und Sinnvolle.

Genau solche abwertenden Zuordnungen machen die Auseinandersetzung mit dem Begriff des Aktivismus so wichtig. Denn denken wir bei »Aktivismus« und »Aktivist*innen« an nicht ernst zu nehmende Kinder und Jugendliche? Oder denken wir zuallererst an Gewalt, Randale und brennende Autos? Oder an Menschen, die ihre Lebenszeit dem Kampf für gesellschaftlichen Fortschritt widmen? Denken wir beim Begriff »Aktivismus« an gewalttätige G20-Proteste in Hamburg oder ist es Greta Thunberg und das Starten einer weltweiten friedlichen Klimabewegung? Diese Fragen führen uns schließlich zu einem neuen Begriff: dem *konstruktiven Aktivismus*.

Wir kommen ihm mit einer weiteren wichtigen Abgrenzung näher, nämlich der zwischen Aktivismus und der Politik in Regierungen und Parlamenten. Wir treffen einen Mann, der beide Seite kennt: Gerhard Schick, einst erfolgreicher Bundestagsabgeordneter, nun Aktivist in der Bürgerbewegung Finanzwende. »Aktivismus« heißt für ihn, »einzelne Themen auf die Tagesordnung der Gesellschaft zu setzen, zu versuchen, etwas durchzusetzen. Und zwar nicht über den Weg des Parteiprogramms bzw. Parlaments, sondern über die gesellschaftliche Debatte, durch die Auseinandersetzung mit einzelnen Akteuren.«[52]

Das bedeutet: Aktivismus kämpft mit dem politischen Apparat um Öffentlichkeit. Auf der einen Seite stehen engagierte Einzelpersonen, auf der anderen Parlamente und Regierungen. Und das ist gut so. Denn in demokratischen Gesellschaften braucht es Mehrheiten, um Ziele zu erreichen, sei es in den Parlamenten oder, um überhaupt gewählt zu werden, in der breiten Bevölkerung. Sicher gibt es auch viele Wege, politische Ziele ohne diese mehrheitliche Zustimmung durchzusetzen. Vermutlich ist das sogar der Regelfall in unserer repräsentativen Demokratie. Hier gilt jedoch: Je mehr öffentliche Zustimmung aus der Bevölkerung, desto leichter das Handeln. Dies entspricht auch dem grundsätzlichen Politikverständnis von Angela Merkel. In den 16 Jahren ihrer Regierungszeit als Bundeskanzlerin wird ihr oft vorgeworfen, sie richte sich zu sehr nach den Stimmungen in der Bevölkerung – eine Gratwanderung auf der Schwelle zum Populismus.

Sprechen wir von Politik, meinen wir in der Regel das Handeln des Staates. Politiker*innen sind Mandatsträger*innen. So einfach trennen wir im allgemeinen Sprachgebrauch Politik und Aktivismus. Obacht: Damit überlassen wir die Politik im Innern unseres Landes den Regierungen und Parlamenten. »Politisches Handeln findet allerdings nicht nur in Parlamenten statt, sondern ebenso außerparlamentarisch, in öffentlichen Räumen«[53], betont die politische Psychologin Julia C. Becker. Und natürlich ist das, was Aktivist*innen machen, ebenso Politik, wenn wir darunter »die aktive Teilnahme an der Gestaltung und Regelung des Gemeinwesens«[54] verstehen. Allerdings unterscheiden sich die in der Politik Beteiligten erheblich in ihren Funktionen und in ihrem Einfluss. Die Machthabenden sind nicht nur Regierende. Jede*r Abgeordnete hat Macht. Unternehmer*innen haben Macht. Unentbehrlich sind deshalb diejenigen, die diese Machthabenden kritisieren. Dafür müssen sie sie beobachten und im Auge behalten. Hin und wieder kommt es dabei zu Seitenwechseln zwischen Parlament und Aktivismus. Aber warum sollte ein Mensch freiwillig auf die Einflussmöglichkeit des Machtapparats verzichten? Die Suche nach der Antwort bringt uns in den Süden Deutschlands.

Hechingen ist eine schwäbische Kleinstadt. Hier sieht alles aus, als hätte Hollywood eine deutsche Kulisse gebaut. Als scheine hier unaufhörlich die Sonne auf blühende Blumen in ordentlich angelegten Beeten. Hübsch, sauber, gepflegt. Und über allem wacht die Burg Hohenzollern. Wer aus Berlin nach Hechingen kommt, glaubt nicht, im selben Land, nicht mal in derselben Zeit zu leben. Wer würde diese Idylle verlassen wollen!?

Gerhard Schick hat seine Gründe, und Rationalität gehört zu seinen Stärken. Im Jahr 1996, während bei anderen »die Freundin weg ist und sich allein in der Südsee bräunt«[55], wird der damals 24 Jahre alte Gerhard Schick Mitglied bei den Grünen. Seine Parteikarriere gestaltet sich ähnlich bilderbuchhaft wie sein Heimatort. Während die Partei 1998 erstmals Teil einer Bundesregierung wird, schließt Gerhard Schick sein Volkswirtschaftsstudium ab. Der frisch gekürte Diplom-Volkswirt gilt von Anfang an als Finanzexperte in der Partei, wird bereits wenig später Sprecher der Arbeitsgemeinschaft Wirtschaft und Finanzen des grünen Landesverbands. Nach nur einem Jahr in diesem Amt wechselt er 2001 in derselben Funktion auf die Bundesebene. Spätestens jetzt gilt er als der Finanzexperte schlechthin. Ja, es wird eine Art Namenszusatz, den er nicht mehr loswird: Finanzexperte Schick – so wie einst »Bahnchef Mehdorn«. Auf diesem Ticket geht es für Gerhard Schick dann 2005 in den Bundestag. Sind es oft persönliche Beziehungen, lokale Prominenz oder Parteizugehörigkeit seit Kindheitstagen, die den Weg ins Parlament bahnen, so ist es hier allein die Fachkompetenz. Gerhard Schick ist weder lange in der Partei noch persönlich besonders verflochten. Kungeleien im Hintergrund oder Postengeschacher sind ihm zuwider.

Bürger*innennähe bedeutet für ihn nicht Kumpelei am Bierstand. Der inzwischen promovierte Schick ist vielmehr »Anwalt der kleinen Leute« oder all derjenigen Bürger*innen, die eben keine Finanzexpert*innen sind. 2007 wird er finanzpolitischer Sprecher der Bundestagsfraktion. Er wird Mitglied im Finanzausschuss des Parlaments.

Es ist Donnerstag, der 9. August 2007. Wenige Menschen werden sich daran erinnern, was sie an diesem Tag gemacht haben. Anders verhält es sich mit dem 11. September 2001, dem Tag der Terroranschläge gegen die USA. Beide Tage stehen für eine Katastrophe. Und die eine zieht die andere nach sich. Denn infolge der Terroranschläge hält die US-Zentralbank Fed die Zinsen künstlich niedrig. Alle sollen möglichst günstig an Geld kommen, um die Wirtschaft schnell wieder ins Laufen zu bringen.

Bis heute die absolute Maxime politischen Handelns weltweit. Vereinfacht gesagt, geschieht nun Folgendes: Viele US-Bürger*innen sehen die sehr niedrigen Zinsen als Chance, um endlich den Traum vom Eigenheim zu verwirklichen. Auch Menschen mit sehr geringen Einkommen erhalten die Kredite. Die Banken hätten diese nie vergeben dürfen, doch sie verdienen an jedem einzelnen, weil sich die Kredite mit anderen Finanzprodukten als Wertpapiere verknüpfen lassen. So fließt scheinbar immer mehr Geld ins System. Geld, für das es keine Sicherheiten gibt, ist aber kein Geld, weil kein Wert dahintersteht. Eigentlich sollen solche Geschäfte durch Rating-Agenturen verhindert werden, die Bewertungen für solche Finanzprodukte abgeben: Ist ein Geschäft unsicher, soll das Risiko somit für alle sichtbar sein. Mittlerweile ist längst klar – und vor Gericht verhandelt –, dass die Agenturen seinerzeit absichtlich falsche Noten vergeben und die meisten riskanten Immobilienkredit-Pakete als »mit geringem Risiko« bewertet haben. Also nehmen die Menschen weiter Kredite auf, die sie sich nicht leisten können.

Und nun steigen die Zinsen wieder. Sehr viele Hauskäufer*innen können schon nach wenigen Jahren ihre Kredite nicht mehr bezahlen. Die Immobilienblase platzt: Die Menschen verlieren ihre Häuser und jede

Menge Geld. Denn wenn alle ihre Häuser verkaufen müssen, sinkt zugleich der Wert der Immobilien rapide. Die Leute bekommen also nichts mehr dafür. Und die Banken auch nicht.

Zurück zum Morgen des 9. August 2007. Die französische Großbank BNP Paribas verkündet das Aus für drei große Investmentfonds, die in den USA in Immobilienkredite investiert haben. Hinter den verspiegelten Fassaden der Banken-Tower bricht jetzt Panik aus. Die Kreditanstalten vertrauen sich nicht mehr. Hören plötzlich auf, sich kurzfristig Geld zu leihen. Damit kommt quasi der Finanzverkehr zum Stillstand. Die Europäische Zentralbank (EZB) rettet den Markt mit 95 Milliarden Euro. Der Immobilienmarkt in den USA bricht komplett ein, eine kleinere Bank nach der anderen geht insolvent. Auch in Europa und Deutschland steigt die Nervosität: Bereits im Juli 2007 gerät eine deutsche Privatbank aufgrund von geplatzten US-amerikanischen Immobilienkrediten in eine bedrohliche Krise. Mehr als ein deutliches Warnsignal. In den folgenden 13 Monaten spitzt sich die Lage immer weiter zu, die Finanzkrise ist überall zu spüren. Spätestens mit dem 15. September 2008: Die große US-amerikanische Investmentbank Lehman Brothers meldet Insolvenz an, die Mitarbeiter*innen verlassen schon in der Nacht mit Kisten fluchtartig das Gebäude. Dieser Tag gilt bis heute als negativer Höhepunkt der Finanzkrise. Für sehr viele deutsche Kleinanleger*innen ist die Lehman-Pleite ein harter Schlag. Einige verlieren ihre komplette Altersvorsorge, zehntausende Euro, die sie mühsam über Jahre angespart haben. Alles weg.

Die Wirtschaft bricht ein. Überall. Viele Menschen verlieren ihre Jobs. Fortan ist der »soziale Friede« gefährdet. Denn die Furcht vor Armut führt meist zu einer massiven Destabilisierung der Demokratie: Rechtspopulistische Parteien wissen, wie sie aus dem Elend der Menschen Kapital schlagen. Ihre Zustimmungswerte steigen. Ob die massive Jugendarbeitslosigkeit in Südeuropa oder der rasante Anstieg der Lebensmittel- und Ölpreise in vielen afrikanischen Ländern: Die Opfer der

Finanzkrise sind nicht die Banken, die Opfer sind vor allem Menschen, die nichts damit zu tun haben, die einfach nur Teil der Spekulationsmasse gieriger Investmentbanker*innen[56] sind. Viele Millionen Menschen. Die Anzahl der Hungernden weltweit steigt durch die Finanzkrise um 100 Millionen auf 1,4 Milliarden Menschen an.[57] Mehrere Millionen Kinder sterben, weil übereifrige Investmentbanker zu gierig sind.

Am Tag der Lehman-Pleite, dem 15. September 2008, ist Gerhard Schick gerade drei Jahre Abgeordneter im Deutschen Bundestag. Seit jeher warnt er vor den Risikogeschäften der internationalen Finanzmärkte. Doch es ist wie mit allen Krisen: Die Menschen und insbesondere die Verantwortlichen reagieren erst, wenn es zu spät ist – immer erst, wenn die Krise eingetroffen ist. Das Vorgarten-Phänomen. Doch Gerhard Schick gibt nicht auf. Er kämpft. Jetzt erst recht. »Wir haben alle wahnsinnig viel gearbeitet [...]. Da sind viele Gesetze gemacht worden. Aber im Kern sind die Geschäftsmodelle gleichgeblieben, und eigentlich hat sich an den großen Problematiken nichts geändert.«[58] Eine sehr ernüchternde Erkenntnis für jemanden, der doch sehr nah an den vermeintlichen Hebeln der Macht sitzt. Gerhard Schick beginnt zu zweifeln: Kann er mit seiner Arbeit als Bundestagsabgeordneter überhaupt etwas bewegen? Er sieht durchaus viele Erfolge, weiß, dass er mit seiner Expertise und seinem Einsatz einiges erreichen konnte, Menschen helfen, Probleme lösen, Einfluss nutzen. Doch der große Endgegner ist die übermächtige Finanzlobby.

Im Jahr 2018 jährt sich die Lehman-Pleite zum zehnten Mal. Gerhard Schick nimmt das zum Anlass für sehr grundlegende Veränderungen: »Ich musste darüber nachdenken, ob meine Strategie stimmt. Die Finanzlobby ist so stark, dass nur eine Möglichkeit bleibt, sie zu kontern. Nämlich wenn es genug Bürgerinnen und Bürger gibt, die da ein Gegengewicht bilden. Und das muss man jetzt organisieren.«[59] Gerhard Schick sucht sich Mitstreiter*innen und plant mit ihnen gemeinsam die »Bürgerbewegung Finanzwende«. Unter anderem sind es Wissenschaftler*innen wie Peter Bofinger und Martin Hellwig, Campact-Gründer Christoph Bautz, Antje Schneeweiß vom Institut Südwind und Verbraucherschützer Axel Kleinlein vom Bund der Versicherten. Nachdem sie über Monate an einer Satzung arbeiten, wird der Verein im Juli 2018 offiziell gegründet. Da plant Gerhard Schick noch nicht, das Parlament zu verlassen. Er denkt darüber nach, wiegt Vor- und Nachteile ab:

> »Ich hatte erst diese naive Vorstellung, dass das irgendwie gehen könnte, und dachte, ja, dann kann man das vielleicht mit zwei Leuten machen, einer innerhalb und einer außerhalb, usw. Aber mir haben einige Leute ganz klar gesagt: Erstens, eine solche Organisation muss parteiübergreifend tätig sein. Und ich glaube, das ist absolut richtig. [...] Es ist absolut notwendig, um eben nicht irgendwie als Vorfeldorganisation einer politischen Partei wahrgenommen zu werden und um wirklich in der Breite Menschen erreichen und bewegen zu können. Du kannst ja nicht irgendwie im Parlament in einer Fraktion loyal sein und gleichzeitig der Zivilgesellschaft sagen, jetzt bin ich parteiunabhängig. Deswegen war für mich klar, ich muss raus aus dem Parlament und alle Funktionen bei den Grünen abgeben. Und der zweite Punkt ist die Frage, geht das irgendwie auch von der Arbeitszeit her? Also so eine Organisation aufbauen neben dem Parlamentsmandat, das geht ja nur, wenn du im Parlament praktisch nichts mehr tust. Es gibt ja immer wieder Abgeordnete, die das machen. Die sitzen dann irgendwie im Parlament, nur zwischendurch mal in Ausschusssitzungen, machen aber sonst nicht viel. Teilweise sind sie Anwälte oder Mitglied im Gemeinderat, Kreisvorsitzende von irgendwas und in zig Aufsichtsräten. Ich finde das alles sehr unseriös. Das Abgeordnetenmandat ist ein Vollzeitjob, und so sieht es das Gesetz auch vor, da kann man sicher die eine oder andere zivilgesellschaftliche Vernetzung noch haben, aber nebenher noch

eine weitere Führungsaufgabe zu übernehmen, ist eigentlich eine Veräppelung der Bürger*innen, die dich dahin gewählt haben. Das heißt ja, dass man, finanziert vom Steuerzahler, eine andere Sache macht.«[60]

Wenn wir uns die Liste von Nebeneinkünften zahlreicher Bundestagsabgeordneter ansehen[61], stellen wir fest: Rund ein Viertel der Mandatsträger*innen scheint das nicht so eng zu sehen, zumindest nicht, was die Tätigkeiten angeht.

Gerhard Schick entscheidet sich für die außerparlamentarische Arbeit. Nun kann er nicht mehr direkt auf die Gesetzgebung einwirken – und auch keine parlamentarischen Anfragen mehr stellen. Er verliert die kostenlosen Ressourcen eines Abgeordneten, vom wissenschaftlichen Dienst über das Büro bis zu den Mitarbeiter*innen. Aber er glaubt an die Kraft der Bürger*innen, die sich gemeinsam gegen die große Finanzlobby stellen. Doch bevor er seine Arbeit bei der Bürgerbewegung Finanzwende antreten kann, muss er sich noch aus dem Parlament verabschieden. Aufgrund des hohen Respekts, der ihm über Parteigrenzen hinweg entgegengebracht wird, rechnen viele mit einer versöhnlichen Abschiedsrede. Doch Gerhard Schick verlässt nur den Bundestag, nicht etwa die Politik, ganz im Gegenteil. Entsprechend deutlich ist seine letzte Rede nach 13 Jahren im Parlament am Abend des 13. Dezember 2018: »Die Macht der Finanzbranche ist ungebrochen. Aber es ist nicht die Schuld der Finanzindustrie, wenn ihre Vorschläge teilweise wortgleich in den Gesetzestext übernommen wurden. Das hätte dieses Haus verhindern müssen.«[62]

Der Weg vom Parlament in den Aktivismus ist deutlich ungewöhnlicher als der in die umgekehrte Richtung. Einige Politiker*innen blicken auf eine aktivistische Vergangenheit zurück. Da muss man nicht mal so weit gehen und auf Schröder, Fischer und Co. blicken, die aus Sicht ihrer Kritiker*innen gern mit ihrer »wilden Studentenzeit« im Wahlkampf links blinkten, um dort Stimmen zu gewinnen, aber dann doch in eine andere Richtung fuhren. Vom Aktivismus in das Parlament zu wechseln, bedeutet nicht allein, früher mal auf Demonstrationen gewesen zu sein und jetzt Business-Outfits zu tragen. Wäre das die Definition, wären rund zwei Drittel aller Abgeordneten einst Aktivist*innen gewesen. Waren sie nicht.

Held*innen

Dabei kann doch jeder Mensch Aktivist*in sein. Oder braucht es für den Aktivismus etwas Selbstloses – vielleicht sogar etwas Held*innenhaftes? Der Begriff »Held*in« ist viel diskutiert, gilt bei den einen als problematisch, weil er einzelne heroisiert, bei anderen als Auszeichnung für Mut und Zivilcourage. Aktivist Jean Peters vom Peng! Kollektiv schrieb dazu bereits 2012 in der *taz*: »Doch Aktivist*innen sind keine Held*innen. Sie nutzen nur ihre Gabe, nicht alles zu fressen, was ihnen vorgekaut wird. Und reagieren.«[63]

Held*innen vollbringen besondere Leistungen. Sie kämpfen mutig und aufopfernd für ihre Ideale und ihre Mitmenschen. Die Gefahr für moderne Gesellschaften liegt darin, dass es den Held*innen überlassen wird, die Welt zu retten, während es sich der Rest in den Kinosesseln gemütlich macht. Indem wir Engagement und Zivilcourage heroisieren, lassen wir sie für viele Menschen unerreichbar erscheinen. Auch deshalb sagt der Psychologieprofessor Philip Zimbardo: »Jeder von euch kann ein Held sein. Helden erzeugen einen Dominoeffekt in der Gesellschaft und vermehren das Gute in der Welt.«[64]

Es braucht Vorbilder im Alltag, um Menschen zu aktivieren. Und genau das ist auch eine unserer Definitionen von »Aktivist*in«: die, die andere zum Handeln aktiviert. Sind Aktivist*innen also Held*innen? Wir wissen zumindest, dass ein*e solche*r nicht vom Himmel fällt. Und das sieht auch Professor Zimbardo so: Du wirst weder gut noch böse geboren. Weder als Held noch als böser Mensch. Es sind die Umstände, die Situationen, deine Umgebung, deine Mitmenschen, das System, die dich zur Held*in machen. Aber eben nicht nur das. Jede*r kann ein*e Held*in sein, jede*r kann ein Vorbild sein. Zimbardo hat dafür sogar ein eigenes Trainingsprogramm entwickelt: das »Heroic Imagination Project«. Held*innen sind in der Geschichte und den Geschichten immer als Ausnahmegestalten beschrieben, hier werden sie real und: alltäglich. Es geht zunächst um Zivilcourage, zum Beispiel um Antworten auf grundsätzliche Fragen: Wie verhalte ich mich spontan, wenn eine fremde Person Hilfe braucht? Wenn ganze Gruppen Hilfe brauchen? Ist es nicht held*innenhaft, für die Rechte anderer zu kämpfen? Die Held*innen der Gegenwart sind nicht geprägt von Superkräften, sondern eben durch ihr Verhalten im Alltag. Dazu gehören aber nicht nur diejenigen, die andere vor einfahrenden Zügen retten oder Kinder aus Brunnen holen. Ein wesentliches Kriterium ist das uneigennützige Verhalten – wir können es auch gemeinnützig nennen. Zimbardo folgt der Einsicht, dass nicht nur das Böse in jedem von uns provoziert werden kann, sondern auch das Gute. Und darum geht es beim sozialen Engagement wie beim politischen Aktivismus: das Gute, das Gemeinnützige, das Selbstlose in uns zu aktivieren. Nach Zimbardo sind Held*innen heute die, die der Versuchung widerstehen, ihre eigene Tatenlosigkeit zu rechtfertigen. Held*innen sagen: »Das kann so nicht bleiben, ich muss was ändern«, und nicht: »Das sollen andere machen.« Dabei unterliegt unser Verhalten in der Regel auch einer Gruppendynamik. Das heißt, die Wahrscheinlichkeit, dass dir jemand hilft, ist dann am höchsten, wenn am wenigsten Menschen in deiner Nähe sind. Liegst du auf der belebten Einkaufsstraße bewusstlos auf dem Boden, dauert es statistisch länger, dass dir jemand hilft, als wenn nur zwei Leute in der Nähe sind. In unseren Gesprächen mit den Aktivist*innen entdecken wir tatsächlich diese held*innenhaften Denkmuster. Mia von Reconquista Internet formuliert das beiläufig in einem Nebensatz: »Wenn ich sehe, da braucht jemand Hilfe, dann helfe ich dem.«[65] Neben der Zivilcourage kann auch ein politisches Handeln held*innenhaft sein. Selbst einfach nur wählen zu gehen, auch wenn es damit nicht getan ist. Aber meine Stimme könnte verhindern, dass Rechtsextremisten (AfD) in Parlamente oder gar in Regierungen kommen – das darf mir ein held*innenhaftes Gefühl geben.

Mit Cesy Leonard von den Radikalen Töchtern sprechen wir ausführlich darüber, ob Aktivist*innen Held*innen sind. In ihrem Kopf sind klassische Held*innen besonders durch Mut geprägt, wenngleich sie ihn auch kritisch in Frage stellt: »Ist es Mut, wenn man beispielsweise jemanden vor der hereinfahrenden S-Bahn rettet? Oder im Dritten Reich, wenn man bereit war, jemanden in seinem Keller zu verstecken, auch wenn man wusste, die ganze Familie wird dadurch gefährdet? Ist der Antrieb dafür Mut oder ist der Antrieb dafür diese Überzeugung, das Richtige, Menschliche tun zu müssen?«[66] Diese Überzeugung prägt den sogenannten *effektiven Altruismus*, der dem selbstlosen Handeln Fakten und Analysen zur Seite stellt, um möglichst wirksam zu helfen. Sonst tut am Ende jede*r nur das, was sich richtig anfühlt, und nicht allem voran das, was als richtig erkannt wird. Letztlich geht es um Selbstlosigkeit. Etwas für andere zu tun, ohne darüber nachzudenken, was dies für mich selbst bedeutet. Und dann ist es auch nicht wichtig, ob wir es Held*innentum oder Altruismus nennen: Wichtig ist nur das Handeln selbst. Diese Gedanken können uns helfen, einen konstruktiven Aktivismus zu finden. Ein*e Aktivist*in hat den Konjunktiv der potenziell Handelnden bereits hinter sich gelassen.

Bedeutet das, dass moderne Held*innen nie zweifeln? Nein. Gerade wenn Aktivist*innen dort ehrenamtlich tätig sind, wo eigentlich andere zuständig wären, kommen immer wieder Zweifel und Fragen, wie sie Pia von Reconquista Internet in Worte fasst: »Ey, was machen wir da eigentlich, und warum machen WIR das? Warum macht es nicht irgendeine staatliche Stelle? Das ist doch überhaupt nicht unsere Aufgabe.« Sie beschreibt, wie sie sich dann aufregt, um am Ende doch weiterzuarbeiten, »weil man genau weiß: Wenn wir das nicht machen, dann macht es halt keiner. Und dann ist es auch okay, wenn wir unser eigenes Geld und tausende ehrenamtliche Stunden reinstecken.«[67]

Der ehemalige Essenskurier Orry Mittenmayer würde sich nicht als Held beschreiben. Die Initiative, für die er noch heute im Einsatz ist, klingt wiederum durchaus nach Actionheld*innen: »Liefern am Limit«. Es könnte auch gut der Titel einer RTL2-Reportage sein. Die tatsächliche Geschichte taugt für beides – Action-Heroes und dramatische Reality-Formate. Es geht um Rider, bei denen so gar nichts »easy« ist. Denn diese Rider fahren anders als im Filmklassiker aus dem Jahr 1969 nicht wie Peter Fonda und Dennis Hopper auf Harley-Davidson-Motorrädern durch die Steppe von Arizona. Sie kämpfen sich auf Fahrrädern durch Großstädte. In diesem Fall Köln. Nicht gerade als fahrradfreundliche Stadt bekannt. Selbst der Autofahrerverband ADAC muss in einer eigenen Studie eingestehen, dass alle deutschen Metropolen als fahrradfeindlich einzustufen sind. Wer als Rider*in für Lieferando, Foodora, Uber Eats, Wolt oder Deliveroo unterwegs ist, wäre allerdings froh, wenn die fehlenden Radwege, die engen Straßen und skrupellosen Autofahrer*innen das größte Problem darstellten. Denn der Job erinnert an dunkelste Tage der New Economy zu Beginn des Jahrtausends: als windige Start-up-Unternehmer*innen versuchten, jegliche Arbeitnehmer*innenrechte als »uncool« zu »claimen« und beim gemeinsamen Bier nach 14 Stunden Arbeit ganz »Buddy-mäßig« am Kickertisch zu klären, dass es mit dem Urlaub auch in diesem Jahr eher schwierig wird. Viel hat sich verändert, es rücken junge Generationen nach, die sich nicht mehr ausbeuten lassen wollen. Junge Menschen, die plötzlich Freizeit, Überstundenausgleich und Homeoffice fordern. Hier aber reden wir über eine privilegierte Gruppe, Studierende, Kreative, Kinder aus finanziell abgesicherten Haushalten. Für die überwiegende Mehrheit – auch in einer jüngeren Generation – stellt sich der Arbeitsmarkt weiterhin anders da.

Zu dieser Mehrheit gehörte auch Orry Mittenmayer. Er ist es eigentlich gewöhnt, zur Minderheit zu gehören. Orry hat von Geburt an eine Schwerbehinderung, er ist auf der rechten Seite gehörlos und auf der linken beinahe. Er trägt ein Implantat. Und: Orry ist PoC (People of Colour). Sein leiblicher Vater kommt aus dem Senegal: »Mir wurde relativ häufig vermittelt, dass ich nichts bin, nichts werde und auch nichts draufhabe, weil ich Schwarz[68] und schwerbehindert bin.«[69]

Nach der Schule macht Orry eine Ausbildung zum Buchhändler. Dann holt er sein Abitur auf einer Abendschule für Schwerhörige nach. Um das irgendwie zu finanzieren, beginnt er mit 23 Jahren als Rider beim Lieferdienst Foodora: neun Euro Stundenlohn, sechsmonatige Arbeitsverträge. Er muss sein eigenes Fahrrad nutzen und für Reparaturen selbst aufkommen. Krankheitstage werden genauso wenig bezahlt wie Urlaubstage. Für den Lieferdienst ist Orry Mittenmayer bei jedem Wetter mit dem Rad unterwegs, teils mehr als 200 Kilometer am Tag. Macht er fünf Minuten Pause, meldet sich die Zentrale. Über die App haben sie bemerkt, dass er gerade nicht fährt.

Orry wechselt zum damaligen Konkurrenten Deliveroo. Kleidung und Essensrucksack sind jetzt türkis. Alles andere bleibt gleich. In unserem Gespräch erinnert sich Orry an seine Tage als Rider: »Es war wie im Wilden Westen in der Plattformökonomie. Das waren riesengroße Firmen. Tausende von Fahrer*innen wurden durch die Städte gepeitscht. Wir mussten teilweise innerhalb von zehn Minuten überteuerte Pizzen ausliefern. Wenn wir einen Unfall gebaut hatten, sollten wir so schnell es geht wieder auf unser Fahrrad und weiterfahren. Unsere Gesundheit war dann auch zweitrangig, Hauptsache, wir bekamen irgendwie unseren Stundenlohn und die Pizza kam irgendwie heil an. Wir hatten kein Selbstwertgefühl. Und kein Bewusstsein mehr für das, was wir gerade tun, wie wir damals gearbeitet haben, dass das überhaupt nicht verhältnismäßig war, dass das unheimlich schlimme Menschenschinderei war […].«[70]

Erst als einen Tag vor Heiligabend der Lohn vom Vormonat immer noch nicht gezahlt ist und es stattdessen nur 150 Euro Weihnachtsgeld gibt, ist Orry an dem Punkt angekommen: Das geht so nicht weiter. Aus Rider Orry wird Aktivist Orry. Er spricht mit anderen Rider*innen: Auch sie haben keinen Lohn erhalten. »Wir waren verzweifelt. Wir wussten nicht, was abgeht.«[71] Deliveroo vertröstet sie, für die Weihnachtstage werde das Geld doch reichen. Erstmals beginnen die Fahrer*innen, sich zu organisieren. Sie machen WhatsApp-Gruppen auf, tauschen sich aus. Der einzige gemeinsame Ort der Kolleg*innen ist bislang die Straße. Eine*r der Rider*innen hat Kontakt zu Gewerkschaften, Orry Mittenmayer erinnert sich noch genau an seine Worte: »Hey, Leute. Bevor wir jetzt alle kündigen: Es gibt noch einen viel besseren Weg, wie wir Deliveroo den Tag noch ein bisschen ruinieren könnten. Und zwar, indem wir uns gewerkschaftlich organisieren.«[72]

Und tatsächlich: Wenige Tage später, zwischendurch ist ja noch Weihnachten, sitzen Orry Mittenmayer und weitere Rider*innen in einem Raum und werden in das Einmaleins der betrieblichen Mitbestimmung eingeführt. Eigentlich ist Orry immer skeptisch, wenn ihm »alte weiße Männer« die Welt erklären wollen. Es sind jedoch auch zwei junge Frauen dabei. Laura Schimmel und Lisa Baumeister stellen sich als Gewerkschaftssekretärinnen vor. Als hauptamtliche Funktionärinnen der Gewerkschaft organisieren sie die Betriebsräte, beraten bei Themen wie Gehalt, Urlaub, Arbeitszeit und begleiten arbeitsgerichtliche Prozesse. Trotz des Engagements der beiden Frauen braucht es mehrere Monate, bis Orry Mittenmayer und seine Kolleg*innen überzeugt sind, in die Gewerkschaft NGG (Nahrung-Genuss-Gaststätten) einzutreten. Es ist die älteste deutsche Gewerkschaft. Orry und die anderen Rider*innen sind die ersten gewerkschaftlichen Vertreter*innen ihrer Branche. Sie gründen den ersten Deliveroo-Betriebsrat. Üblicherweise schützt das vor Kündigung. Orry und die anderen neuen Arbeitnehmervertreter*innen haben bei Deliveroo aber nur sechsmonatige Verträge. Keine*r von ihnen bekommt einen neuen. Sie bewegen trotzdem viel: Mittlerweile gibt es schon an acht Standorten in Deutschland solche Betriebsräte.

Ihre gewerkschaftliche Initiative nennen sie »Liefern am Limit«. Sie ist das erste Sprachrohr für die Rider*innen. Die Expertise der Aktivist*innen ist heute bundesweit gefragt. Orry Mittenmayer ist inzwischen Gewerkschafter, Aktivist und Student der Politikwissenschaft. Seine Geschichte ist die eines Helden, der sich und andere gegen alle Widerstände aus einer miserablen Situation befreien konnte. Wir fragen ihn, was er jüngeren Menschen raten würde. Menschen, die diesen Weg vielleicht noch vor sich haben.

»Denk nicht so lange nach. Mach einfach«, sagt er. »Denn je länger du darüber nachdenkst, umso mehr Gründe wirst du finden, es doch nicht zu machen. Und du wirst merken, das sind vor allem Selbstzweifel, wie: ›Du bist nicht gut genug‹. Das ist totaler Schwachsinn. Du bist gut genug. Allein dass du darüber nachdenkst, dich zu engagieren, qualifiziert dich eigentlich schon dafür. Also mach es einfach. Probier's aus. Sei offen. Trau dich. Finde andere Menschen, die so ähnlich denken wie du, und sprich offene Fragen an. Wenn du bei einer politischen Veranstaltung mitmachen willst und du traust dich alleine nicht hin, dann frag andere, ob sie mit dir hingehen würden. Du musst das nicht alles alleine machen und du musst das auch nicht alleine mit dir selbst ausmachen. Du hast Menschen, die ähnlich denken wie du und die dann auch sicherlich bereit sind, mit dir den Weg zu gehen.«[73]

AK-
TI-
ON.

2. Aktion

»So können wir die Welt nicht mehr retten, indem wir nach den Regeln spielen. Weil die Regeln geändert werden müssen.«[1]

Greta Thunberg

Seit dem 20. August sitzt Greta Thunberg jeden Tag vor dem schwedischen Parlament. Seit dem zweiten Tag nicht mehr allein. Immer wieder setzen sich Unterstützer*innen dazu. Greta ist nicht gerade gesprächig. Ihr Autismus schützt sie vor Small Talk. Das bedeutet nicht, dass diese Unterstützung Greta nichts bedeutet. Ganz im Gegenteil: Ursprünglich wollte die schwedische Schülerin bis zur Parlamentswahl am 9. September 2018 streiken. Einen Tag zuvor entschließt sie sich, ab sofort jeden Freitag zu streiken. Für ihren Tweet an diesem 8. September hat sie sich einen neuen Hashtag überlegt: #FridaysForFuture.

Die Bewegung wird Tag für Tag größer, stärker, bekannter. Greta wird eingeladen, an der 24. UN-Klimakonferenz Anfang Dezember in Kattowitz teilzunehmen und dort zu sprechen. Der Kofferraum des Elektroautos ist voller Dosen Baked Beans.[2] Vater Svante und Greta fahren nach Polen. Ein Waffeleisen haben sie auch dabei. Greta ist in der 21. Woche ihres Schulstreiks und mittlerweile weltweit bekannt. Nicht nur in Schweden, sondern bis nach Australien hat sie Schüler*innen zum Klimastreik bewegen können.

In der Stadt Kattowitz tragen viele Menschen bereits zwei Jahre vor der Coronapandemie Atemschutzmasken. Sie schützen sich vor dem Feinstaub der Kohlekraftwerke. Etwa 5000 Menschen sterben in Polen jedes Jahr an den Folgen der durch Feinstaub verursachten Krankheiten. Am 2. Dezember 2018 steht die damals 22-jährige Luisa Neubauer in einem ehemaligen Bergwerk im polnischen Kattowitz. Luisa ist als junge Beobachterin der Deutschen Gesellschaft für die Vereinten Nationen hier. Es ist die 24. UN-Klimakonferenz – mit rund 30 000 Teilnehmer*innen aus fast 200 Ländern. Regierungschef*innen, Minister*innen, Diplomat*innen, Nichtregierungsorganisationen, UN-Delegierte. Hier in Kattowitz wird zwei Wochen lang in vielen einzelnen Sitzungen und Veranstaltungen über das Klima gesprochen. Nicht alles kann die Jugenddelegierte Luisa beobachten, viele Türen bleiben verschlossen. Ihr Ausweis ist gelb, damit kommt sie nicht in die Räume, in denen verhandelt wird. Polizist*innen und freiwillige Helfer*innen bewachen die Türen. Luisa und eine weitere Jugenddelegierte probieren es an mehreren Stellen. Keine Chance.[3]

Es ist der 9. Dezember 2018, Tag acht der Konferenz. In Deutschland hat vor zwei Tagen in Bad Segeberg der erste Fridays-for-Future-Streik stattgefunden. In Kattowitz sprechen Greta und Svante Thunberg auf einer Podiumsveranstaltung der Organisation Scientists Warning. Luisa Neubauer sitzt im Publikum. Sie meldet sich für eine Frage, möchte wissen, was wir über individuelles Verhalten hinaus noch tun können, um die Klimakrise aufzuhalten. Nach der Veranstaltung geht Luisa auf das schwedische Mädchen zu. Vater Svante steht der Schweiß auf der Stirn. Medienvertreter*innen aus der ganzen Welt wollen einen Augenblick mit seiner Tochter. Das ist nicht völlig neu für Svante und Greta, nach den Entwicklungen der vergangenen Monate. Aber in Kattowitz sind alle auf einmal da. Luisa Neubauer bietet ihre Hilfe an. Fortan organisiert sie Gretas Presseanfragen und begleitet sie und Svante auf der Konferenz. Am 12. Dezember 2018 hält Greta eine Rede auf dem Klimagipfel in Kattowitz, die sich sehr schnell über klassische, aber vor allem über die sozialen Medien verbreitet:

> »Als im August dieses Jahres die Schule begann, setzte ich mich vor dem schwedischen Parlament auf den Boden. Ich habe für das Klima gestreikt. Einige Leute sagen, ich sollte stattdessen in der Schule sein. Einige Leute sagen, ich sollte studieren, um Klimawissenschaftler zu werden, damit ich ›die Klimakrise lösen kann‹. Die Klimakrise ist jedoch bereits gelöst. Wir haben bereits alle Fakten und Lösungen. Und warum sollte ich für eine Zukunft studieren, die bald nicht mehr möglich ist, wenn niemand etwas unternimmt, um diese Zukunft zu retten? Und was bringt es, Fakten zu lernen, wenn die wichtigsten Fakten für unsere Gesellschaft eindeutig nichts bedeuten? Heute verbrauchen wir jeden Tag 100 Millionen Barrel Öl. Es gibt keine Politik, um das zu ändern. Es gibt keine Regeln, um dieses Öl im Boden zu halten. So können wir die Welt nicht mehr retten, indem wir nach den Regeln spielen. Weil die Regeln geändert werden müssen.«[4]

Wir wollen hier nicht denselben Fehler begehen wie viele Medien, die sich oft auf die Form, die Umstände und das Persönliche konzentrieren – also auf alles bis auf den Inhalt. Dies ist kein Buch über die Klimakrise. Und doch: Wie könnte es kein Buch über die Klimakrise sein, wenn wir über Aktivismus sprechen? Wenn wir fragen: Wie kann ich was bewegen?

Bereits vor Kattowitz mobilisiert Luisa Neubauer junge Menschen in Deutschland. Sie postet Beiträge zur Klimakrise. Unter #youth4climate. An diesem 12. Dezember 2018 benutzt sie erstmals den Hashtag #FridaysForFuture. Zwei Tage später streiken wieder Schüler*innen fürs Klima. Diesmal schon in mehreren deutschen Städten. In den kommenden Wochen entstehen die ersten regionalen Gruppen von Fridays for Future in Deutschland.

Greta Thunberg beschreibt sich mittlerweile auf Twitter als »15-jährige Klimaaktivistin mit Asperger«. Zwei Jahre später sprechen wir mit Philipp Ruch vom Zentrum für Politische Schönheit über Greta: »Für mich ist damit nichts begriffen, sie allein politische Aktivistin zu nennen. Am Ende ihres Lebens wird da noch so viel mehr sein als eine Aktivistin. Ich spüre einen derart emotionalen Mangel bei diesem Begriff. Es gibt eine Art von politischen Triebkräften, die einem das Label anheften, um nicht mehr groß mit einem zu tun haben zu müssen. Ich erlebe diesen Begriff des Aktivismus oder auch des politischen Aktivismus in erster Linie als etwas, das im Grunde abwerten soll. [...] Aber die Künstler, die dürfen ein wenig verrückt sein, und die Aktivisten, die dürfen ein bisschen kämpfen, in einem gesellschaftlichen Becken, mit dem man noch so halbwegs klarkommt.«[5]

Aktionskunst

Philipp Ruch möchte nicht Aktivist genannt werden. Er ist politischer Aktionskünstler und »von Hause aus politischer Philosoph«, wie er sagt.[6] Mit dem Kollektiv »Zentrum für Politische Schönheit« führt er seit 2009 Aktionen durch, die große mediale Aufmerksamkeit hervorrufen: mit »künstlerischen Interventionen« für »humanitäre Themen«. Philipp Ruch ist ihr Gründer und künstlerischer Leiter.

Ihre erste Aktion heißt »Die Re-Formation der Geschichte«. Sie ist angelehnt an Martin Luther, der seine Thesen zur Reformation an die Wittenberger Schlosskirche genagelt haben soll. Das Zentrum für Politische Schönheit verkündet nun in einem »Thesen-Anschlag auf den Deutschen Bundestag« seine grundsätzlichen Vorhaben. Die erste der zehn Thesen lautet: »In jedem Menschen steckt eine tiefreichende Sehnsucht nach dem Schönen.«[7] Außerdem wollen die Aktionskünstler*innen Angela Merkel und Frank-Walter Steinmeier auf eBay verkaufen.

2015 präsentiert Philipp Ruch seine politischen Ideen in einem Manifest. Dort fordert er einen »hartnäckigen Humanismus«. Online-Petitionen kritisiert er als »platonisch«. Aber was bedeutet »politische Schönheit«? »Ich behaupte, dass der Mensch ein Wesen mit einem angeborenen Instinkt für Schönheit ist. Und das bedeutet, dass er eigentlich zu jeder Zeit und in jeder Minute ein Bewusstsein davon in sich trägt, ob das, was er tut, schön ist oder hässlich.«[8]

Philipp Ruch geht es um das richtige Handeln: »Das Zentrum für Politische Schönheit ist der radikale Flügel des Humanismus«, heißt es wortgewaltig auf dessen Homepage, »eine Sturmtruppe zur Errichtung moralischer Schönheit, politischer Poesie und menschlicher Großgesinntheit. Wir verschränken die Macht der Phantasie mit der Macht der Geschichte.«[9]

Wir kennen es schon länger, das hässliche Gesicht oder die Fratze als Sinnbild des Rechtsextremismus, Terrorismus, Populismus: Im Holocaust hat Deutschland sein hässlichstes Gesicht gezeigt. Es ist die Grundüberzeugung des Zentrums, dass wir nicht nur aus der Geschichte lernen, sondern vor allem auch handeln müssen: Politische Schönheit stellt sich einer hässlichen Politik entgegen.

So befasst sich das Zentrum für Politische Schönheit meist nicht mit politischer Schönheit, sondern mit dem Gegenteil. Mit den »Säulen der Schande« erinnert es an das Massaker von Srebrenica, auch an die Mitschuld der westlichen Welt und der UN, die den Völkermord tatenlos geschehen ließen. Die acht Meter hohen und 16 Meter breiten Buchstaben, die mit 16 744 Schuhen gefüllt wurden, auch mit Schuhen der 8372 Opfer, ergeben die Buchstaben UN.

2014 bewirbt das Zentrum für Politische Schönheit die »Kindertransporthilfe des Bundes«: Um 55 000 Kinder aus Syrien vor dem Krieg zu retten, werden Pflegefamilien in Deutschland gesucht. Ein vollständiges Konzept steht hinter der Großkampagne. Als Absenderin ist das Bundesfamilienministerium angegeben. Es gibt sogar eine Hotline, wo sich bereits innerhalb der ersten beiden Tage über 1000 Familien melden, um ein syrisches Kind aufzunehmen.

Zum 25. Jahrestag des Falls der Berliner Mauer greifen die politischen Aktionskünstler erneut das Thema Flucht auf. Die Kreuze zum Gedenken an die Berliner Maueropfer am Ufer der Spree neben dem Berliner Reichstag werden entwendet und an europäische Außengrenzen gebracht, um auf die tausenden Todesopfer der dort angewandten EU-Grenzpolitik aufmerksam zu machen.

Bei einer ihrer nächsten Aktionen graben Mitglieder des Zentrums Leichen aus. Es sind auf der Flucht an der EU-Außengrenze verstorbene Menschen aus Syrien. Die Aktionskünstler*innen überführen die Toten nach Berlin, wo sie auf einem Friedhof beigesetzt werden. Die finanziel-

len Mittel für die Überführung, die in Absprache mit den Angehörigen geschieht, werden durch eine Crowdfunding-Kampagne innerhalb eines Tages gesammelt.

Ebenfalls durch Crowdfunding wird die Aktion »Die Brücke – Retten wir Europas Humanität« finanziert: Es soll eine Brücke zwischen Afrika und Europa gebaut werden, um einen sicheren Weg für Menschen auf der Flucht zu ermöglichen. Und tatsächlich werden mehr als 20 000 Euro gespendet. Mit dem Geld wird eine Rettungsplattform im Mittelmeer gebaut und verankert – als konstruktiver Bestandteil dieser politischen Aktionskunst.

Ihr wesentlicher Kern ist jedoch das provokante Element, ihr bekanntester Vertreter in Deutschland ist der 2010 verstorbene Christoph Schlingensief. Seine Ideen finden sich bis heute in vielen Aktionen wieder. 1998 tritt er mit der Satirepartei »Chance 2000« bei den Bundestagswahlen an. 2004 gründen Redakteur*innen des Satiremagazins *Titanic* »Die Partei«. Im Wahlkampf lädt Schlingensief schließlich alle »sechs Millionen Arbeitslosen« aus Deutschland zum »Baden im Wolfgangsee« ein, an dessen Ufer das Ferienhaus des damaligen Bundeskanzlers Helmut Kohl steht. Als Ziel der Aktion gibt Schlingensief die

Überflutung des Hauses an, indem durch die sechs Millionen Menschen der Wasserspiegel des Wolfgangsees steigen soll.

Dabei spielt es überhaupt keine Rolle, dass an der Aktion kaum ein arbeitsloser Mensch teilnimmt. Auch das Wahlergebnis der Partei Chance 2000 soll nur mehr Aufmerksamkeit für das Problem generieren, Nachdenken provozieren, denn darum geht es der Aktionskunst: um die Idee und ihre Botschaft. Das bedeutet wiederum nicht, dass politische Aktionskunst keine konkreten Ziele verfolgt. Häufig werden Spenden gesammelt, um konkrete Hilfen zu organisieren oder Lösungen für das jeweilige Problem zu realisieren.

Politische Aktionskunst ist kein Aktivismus für jede*n. Nicht jeder Mensch hat das notwendige kreative und künstlerische Talent. Und meist sind die Gruppen für Außenstehende auch weniger offen und zugänglich. Aber die politische Aktionskunst zeigt besonders gut: Wir können ganz unterschiedliche Talente für aktivistisches Handeln nutzen. Beteiligen kann ich mich als gute*r Redner*in, aber ebenso als Organisationswunder oder mit meinen handwerklichen Begabungen. Überzeuge ich in Gesprächen? Kann ich gut zeichnen oder illustrieren? Bin ich witzig, schlagfertig, stark, schnell, groß, wendig, schlau oder habe ich vielleicht andere besondere Ressourcen, mit denen ich mich beteiligen möchte?

Die gelernte Schauspielerin Cesy Leonard ist jahrelang beim Zentrum für Politische Schönheit aktiv. Sie ist Künstlerin und Filmemacherin und empfiehlt den Interessierten, sich erst einmal selbst zu fragen: »Was ist es, was mich wirklich bewegt? Was ist meine Grundmotivation? Für welches Thema will ich mich engagieren? Dann als Nächstes ganz, ganz wichtig ist: Was macht mir Spaß? Bin ich jemand, der eher vorne steht? Vor der Kamera? Schreibe ich gerne Texte? Oder unterstütze ich lieber andere, die vor der Kamera stehen? Bin ich kreativ?«[10] Noch entscheidender ist im Anschluss sicher die Frage: Wofür will ich kämpfen? Was ist mir so wichtig, dass ich bereit bin, sehr viel Lebenszeit, Energie und vieles mehr zu opfern?

Letztlich ist die politische Aktionskunst eine kreative Form des Aktivismus, deren juristische Absicherung die sogenannte Kunstfreiheit ist. Und weil darunter auch die Satire als Kunstform fällt, können wir auch die politischen Aktionen von prominenten Unterhaltungskünstler*innen wie Jan Böhmermann dazu zählen. Gerne wird diese Metaebene, die Kunstfreiheit, auch selbst zum Thema gemacht, wie das bekannte Schmähgedicht bzw. die darauffolgende Staatskrise und die Debatten gezeigt haben.

Der Name Jan Böhmermann wird den wenigsten Menschen im Kontext von politischem Aktivismus einfallen. Er trägt das Label Unterhaltungskünstler, beheimatet im Nachkriegsmedium Fernsehen, wo er schon früh davon profitiert, zu verstehen, dass Kommunikation nicht

mehr über dieses lineare einstige Massenmedium funktioniert. Nicht alle seine Sendungen, Aktionen, Darbietungen sind politisch. Aber doch die bekanntesten: Die Kritik am Paragrafen 103 StGB, der die Beleidigung eines ausländischen Staatschefs untersagt, die Böhmermann durch seine Aktion mit dem Schmähgedicht äußerte, führt zur Abschaffung dieser gesetzlichen Regelung. Die Aktion ist dementsprechend politisch erfolgreich. Eine politische Debatte provoziert Böhmermann bereits im März 2015. In der politischen Talkshow Günther Jauchs wird eine Filmaufnahme präsentiert, in der der damalige griechische Finanzminister Yanis Varoufakis Deutschland den Stinkefinger entgegenstreckt. Nun behauptet Böhmermann, dieses Video sei von ihm und seiner Redaktion gefälscht. In einem Beitrag zeigt er, wie man den Finger vermeintlich nachträglich bearbeitet. Später stellt sich heraus, dass das Video echt ist. Die Aktion wird als Mediensatire eingeordnet und die politische Dimension damit klein gehalten.

Böhmermann setzt sich regelmäßig mit dem aufkommenden Rechtsextremismus und Hass im Internet auseinander, was nicht zuletzt zur Gründung von Reconquista Internet führt. »Mit Reconquista Internet wird es nun überdeutlich«, schreibt die *Süddeutsche Zeitung.* »Was aussieht wie Satire, ist eigentlich Aktivismus.«[11] Die vier Aktivist*innen der Gruppe, mit denen wir sprechen, verraten uns, dass erst die Initiative Böhmermanns in seiner damaligen TV-Sendung sie zum politischen Handeln bringt. Sie starten direkt nach der öffentlichen Aufmerksamkeit im Zuge von Böhmermanns Sendung mit verschiedenen Aktionen. So projizieren sie am 7. Mai 2018 die Botschaft »Durchhalten, freundliches Dresden! Ihr seid nicht alleine!« an die Dresdener Frauenkirche oder versperren mit Ausgaben des Grundgesetzes in Eisblöcken die Türen der AfD-Zentrale. Mittlerweile arbeiten die Aktivist*innen hauptsächlich bei der von ihnen gegründeten Anti-Hatespeech-Plattform »Hassmelden«, die mit den zuständigen Behörden kooperiert. Sie sind also im Hintergrund und helfen ganz konkret den Opfern von Hass im Netz.

Jan Böhmermann selbst hat nichts mehr direkt mit Reconquista Internet zu tun. Sein Metier ist es, Aufmerksamkeit zu generieren. Und so prangert er regelmäßig in unterschiedlicher Form politische Missstände an. Er ist dabei sicherlich deutlich massenkompatibler als Schlingensief oder das Zentrum für Politische Schönheit, ihm sind als Angestellter einer öffentlich-rechtlichen Rundfunkanstalt auch andere Grenzen gesetzt.

Der kalkulierte Tabubruch findet sich bei Schlingensief, Böhmermann, dem Peng! Kollektiv oder eben dem Zentrum für Politische Schönheit. Ein Beispiel von Schlingensief ist die Aktion »Ausländer raus!«. Mit ihr reagiert er im Jahr 2000 auf die Politik der rechtspopulistischen FPÖ und ihres damaligen Vorsitzenden Jörg Haider in Österreich und lehnt sie an das seinerzeit erfolgreiche Reality-TV-Format *Big Brother* an. Schlingensief zeigt nicht nur ansteigenden Rassismus auf, er addiert noch eine aktuelle Medienkritik. Die »Kandidat*innen« der Show sind hier Menschen, die Asyl in Österreich suchen. Durch eine telefonische Abstimmung – wie bei *Big Brother* – können nun Zuschauer*innen die Menschen aus dem aufgestellten Container und damit aus dem Land herauswählen. All dies wird über die dazu eingerichtete Webseite ausländerraus.at übertragen.

Das Zentrum für Politische Schönheit sorgt mit einer ähnlichen Aktion im Sommer 2016 für Aufmerksamkeit. Zur Fußball-Europameisterschaft errichten die Aktivist*innen in Berlin eine Arena, in der geflüchtete Menschen von Tigern gefressen werden sollen. Die Aktionskünstler*innen beziehen sich auf den Paragrafen 63, Abs. 3 im deutschen Aufenthaltsgesetz, der es Menschen auf der Flucht unmöglich macht, Flugzeuge nach Europa zu besteigen. Damit entscheide die Bundesregierung über Leben und Tod dieser Menschen, die so gezwungen sind, den lebensgefährlichen Weg über das Mittelmeer anzutreten. Ziel der Aktion ist es, eine Abstimmung im Bundestag über den Paragrafen erzwingen. Es gelingt. Es wird abgestimmt. Die Abgeordneten von CDU/CSU und SPD bestätigen den Paragrafen, die Regelung bleibt in Kraft. Erreicht haben die

Aktivist*innen immerhin, dass die Entscheidung der Abgeordneten nun öffentlich im direkten Zusammenhang mit tausenden auf der Flucht ertrunkenen Menschen steht. Und sie geben nicht auf: Als Reaktion auf die Abstimmung chartern sie nun ein Flugzeug von Air Berlin in der Türkei, um Menschen einfliegen zu lassen, die in Deutschland Anrecht auf Asyl haben. Kurz vor dem geplanten Flug kündigt Air Berlin den Chartervertrag. Auf Druck der Bundesregierung, wie diese später zugibt. Es folgen Debatten über Zynismus und Kunstfreiheit. Es wird viel über die Mittel der Aktivist*innen diskutiert. Schwierig zu sagen, ob das dem eigentlichen Thema Aufmerksamkeit bringt oder sogar entzieht.

In jedem Fall wird an dieser Aktion die potenzielle Wirksamkeit politischer Aktionskunst deutlich. Sie führt hier durch ihre Drastik zu kurzfristiger Aufmerksamkeit bis hin zu einer außerordentlichen Debatte und Abstimmung im Bundestag. Das gelingt der politischen Aktionskunst nicht immer, ebenso wie nicht jede Petition oder Demonstration von Erfolg gekrönt ist. Die Meldung »Flüchtlinge sollen von Tigern gefressen werden« generiert aber sicher eine größere mediale Strahlkraft als die Schlagzeile »Demonstration mit 50 000 Teilnehmern«. Was wiederum nicht bedeuten soll, es gehe den Aktionskünstler*innen der verschiedener Gruppen ausschließlich um das Erzeugen eines medialen Echos. Allerdings ist dies ein wesentlicher Faktor ihrer Arbeit, und spätestens durch die Macht sozialer Medien ergeben sich für politische Aktivist*innen ungeahnte neue Möglichkeiten, mediale Aufmerksamkeit konstruktiv zu verwerten.

Öffentliches Interesse zu erreichen, ist fast immer der erste Schritt. Der Rezipient*in soll dann ein Problem bewusst werden, um schließlich darüber zu reflektieren und im besten Fall zu handeln. Meist wird in der politischen Aktionskunst die Handlungsempfehlung nicht mitgeliefert. Da bleibt sie Kunst. Auf den Stelen, die das Zentrum für Politische Schönheit Björn Höcke in den Nachbargarten stellte, steht nicht: »Jetzt verstehen, dass Höcke ein Faschist ist, und nicht AfD wählen.«

Der Projektname trägt jedoch bereits wenig Verschlüsselung in sich: »Bau des Holocaust-Mahnmals vor Höckes Haus!« Das Zentrum für Politische Schönheit pachtet ein Nachbargrundstück in Sichtweite des Hauses von AfD-Politiker Björn Höcke in Bornhagen, Thüringen. Sie bauen eine verkleinerte Version des Berliner Holocaust-Mahnmals auf. Es ist eine Reaktion auf Höckes Rede im Januar 2017, als er es als »Denkmal der Schande« bezeichnet und eine »erinnerungspolitische Wende um 180 Grad« fordert. Die Aktionskünstler*innen verkünden außerdem, Höcke und sein Haus ab sofort zu bewachen, da der Thüringer Verfassungsschutz dieser Aufgabe nicht nachkäme. Zu diesem Zweck installieren sie mehrere Kameras, die auf das Haus des Faschisten gerichtet sind.

Ohne eine künstlerische Ebene wirken Aktivist*innen mit ihren Forderungen und Aussagen meist direkter. Auf Demonstrationen, Streiks oder Mahnwachen fehlen selten Schilder, Plakate oder Transparente mit konkreten Handlungsaufforderungen an politische Verantwortliche oder die Bevölkerung: Wir sind hier, wir sind laut, weil ihr uns die Zukunft klaut! – Kohleausstieg jetzt! – Stoppt Tierversuche!

Klare Verständnisanleitungen gibt es jedoch auch von politischen Aktionskünstler*innen. Meist in Form von Pressemitteilungen oder

Social-Media-Posts, wo sie offiziell und ausführlich ihr Projekt erläutern. Tiger-Arena in Berlin-Mitte, Holocaust-Mahnmal in Bornhagen – egal, wie selbsterklärend es auf die eine Gruppe wirken mag, vor allem diejenigen, die erreicht werden sollen, brauchen die Bedeutung gleich mitgeliefert. Politische Aktionskunst steht nicht in Galerien, wo sich Menschen mit im Rücken verschränkten Armen schweigend interessiert dem Werk widmen oder wie in einem Loriot-Sketch an den Ausstellungsobjekten vorbeischleichen. Die Zielgruppe ist eine andere. Meistens zumindest. Dennoch wird durchaus kritisiert, dass Aktionskünstler*innen wie das Zentrum für Politische Schönheit oder auch das Peng! Kollektiv vor allem die Gruppe sogenannter Bildungsbürger*innen erreichen, also Akademiker*innen und Kunstliebhaber*innen mit entsprechend politischem Interesse, Menschen, deren eigene Radikalität meist beim Abonnement der Satirezeitschrift *Titanic* endet.

Künstlerin, Filmemacherin und Aktivistin Cesy Leonard ist selbst vier Jahre lang Teil des Zentrums für Politische Schönheit, bis ihr immer mehr bewusst wird, »dass wir eben auch nur in den Feuilletons beheimatet waren, auf dem Land aber eher nicht besprochen wurden«[12]. Sie entscheidet sich deshalb, auszusteigen und ihre eigene Gruppe zu gründen, die Radikalen Töchter. Mit ihnen geht sie jetzt auch und gerade in ländliche Regionen, um jüngere Menschen für politischen Aktivismus zu sensibilisieren und begeistern. An die Form der politischen Aktionskunst glaubt Cesy Leonard jedoch weiterhin und setzt bewusst dort ihren Fokus: »Da sprechen wir dann einfach erst einmal über künstlerische Strategien und fragen: Wo und wie kann ich diese in meinen Aktionen anwenden, um zum Beispiel mit mehr Humor und Bildgewaltigkeit das mir wichtige Thema anzusprechen?«[13]

Mit Bildern ein Thema ansprechen: Damit bedient sich die Aktionskunst der Regeln der Aufmerksamkeitsökonomie. Im Kampf um die Blicke des potenziellen Publikums zählt das stärkste Bild. Vor allem in sozialen Netzwerken geht es um das Kreieren von visuellen Momenten. Wie die politische Aktionskunst funktionieren diese über Reize wie Schock und Spektakel. Kunst ist Inszenierung, das ist ihre Ausdrucksform. So will sie Diskurse provozieren. Unterstützt wird das durch eben die Mechanismen, die in sozialen Medien dafür sorgen, dass die Bilder der Aktionskunst entsprechend hohe Reichweite erzielen. Soziale Medien machen es für politische Aktionskünstler*innen wesentlich einfacher, viele Menschen zu erreichen. Das Dilemma besteht darin, dass bei politischen Protesten meist mehr über die Form als über das Anliegen berichtet wird. Auch wenn die politische Aktionskunst versucht, mit den Regeln der Aufmerksamkeitsökonomie zu arbeiten und sie im besten Fall für sich zu nutzen, bleibt die Frage: Können wir uns keine Wege außerhalb dieses Systems der maximalen visuellen Erregung suchen?

Gerade beim Zentrum für Politische Schönheit geht es um Visualität, Bildgewalt und Ästhetik. Schöne Politik: Das klingt erst radikal, wenn man darüber nachdenkt. Wenn einem bewusst wird, wie selten diese Begriffe auf politische Ereignisse und Handlungen zutreffen. Bei vielen Aktionen des Zentrums für Politische Schönheit ist es jedoch eher umgekehrt: Beim ersten Hinsehen wirken sie radikal, aber schon beim zweiten Blick ist häufig zu erkennen, dass die tatsächlichen politischen Forderungen oder Botschaften dahinter mitnichten radikal sind. Das Radikale liegt hier in den Aktionen, nicht in den Forderungen oder Botschaften. Eher schon in den tatsächlichen politischen Hintergründen, wie dem Massensterben auf dem Mittelmeer, dem Holocaust-Mahnmal-Zitat Höckes oder dem Verschwinden von Waffen bei der Bundeswehr.

Ohnehin scheint der politische Aktivismus kaum noch radikale Veränderungen zu fordern. Das Zentrum für Politische Schönheit weist auf das Sterben von Menschen im Mittelmeer und an den europäischen Außengrenzen hin, zeigt auf, dass Björn Höcke ein Faschist ist oder wie gefährlich es wird, wenn demokratische Parteien mit der AfD koalieren wollen. Das sind kaum Forderungen und schon gar nicht radikale. Ebendies attestiert Carola Rackete auch Teilen der Klimabewegung: »Fridays for Future sagen nur: Können wir uns bitte an das Pariser Abkommen halten, das wir vor fünf Jahren unterschrieben haben? Der heutige Aktivismus ist eigentlich fast gar nicht radikal. Ich warte noch darauf, dass Bewegungen kommen, die wirklich etwas Neues, etwas wirklich Radikales fordern werden und nicht nur die Einhaltung bereits unterschriebener Gesetze.«[14]

Nun ist die Klimabewegung deutlich heterogener, als ihr oft unterstellt wird. Es gibt sehr unterschiedliche Überlegungen dazu, mit welchen Mitteln die Klimakrise bekämpft werden sollte. Zudem ist das Pariser Abkommen leider kein Gesetz. Und die Forderungen von Fridays for Future gehen mittlerweile deutlich weiter. Zudem fragen wir uns: Muss Aktivismus immer radikal sein? Bin ich nur dann Aktivist*in für eine Sache, wenn ich radikale Forderungen stelle? Und wer entscheidet, was radikal ist? Eine, die es wissen muss – Cesy Leonard von den Radikalen Töchtern –, sagt: »Wir verstehen den Namen Radikale Töchter als Aufforderung an sich. Wenn wir wirklich etwas verändern wollen, dann brauchen wir von Grund auf einen anderen Ansatz. Und das meinen wir mit ›radikal‹.«[15]

Absurderweise verliert der Begriff des Radikalen seit den vergangenen Jahren selbst an Radikalität. Denn er kommt im politischen Establishment an. Robert Habeck von den Grünen benutzt den Begriff sehr gern und formuliert beispielsweise, man müsse »radikal und staatstragend« sein oder auch radikal sei »das neue realistisch«. Vielleicht entspricht das Radikale einfach dem Zeitgeist. Die Probleme der Welt erscheinen so groß und überwältigend, dass wir nur mit radikalen Lösungen dagegen ankommen.

Sehr viele Aktivist*innen fragen: Wie radikal sollen wir sein? Radikal sein bedeutet, ein Problem an der Wurzel zu packen und grundlegende Veränderungen einzufordern. Danach sind viele Aktivist*innen radikal in ihren Forderungen. Oft wird der Begriff aber nicht im Sinne von grundlegend verwendet, sondern abgrenzend zur Vernunft. Politische Forderungen und Handlungen sind entweder gemäßigt oder eben radikal. In bürgerlichen Teilen der Gesellschaft gehört die moderate Vernunft aber dazu wie Toskana-Urlaub oder Rotwein. Die gemäßigte Sicht der Dinge ist schon sehr lange politischer Mainstream. Alles, was davon abweicht, ist radikal. Abseits der Mitte gibt es dann lange Zeit politisch nur rechts- und linksradikale Ränder. Aus dieser Perspektive wäre die Klimabewegung quasi linksradikal. Aber das behaupten dann doch nur wirklich alte weiße Männer, deren Weltbild schon vor langer Zeit in ihre Köpfe zementiert wurde. Fridays for Future wird nicht als radikal wahrgenommen, weil es sich um die eigenen Kinder handelt, die aktivistisch unterwegs sind. Diese kämen, so hoffen die Eltern, mit Zuwachs an Lebensjahren noch zur vermeintlichen Vernunft. Allein äußerlich entsprechen viele der heutigen Aktivist*innen nicht dem Bild, das viele »Boomer« von »Radikalen« haben. Erst wenn die Polizei als Repräsentantin konservativer Vernunft in der Tagesschau gewaltsam gegen Menschen vorgeht, die einen Wald vor der Rodung schützen wollen, öffnet sich im leicht geschüttelten Kopf auch die Schublade für das Bild des Radikalen.

Welche Rolle spielt das? Nun, Aktivist*innen wird gerne vorgeworfen, mit radikalen Aktionen verlören sie den Kontakt zur »Bevölkerung« oder gar zur »Zivilgesellschaft«. Menschen setzen sich mit allem, was sie haben, für ein politisches Thema ein. Und dann wird ihnen abgesprochen, ein Teil der Gesellschaft zu sein? Mit der Abgrenzung zur »Zivilgesellschaft« kommt oft sogar der pauschale Vorwurf der Militanz hinzu. Noch mal: Wer mit unermesslichem Einsatz für den Erhalt von Umwelt, Freiheitsrechten, Gerechtigkeit und nebenbei des gesamten Planeten kämpft, ist weniger Bürger*in und anständig als die, die nichts tun, außer sich genau darüber zu echauffieren?! Halleluja.

Radikalität an sich hat aber nichts mit Gewalt zu tun. Im Gegenteil: Sie wird sogar zur Alternative für gewaltsamen Protest. Luisa Neubauer ist überzeugt: »Wir können dieser ganzen Gewalt, dieser ganzen Aggression der Menschen dem Planeten gegenüber nicht mit Gewalt und

Aggression begegnen, sondern in meinen Augen nur mit radikaler Zuversicht und radikaler Empathie und mit radikaler Menschlichkeit.«[16] Somit ist das »Radikale« ein hilfreicher und wichtiger Begriff: Etwas an der Wurzel zu packen bedeutet, Ursachen zu erkennen, gründlich und nachhaltig vorzugehen und Lebensweisen zu verändern. Für radikale Veränderungen braucht es auch radikales Handeln. Mit Gewalt hat das nichts zu tun. Die allermeisten Aktivist*innen lehnen Gewalt, gerade gegen Lebewesen, grundsätzlich ab.

»Es ist unerlässlich, dass es auch Protest gibt, der wirkt und der nicht so brav ist«, betont Carola Rackete. »Schon 30 Jahre lang protestieren Menschen mit Plakaten, weil sich die Erde erwärmt. Das alles hat nicht dazu geführt, dass sich die Treibhausgase verringert haben. Wenn wir in die Vergangenheit schauen, auf das Frauenwahlrecht, die Apartheid oder sonst irgendetwas, dann waren es immer die richtig radikalen Proteste, die die Umstände verändert haben. Und zwar immer gerade durch die Menschen, denen von anderen Teilen der jeweiligen Bewegung vorgeworfen worden war: ›Ihr seid zu radikal‹. So ging es beispielsweise auch Martin Luther King, obwohl sich seine Radikalität sicher nicht mit der der Black Panther oder von Malcolm X vergleichen lässt. Eine Bewegung muss groß und radikal sein. Und im Moment ist dieser radikale Teil viel zu klein.«[17]

Ziviler Ungehorsam

Auch Luisa Neubauer fordert bereits 2019 in einem Gespräch mit der *Süddeutschen Zeitung* mehr Radikalität in der Klimabewegung und meint damit ausdrücklich nicht mehr Gewalt. Für Aktivist*innen wie sie ist der US-Amerikaner Gene Sharp[18] eine Art Erfinder des zivilen Ungehorsams, seine Ideen für gewaltfreie Aktionen sind eine Art Blaupause. Die Ausübung von Macht gründet auf der stillen Zustimmung einer schweigenden Mehrheit. Für Sharp ist der zivile Ungehorsam ein wirkungsvolles Werkzeug der Machtkritik, um dieses Schweigen zu brechen. Gene Sharp ist kein wissenschaftlicher Beobachter des zivilen Ungehorsams, vielmehr ist er tatsächlich der Erfinder vieler Formen gewaltfreien Widerstands. Das Besondere an dem Politikwissenschaftler Sharp ist seine sehr pragmatische Herangehensweise: Er will herausfinden, welche Methoden am wirksamsten sind, um sie eine nach der anderen als praktische Empfehlung aufzuschreiben. Im Jahr 1993 hält er seine Protestmethoden fest: 198 Stück, darunter Streiks, Petitionen, Schweigemärsche, Kunstaktionen. Sie gelten heute als Grundstein jeglichen zivilen Ungehorsams und werden von Oppositionellen von Burma bis zur Ukraine angewandt, von den Studierenden in China, Hongkong oder Brüssel, marginalisierten Gruppen, neuen Bewegungen wie Extinction Rebellion oder Black Lives Matter bis hin zu Aktivismus-Klassikern wie Greenpeace.

Gene Sharp entwirft einen Widerstand, der »mittels psychologischer, sozialer, ökonomischer und politischer Waffen geführt« wird, »die von der Bevölkerung und den gesellschaftlichen Institutionen in Anschlag gebracht werden«[19]. Die Methoden, die er über Jahrzehnte gesammelt hat, beziehen sich auf die verschiedenen Möglichkeiten der jeweiligen Aktivist*innen. Die meisten hat er für den friedlichen Protest gegen Diktaturen entwickelt. Veränderungen sind für Gene Sharp immer dann möglich, wenn sich Menschen zusammenfinden und Machthabenden nicht länger die Macht überlassen. Ein entscheidendes Mittel des Protests ist deshalb die Nichtkooperation. Nicht mehr zu befolgen, was Machthabende verlangen. Nicht mehr im System mitspielen und es dadurch tragen. Dieser Protest funktioniert nur gewaltfrei. Schon allein deshalb, weil die Machthabenden mit der Polizei oder dem Militär über einen direkten Zugang zu Gewalt verfügen. Zudem lassen sich viele Menschen durch Gewalt von der Teilnahme an Protesten abschrecken, und damit fehlt die notwendige breite Unterstützung, die gesellschaftliche Basis.

Schauen wir uns an, was in den Auseinandersetzungen um den Hambacher Wald passiert ist, dann sehen wir, dass es keine Diktatur braucht, um den Staat dazu zu bringen, unverhältnismäßige Gewalt gegen friedliche Aktivist*innen anstelle von rechtsstaatlichen und politischen Auseinandersetzungen einzusetzen.

Gene Sharp warnt Machthabende wie Aktivist*innen vor der Gewaltspirale: Das gewaltsame Vorgehen der einen Seite provoziert immer gewaltsame Reaktionen auf der Gegenseite. Dies kann die jeweilige Situation eskalieren lassen. In der Folge verlieren die Protestierenden den Rückhalt in der Bevölkerung, und der eigentliche Anlass des Protests gerät immer weiter aus dem Fokus der Berichterstattung und somit der gesellschaftlichen Wahrnehmung. Bilder übermäßiger Polizeigewalt können wiederum das Verhältnis zwischen Regierenden und Bevölkerung überstrapazieren. Wer wiedergewählt werden will, sollte Bürger*innen nicht verprügeln lassen. Dennoch finden sich viele Beispiele von Machthaber*innen, die moralische wie rechtsstaatliche Grenzen überschreiten und staatliche Gewalt einsetzen, um bei der eigenen potenziellen Wähler*innenschaft genau damit zu punkten, weil die Gesellschaft bereits »gespalten« ist und die »eigenen Leute« ohnehin große Aggressionen gegen die Protestierenden hegen. So handelte wiederholt der ehemalige US-Präsident Donald Trump. Vor allem im Rahmen von Black Lives Matter versuchte er immer wieder, friedliche Proteste durch Polizeigewalt eskalieren zu lassen.

Gewaltloser Protest ist nicht nur aufgrund der moralischen Überlegenheit erfolgreicher. So belegt die US-amerikanische Politikwissenschaftlerin Erica Chenoweth, dass Proteste ohne Gewalt im Vergleich zu gewalttätigen doppelt so häufig ihre inhaltlichen Ziele erreichen.[20] Und Gene Sharp erörtert, warum beispielsweise demokratische Revolutionen nur gewaltfrei, mit viel Disziplin und mit großen Menschenmassen möglich sind. Der politische Protest von Jahrzehnten bis zu Revolutionen basiert auf Gene Sharps Aktionen. Nicht selten lassen sich die einzelnen seiner 198 Methoden identifizieren. Nehmen wir Methode 18, die den Einsatz symbolischer Farben in Form von Kleidung und Fahnen beschreibt: Sie findet sich im Jahr 2005 in der grünen oder auch Zedernrevolution im Libanon, in der orangen Revolution 2004 in der Ukraine, in der gelben oder auch Tulpenrevolution in Kirgisien 2005. Viele der Methoden arbeiten mit visueller Kraft, Symbolik und Bildsprache, so auch Methode 21, die das symbolische Übergeben von Objekten an Machthabende skizziert, also beispielsweise Blumen an Soldaten oder Plastikmüll an Politiker*innen. Dieser konsequente Einsatz von Visualität ist besonders beachtlich, wenn wir bedenken, dass Sharp diese Methoden bereits Anfang der 1970er Jahre entwickelt – als die sogenannten visuellen Massenmedien noch in den Kinderschuhen stecken und viele Gründer von sozialen Netzwerken wie Facebook oder TikTok noch gar nicht geboren sind.

Die Gewaltfreiheit ist die wichtigste Konstante aller Aktionen. Diese Überzeugung übernimmt Gene Sharp von seinem Vordenker und Vorbild Mahatma Gandhi, über dessen gewaltfreien Widerstand er bereits 1956 das Buch *A Typology of Non-Violence* schreibt. Sharp ist 25 Jahre alt und nutzt eine neunmonatige Haftstrafe wegen Kriegsdienstverweigerung zum Schreiben, fasziniert von Gandhis konsequenter Methode des gewaltfreien Widerstands, mit der er Indien von der britischen Besatzung befreien kann.

Hannah Arendt nennt Menschen, die zivilen Ungehorsam ausüben, »Gehorsamsverweigerer, die dabei politisch handeln und ihr Recht auf Weltgestaltung einfordern«[21]. Sie nutzen zivilen Ungehorsam als ein Instrument politischen Wandels. Das, was Arendt als »Recht auf Weltgestaltung« beschreibt, ist eine auf dem Recht auf Meinungsfreiheit basierende Möglichkeit der aktiven Beteiligung innerhalb der Demokratie. Inwieweit haben Menschen ein Recht auf zivilen Ungehorsam? Was für viele Menschen erst mal widersprüchlich klingen mag, ist Ausdruck der Relevanz und Rolle des zivilen Ungehorsams innerhalb des demokratischen Systems: das Recht auf Rechtsbruch. Ihm wird damit eine Art Kontrollfunktion zugeschrieben: Wenn etwas nicht mehr stimmt, was die Machthabenden gegenüber der schweigenden Mehrheit tun, dann macht sich mit dem zivilen Ungehorsam der Einspruch bemerkbar. Historisch betrachtet geht es bei diesem Einspruch oft auch um wesentliche Fragen des zu jener Zeit herrschenden Systems. Und genau deshalb ist der Rechtsbruch auch so ein wichtiges und legitimes Mittel. Nur mit dem Bruch der zu jener Zeit herrschenden Gesetze ist es beispielsweise der Bürgerrechtsbewegung um Martin Luther King möglich, die rassistische Gesellschaft und Macht in den USA aufzubrechen. Und blicken wir auf die deutsche Geschichte vor 1945, wissen wir, wie elementar Widerstand gegen herrschendes Recht sein kann. Im Hinblick auf Unrechtsstaaten und Diktaturen besteht aus demokratischer Sicht die moralische Pflicht zum Widerstand, zum Ungehorsam.

Für uns ist jedoch dankenswerterweise entscheidend, welche Rolle der zivile Ungehorsam im demokratischen Rechtsstaat spielt. Hier steht das Recht auf einer völlig anderen Grundlage als beispielsweise in autoritären oder totalitären Regierungssystemen. Theoretisch repräsentieren und basieren die Gesetze in der freiheitlich-liberalen Demokratie auf dem Willen des Volkes. Das System gibt uns allen strukturell Möglichkeiten, gegen bestehendes Recht vorzugehen. Neben der freien Meinungsäußerung kann auch jede*r Bürger*in Rechtsmittel nutzen, um gegen Gesetze vorzugehen. Zumindest, wenn es um die Frage geht, ob juristische Regelungen mit der Verfassung, unserem Grundgesetz, übereinstimmen. Eine weitere Möglichkeit, die das System vorsieht, ist natürlich der politische Wettbewerb. Auf diese Möglichkeit wird gern verwiesen. Kaum ein*e Aktivist*in hat die Sätze »Dann tritt doch in eine Partei ein« oder »Geh doch in die Politik« noch nie gehört. Wobei der Aufruf, in die Politik zu gehen, auf einem Politikverständnis beruht, das lediglich gewählte Mandatsträger*innen zur Politik zählt. Dabei sind Aktivist*innen natürlich Teil der Politik. Sie sind Teil politischer Prozesse, sie handeln politisch. Unsere Frage muss also nicht lauten, wie aus politischem Protest politisches Handeln wird, sondern wie konstruktiv dieses Handeln von Aktivist*innen ist, sein kann und muss.

Ziviler Ungehorsam gilt als bewusst gewählte politische Strategie. Das bedeutet nicht, dass alles, was in seinem Rahmen geschieht, geplant und beabsichtigt ist. Gerade im Rahmen des kalkulierten Gesetzesbruchs und der daraus resultierenden Konfrontation mit der Polizei kommt es zu emotionsgeladenen Auseinandersetzungen und Gewalt, die oft nicht von den Protestierenden ausgeht, sondern Folge der angeordneten polizeilichen Durchsetzung des Gesetzes ist.

Jüngst erlebt der Begriff des zivilen Ungehorsams eine Renaissance, da sich anhand dessen ein wesentlicher Unterschied zwischen den Klimabewegungen von Fridays for Future und Extinction Rebellion beschreiben lässt. Letztere besteht quasi aus friedlichem bzw. gewaltfreiem zivilen Ungehorsam. Die Gewaltfreiheit bei Extinction Rebellion ist hier nicht nur ideologisch, sondern auch taktisch begründet. Solange sich die Aktivist*innen in ihrem Protest gewaltfrei verhalten, ist es für Machthabende schwieriger, selbst mit polizeilicher Gewalt zu reagieren. Dagegen verzichten die – allerdings auch deutlich jüngeren – Aktivist*innen von Fridays for Future nahezu auf zivilen Ungehorsam, obgleich sie aus juristischer Perspektive gesetzeswidrig handeln, wenn sie nicht zur Schule gehen, weil sie für Klimaschutz streiken. Je nach Lebensauffassung wird ihnen noch zur Last gelegt, sie richten wirtschaftlichen Schaden an und stören das öffentliche Leben.

An dieser Stelle könnten wir es uns einfach machen und erklären, dass es bei der Klimakrise um die Rettung der Welt geht und demnach das Einhalten der Schulpflicht oder der 0,1-Prozent-Verlust eines skrupellosen Energiekonzerns nicht ins Gewicht fielen. Und es stimmt natürlich. Nur weigert sich der kleinstkarierte Teil der Bevölkerung, diese Schlussfolgerung zuzulassen, selbst wenn sie noch so notwendig scheint.

Aktivist*innen handeln aus moralischer Überzeugung. Der zivile Ungehorsam ist nur ein Werkzeug; die Aktion selbst ein Mittel, um größere Ziele zu erreichen. Denn während die genehmigte Demonstration mit 100 000 Teilnehmenden keinen Verantwortlichen zu interessieren scheint, treffen Maßnahmen, die Schaden anrichten, die Machthabenden empfindlicher. Selten wird auf die inhaltlichen Anliegen Bezug genommen, angeklagt wird nur die Form, das Illegale, die Störung. Während bei Mord oder anderen Gewaltverbrechen, sogar bei Rechtsterrorismus, immer über die Motive der Täter*innen gesprochen wird, spricht kaum jemand über die Klimakrise oder die Umweltverbrechen der Energiekonzerne, wenn Exctinction Rebellion oder Greenpeace eine Straßenkreuzung besetzen. Die Geschichte des zivilen Ungehorsams ist nicht von gewalttätigen Aktionen geprägt. Seine Held*innen sind Menschen wie Martin Luther King und Mahatma Gandhi. Auch sie handeln gesetzwidrig, um ihre Ziele zu erreichen.

Martin Luther King ist sich Anfang der 1960er Jahre sicher: Machthabende lassen sich nicht mit Argumenten überzeugen, ein rein ordnungsgemäßer Protest kann keinen echten Wandel herbeiführen. Und er hat recht. Solange Unrecht Gesetz ist, bleibt Aktivist*innen nichts anderes übrig, als Gesetze zu brechen. Gegen ungerechte Gesetze zu kämpfen, ist eine moralische Verpflichtung. Von dieser Überzeugung getragen, beginnt Martin Luther King seinen Kampf als eine*r der wichtigsten Bürgerrechtler*innen der Geschichte.

Bereits zu dieser Zeit wird gefragt, ob denn der parlamentarische Weg nicht ausreichend Möglichkeiten für politische und gesellschaftliche Veränderung biete. Doch Kings Geschichte verdeutlicht, worin das Problem an dieser Überlegung besteht: Ist der Zustand, den wir bekämpfen wollen, Teil des Systems, lässt er sich nicht innerhalb der Regeln dieses Systems verändern. Weder der institutionelle Rassismus im System der USA von 1960 noch die klimafeindliche, profitorientierte Politik im kapitalistischen System der Bundesrepublik von 2021.

Ein Ziel des zivilen Ungehorsams ist es, den Status quo für diejenigen, die von ihm profitieren, teurer zu machen. Das ist die Sprache, die verstanden wird: ökonomische Kosten. Wird durch Aktivist*innen eine industrielle Produktion aufgehalten, sind schnell Hundertschaften der Polizei bereit, die »Störenfriede« gewaltsam zu vertreiben. Das verursacht Kosten – für die Wirtschaft und für Steuerzahler*innen. Übrigens auch, wenn Menschen im Kontext der G20-Proteste wie 2017 in Hamburg ganze Stadtviertel zerstören: Diese Kosten trägt die Allgemeinheit, und sie haben nichts mit zivilem Ungehorsam oder Aktivismus zu tun. Sie erschweren allein die Arbeit aller tatsächlichen Aktivist*innen.[22]

Ende Gelände

In Douglas Adams Roman *Per Anhalter durch die Galaxis* stehen die Bauarbeiter bereits vor dem Haus von Arthur Dent, um es abzureißen. Für eine nutzlose Umgehungsstraße. Arthur will sein Haus retten und legt sich in seiner Verzweiflung vor den Bulldozer. Er wusste nicht, dass zwölf Minuten später der Planet Erde zerstört werden würde.

In Nordrhein-Westfalen heißt der Protagonist nicht Arthur Dent, sondern Eckhardt Heukamp. Sein Hof soll nicht für eine Umgehungsstraße, sondern für die noch nutzlosere und vor allem klimazerstörende Braunkohle abgerissen werden. Aktivistin Kathrin Henneberger ist vor Ort. Sie lebt hier. Sie kennt die Menschen. Sie kennt Eckhardt Heukamp: »Er hat jetzt Klage erhoben gegen die Enteignung, weil er dortbleiben möchte und nicht einsieht, dass er sein Zuhause verlieren soll. In einer Zeit, wo wir alle wissen, dass wir eigentlich gar keine Braunkohle mehr verfeuern dürfen.«[23]

Anders als in Adams Roman steht die Zerstörung der Erde nicht bevor, sie hat längst begonnen. Durch dieselben Menschen, die auch den Hof von Landwirt Eckhardt Heukamp zerstören wollen. Sie arbeiten für den Energiekonzern RWE – das echte Pendant des fiktiven Mr. L. Prosser von der Gemeindeverwaltung.

Allein in Nordrhein-Westfalen baut der Energiekonzern RWE im Jahr mehr als 60 Millionen Tonnen Braunkohle ab. RWE ist Deutschlands größter Stromerzeuger, in ganz Europa gibt es keinen Konzern, der für mehr CO_2 und damit für mehr Klimaschäden verantwortlich ist.[24] Trotz jahrelanger Proteste und politischer Beschlüsse setzt RWE bis heute vor allem auf fossile Energieträger und baute dieses Geschäft sogar in den vergangenen Jahren weiter aus. Im Verhältnis zu den Schäden, die RWE zu verantworten hat, sind die Proteste gegen den Konzern geradezu verschwindend gering.

Eckhardt Heukamp legt sich nicht vor einen Bulldozer. Er klagt gegen die Enteignung. Dort, auf dem Hof seines Vaters, eines Gehöfts, das im Jahr 1265 entsteht, ist er aufgewachsen. Das Wohngebäude, in dem er lebt, stammt aus dem Jahr 1763.[25] Der kleine Ort heißt Lützerath, ein Dorf in Nordrhein-Westfalen. 55 Menschen haben hier einmal gelebt. Inzwischen sind fast alle Häuser leer. Wer wissen will, wie es in Lützerath bald aussehen wird, muss nicht lange suchen. Ziemlich genau vier Kilometer entfernt liegt bis 2018 das Dorf Immerath. Doch dort, wo seinerzeit 1200 Menschen ihr Zuhause haben, samt lebendigem Dorfkern, Bäckerei, Apotheke und Kirche, ist nun gar nichts mehr.

Es gibt kaum Bedrohlicheres als den Braunkohletagebau. Tumorartig fressen sich die riesigen, 12 000 Tonnen schweren, über 100 Meter hohen und über 200 Meter langen Maschinen durch das Gelände. Wo sich gerade noch das blühende Leben mit Wiesen und Feldern entfaltet, wo Tiere und Menschen leben, hinterlässt der Bagger nur gigantische Löcher, weit größer als ganze Dörfer. Es sind Löcher, deren Ende wir nicht sehen können, wenn wir vor ihnen stehen, weil der Horizont sie verschluckt wie die Löcher zuvor das Leben, das hier einmal war.

Es passiert weiter. Obwohl schon längst keine Braunkohle mehr gebraucht wird. Man hätte bereits vor über zehn Jahren damit aufhören können. Allein der Wille fehlt. Allein die Gier ist zu groß.

Kathrin Henneberger ist oft in Lützerath. Von hier aus sieht die Aktivistin den Bagger. Er ist schon sehr nah: »[...] ungefähr 200 Meter entfernt steht der Kohlebagger und frisst gerade jeden Tag in unsere Richtung. Dahinter liegt der Tagebau, 200 Meter tief der Braunkohletagebau Garzweiler. Lützerath liegt somit an der Grenze, wir nennen es sehr symbolisch auch die 1,5-Grad-Grenze. Denn die Frage, ob wir es schaffen, hier die Kohlebagger zum Stoppen zu bringen, bedeutet auch: Werden wir es schaffen, das Pariser Abkommen, die 1,5-Grad-Grenze, einzuhalten?«[26]

Braunkohleabbau vertreibt Mensch und Tier, zerstört die Natur und ist einer der größten Befeuerer der Klimakrise. In Deutschland werden in den letzten Jahrzehnten mehr als 200 Dörfer mit über 100 000 Menschen von der Profitgier der Energiekonzerne vertrieben. Das geht natürlich nicht einfach so. Das geht nur mit Zustimmung der verantwortlichen Politiker*innen. In Nordrhein-Westfalen gibt es dafür den sogenannten Braunkohleausschuss. Hier wird der Braunkohleplan entwickelt, der dann der Landesregierung zur Entscheidung vorgelegt wird. Klingt demokratisch, ist es aber nicht. Der Ausschuss ist voll mit Vertreter*innen der Wirtschaft – ob nun aus den Konzernspitzen für Arbeitgeber*innen oder aus Gewerkschaften für Arbeitnehmer*innen, spielt ausnahmsweise keine Rolle, hier wollen sie dasselbe: Kohle. Die Verflechtungen zwischen NRW-Landesregierungen und den Energiekonzernen gelten seit jeher als eng.[27]

Laut Abgeordnetenwatch.de, einem Portal des gemeinnützigen Vereins Parlamentwatch e.V., erhalten NRW-Landtagsabgeordnete beträchtliche Summen von Energiekonzernen. Diese werden als Nebeneinkünfte erklärt, für ominöse Posten in Aufsichtsräten oder gar als Teilzeitangestellte*r. Wir begeben uns hier in einen tiefen Sumpf aus Interessenkonflikten und Korruptionsgefahr. Der SPD-Fraktionsvorsitzende Norbert Römer kassiert Nebeneinkünfte von jährlich 151 661 Euro, davon 51646 Euro von einem Chemiekonzern, den Rest von der RAG Steinkohle AG.[28] Über die Folgen müssen wir nicht mutmaßen: Der Konzern RAG bekommt seit Jahren Subventionen in Milliardenhöhe durch das Land NRW, dessen Ex-Ministerpräsidentin Kraft (SPD) ebenfalls auf der Gehaltsliste steht. Lobbyisten des RWE-Konzerns beziehen über die SPD Hausausweise des Deutschen Bundestags, mit denen sie direkten Zugang zum Gebäude haben.[29] Aber weder RAG noch SPD bilden Ausnahmen, so bezieht der CDU-Landtagsabgeordnete Gregor Golland 2015 ein Jahresgehalt von einer der RWE Group Business Services GmbH in Höhe von rund 100000 Euro als – nach eigenen Aussagen – kaufmännischer Angestellter in Teilzeit.[30]

Von 1966 bis 2005 sowie 2010 bis 2017 regiert in Nordrhein-Westfalen die SPD. Sie genehmigt den Braunkohletagebau und die Milliardensubventionen. Mit diesem Geld der Landesregierung wird auch Lützerath zerstört. Keine fünf Kilometer entfernt liegt der »Aussichtspunkt Jackerath« des Tagebaus Garzweiler. Ein sogenannter »Skywalk«. Über die 14 Meter lange Metallgitterbrücke können Besucher*innen über das riesige Loch treten und einen Teil der Zerstörung überblicken. »Gänsehaut garantiert« schreibt RWE auf der eigenen Homepage.[31] Aktivistin Kathrin Henneberger kann dieses Gefühl bestätigen: »Also immer wenn ich da stehe, sehe ich einfach eine zerstörte tote Mondlandschaft bis zum Horizont. Und das treibt mich an. Immer wenn ich dort bin, an der Kante entlanggehe, dann weiß ich: Das ist mein struggle. Wenn wir es hier nicht schaffen, die Klimakrise aufzuhalten: Wie sollen wir das dann global schaffen?«[32]

Widerstand gegen die Zerstörung haben die Energiekonzerne einkalkuliert. Und die Kalkulation für Unternehmen wie RWE sieht immer gut aus: Mit Milliardensubventionen des Landes bauen sie Kohle ab, zerstören ganze Regionen, und wenn sich die Menschen wehren, dann regelt das die Polizei, das Land Nordrhein-Westfalen, bezahlt von den Menschen selbst. Wäre diese Geschichte nur ein Film – das Bösewicht-Lachen von RWE würde durch den Tagebau hallen, und wir Zuschauer würden uns fragen: Warum tut niemand etwas gegen dieses kriminelle, gierige Konstrukt aus Wirtschaft und Politik? Zum einen ist es eine gefährliche Konzentration der Macht, von der viele Menschen direkt profitieren – zum anderen stimmt das nicht. Es gibt Menschen, die etwas dagegen tun.

Kathrin Henneberger liegt am Boden. Sie kann nichts sehen. Der Polizist hat ihr das Pfefferspray direkt in die Augen gesprüht. Der Schmerz ist unvorstellbar. Die junge Frau kann sich nicht mehr orientieren. Um sie herum wildes Geschrei und die Geräusche dumpfer Gewalt. Panik. Hier blind auf dem Boden inmitten dieser Schlacht fühlt sie sich ausgeliefert, schutzlos. Sie schreit um Hilfe. In jeder Sekunde kann sie wieder ein Stiefeltritt oder ein Schlagstock der Polizei treffen. Plötzlich fühlt sie einen Griff, jemand packt sie – dann eine vertraute Stimme. Es ist eine Aktivistin, die Kathrin herauszieht. Es sind Erlebnisse aus früheren Aktivismustagen. Doch bis heute lassen sie Kathrin nicht los: »Wenn ich heute irgendwelche Polizisten mit Pfefferspray sehe, zucke ich zusammen und ziehe schnell meine Kapuze auf. Der Körper sammelt ja diese Erfahrung des Schmerzes.«[33]

Zuständig für den Tagebau Garzweiler ist die RWE Power AG. So heißt sie wirklich. Sie ist eine hundertprozentige Tochtergesellschaft von RWE. Bis 2003 hieß die Firma RWE Rheinbraun. Bis irgendwer darauf gekommen ist, dass RWE Power die Sache sogar noch besser beschreibt. Ihr Sitz liegt in Essen und Köln. Wenn sich irgendwo in Nordrhein-Westfalen eine Macht (engl. power) konzentriert, dann hier, bei RWE.

Es ist der 3. Mai 2019. Auf der großen Bühne der Essener Grugahalle sitzt der RWE-Vorstand an einem langen Tisch. Gut ausgeleuchtet vor einer riesigen Leinwand. Alles erinnert ein wenig an große Parteitage der sogenannten Volksparteien: die große Bühne, das altbackene Design, die vielen Wortbeiträge, das große unruhige Publikum. Oben Männer in feinen Anzügen, unten auch mal ein kariertes Hemd oder sogar eine Frau. Eine davon ist Kathrin Henneberger. Die Aktivistin ist gerade Pressesprecherin von Ende Gelände. Und für RWE deshalb sicher keine Unbekannte. Kathrin ist seit ihrem 13. Lebensjahr Aktivistin. Sie ist im Rheinland aufgewachsen. Sie schreibt seit 2014 als Autorin über die Klimakrise und die Kohle für überregionale Zeitungen und Magazine. Sie weiß, wovon sie spricht. Und gleich wissen es auch die Aktionär*innen von RWE. Denn Kathrin Henneberger wird jetzt hier sprechen. Auf der Jahreshauptversammlung des Konzerns, den sie seit Jahren bekämpft. Nicht oben auf der großen Bühne, sondern von einer Art Kanzel, wesentlich tiefer als die Bühne und am Rand nicht wirklich ausgeleuchtet. Respekt, RWE, dass hier auch harte Kritiker*innen zu Wort kommen. Nein, keine Sorge: Niemand muss Respekt vor RWE haben. Kathrin Henneberger ist nicht vom Konzern eingeladen worden: »Die kritischen Aktionäre haben mir ein Rederecht erteilt. Sie halten Aktien, damit sie auf den Aktionärsversammlungen Reden halten dürfen, und sie überschreiben ihr Rederecht immer an Vertreter*innen der NGOs oder Betroffene. So habe ich eine Rede gehalten, in der ich dem RWE-Vorstand, der nur wenige Meter von mir entfernt saß, sowohl die Klimakrise erklärt habe als auch sehr deutlich gemacht habe, sollten sie nicht bereit sind, den Tagebau zu schließen, werden wir das als junge Menschen machen.«[34]

Kathrin ist nicht die einzige kritische Stimme an diesem Freitag in der Essener Grugahalle, wo morgen die Internationale Tortenmesse beginnt und in den kommenden Wochen noch die Konzerne Hochtief, E.ON und Evonik (RAG) ihre Jahreshauptversammlungen haben werden. Die Rede der jungen Frau ist nicht schmeichelhaft. Doch der RWE-Vorstand hört noch harschere Töne. Und ganz neu werden für ihn die eigenen Verbrechen an unserem Planeten auch nicht sein. Nicht mal in der Presse findet die Rede von Kathrin Henneberger viel Beachtung. Auch Aktivistin Luisa Neubauer spricht auf der RWE-Hauptversammlung. Sie liefert das stärkere Zitat: »Kein Konzern in ganz Europa trägt mehr Verantwortung für die Klimakrise als RWE.«[35]

Doch Kathrin Henneberger muss sich keine Sorgen machen. Ihre Rede bleibt alles andere als unbeachtet. Der Kohlekonzern mit 14 Milliarden Euro Jahresumsatz schickt seine Anwält*innen los. Die Aktivistin bekommt Post. »Wenige Wochen später hatte ich dann einen Brief mit Hausverbot und Unterlassungserklärung, die ich unterschreiben sollte. Einfach nur für eine Rede.«[36]

Kathrin Henneberger unterschreibt nicht. Warum sollte sie auch? Die eigentliche Frage muss lauten: Warum geht der milliardenschwere Konzern gegen die Klimaaktivistin vor? Um das zu verstehen, gehen wir zurück in den Spätsommer 2018. Der Hambacher Forst liegt zwischen Köln und Aachen. Er ist 40 Quadratkilometer groß, bis 1978 die Rodung für die Braunkohle beginnt. Im Jahr zuvor kauft die Rheinbraun AG, die später von RWE übernommen wird, den 12 000 Jahre alten Wald. Von den Gemeinden. Überall fallen zu dieser Zeit solche zukunftsweisenden Entscheidungen in der Politik. Die Landesregierung in Nordrhein-Westfalen setzt alles darauf, Industriestandort zu sein. Dazu gehören in den kommenden Jahrzehnten unvorstellbare Summen an Subventionen. Sie fließen vor allem in die Kohleindustrie. Es ist ein folkloristisch aufgeladenes Thema: Gerade im Ruhrgebiet wird den Menschen stets erfolgreich eingeredet, ohne den Bergbau seien sie nichts. Also: Du bist dein Job. Mehr bist du nicht. Ihr Wert als Mensch soll sich darin bemessen, dass sie in Schwerstarbeit die fossilen Rohstoffe aus dem Boden holen, damit diese dann verbrannt werden können. Nebenbei gesagt: auf Kosten der Gesundheit aller Beteiligten, auch derer, die einfach nur das Pech haben, dort zu leben, wo Konzerne bewusst tagtäglich die Luft vergiften. Wer sollte dieses schmutzige Spiel freiwillig mitmachen? Es wird viel dafür getan, den Menschen zu vermitteln, der Bergbau sei ihre Identität, ihr Leben: eigene Bergbausiedlungen, Sportvereine, Kulturangebote, Lieder, Folklore und nicht zuletzt eine Arbeiterpartei (noch ohne jegliche weibliche Stimme), die ihnen dies bei jeder Gelegenheit erzählt: Wir hier im Revier, wir sind Kohle, wir haben uns das hier hart erarbeitet ... Während gleichzeitig die erwirtschafteten Gewinne und Subventionen zwischen Konzern- und Politikspitzen hin- und hergeschoben werden.

Jetzt, 40 Jahre später, im Sommer 2018, sind vom Hambacher Wald keine zwei Quadratkilometer mehr übrig. Es ist das letzte Stück, das noch geschützt werden kann. Seit Jahren leben Aktivist*innen hier im Wald. 2012 bauen sie die ersten Baumhäuser. Am 13. September 2018 beginnt im Hambacher Forst der bisher größte Polizeieinsatz in der Geschichte von Nordrhein-Westfalen. Insgesamt sind bis zum 8. Oktober etwa 31 000 Polizist*innen in Schichten im Einsatz.[37] Das Land NRW begründet den massiven Polizeieinsatz damit, dass der Brandschutz im Wald durch die Baumhäuser und die Aktivist*innen nicht eingehalten werden könnte. 86 Baumhäuser und unzählige Barrikaden werden mit großen Maschinen und sehr viel Aufwand entfernt. Der Einsatz für den besseren Brandschutz kostet das Land und damit alle Steuerzahler*innen in NRW einen zweistelligen Millionenbetrag.

Dieser offensichtliche Trick wird als Lüge enttarnt. Es ist ein Vorwand für den milliardenschweren Kohlekonzern RWE, nicht für die Räumung seines Waldes aufkommen zu müssen, wie es juristisch korrekt wäre. Stattdessen soll das Land NRW zahlen, also die Steuerzahler*innen. Diesen Schluss lassen zwei Gutachten zu. Sie werden vom NRW-Innenministerium im Vorfeld der Rodung in Auftrag gegeben. Sie sollen mögliche Rechtsgrundlagen für eine Räumung finden. Sprich: Die RWE AG will, dass ihr Wald geräumt wird, möchte aber nicht für die Kosten aufkommen. Das Land sucht nun Gründe, damit es selbst räumen und somit bezahlen darf. Die Gutachten zeigen auch: RWE hat die Räumung zuvor erfolglos bei den zuständigen Kommunen beantragt. Die Suche nach einem Grund für die Räumung ist darauf eine klare Reaktion.[38]

Trotz aller Lügen und anderer moralischer Abgründe: Hat der Konzern RWE am Ende vielleicht formaljuristisch doch recht? Immerhin gehört ihm der Wald. Er hat ihn vor 40 Jahren der Öffentlichkeit, vertreten durch gewählte Politiker*innen, abgekauft. Und auch die Absichten des

Konzerns liegen beim Kauf des Waldes unverhohlen auf dem Tisch. Nie geht es um etwas anderes als Kohle. Zudem genehmigt die SPD-Landesregierung unter Hannelore Kraft im Jahr 2016 den weiteren Braunkohleabbau noch einmal ausdrücklich.

Nun, die Frage ist: Darf ein so wertvoller großer alter Mischwald, also die Natur mit ihren für Mensch und Tier lebenserhaltenden Funktionen, überhaupt in solchem Umfang zur Zerstörung freigegeben werden? Dürfen Politiker*innen die Natur in einem solchen Ausmaß an die Privatwirtschaft verkaufen? Sind nicht die politischen Entscheidungen hierfür schon verfassungsfeindlich, weil sie bewusst das Recht auf körperliche Unversehrtheit (Artikel 2 Grundgesetz) ignorieren, da die gesundheitlichen Schäden durch die Verbrennung von Kohle sowie die gesundheitlichen Vorteile für den Menschen durch den Wald längst nachgewiesen sind? Selbst das Landesamt für Natur, Umwelt und Verbraucherschutz in Nordrhein-Westfalen hält fest: »Mit dem Abbau der Braunkohle im Tagebau wird auch die Umwelt in Anspruch genommen. Besonders die Folgen für das Grundwasser sind erheblich und bedürfen einer eingehenden Beobachtung und Kontrolle.«[39]

Eine andere Frage kommt nun im Spätsommer 2018 wesentlich tagesaktueller daher: Der Kohleausstieg ist längst beschlossen. Es ist nachgewiesen, dass die Kohle aus dem bestehenden Tagebau bis dahin ausreicht. Die Rodung des Waldes ist also völlig unnötig. Geht es dann hier nicht um reine Profitgier? Rhetorische Frage. Natürlich tut es das. Das bedeutet wiederum: Jede Politik, die nun dafür sorgt, dass RWE aus reiner Profitgier das letzte Stück einer 12 000 Jahre alten Naturlandschaft zerstört, handelt höchst unmoralisch und verantwortungslos. Und was ist eigentlich mit den klimapolitischen Zielen, zu denen sich die Bundesregierung verpflichtet hat? Braunkohle ist der mit Abstand klimaschädlichste Energieträger.

Bereits 2012 stellte das Deutsche Institut für Wirtschaftsforschung in einer Studie fest, dass Deutschland insgesamt »nur noch maximal

280 Millionen Tonnen Braunkohle« fördern dürfe, wenn das Land die Ziele des Klimaschutzabkommens von Paris erfüllen will.[40]

All das geht an der Öffentlichkeit nicht vorbei. Selbst unter CDU-Anhänger*innen geben mehr als 70 Prozent an, gegen die Rodung des Hambacher Waldes zu sein. Die Aktivist*innen vor Ort bekommen davon nicht viel mit. Sie sind damit beschäftigt, die Räumung zu verhindern. Sie müssen sich und ihre Baumhäuser vor tausenden Polizist*innen mit schwerem Gerät schützen. Normalerweise ist der Wald ein Ort der Ruhe. Wer hier spaziert, hört üblicherweise den Wind, die Vögel, jedes Knistern am Boden. Jetzt sind es andere Geräusche, die durch den Wald hallen: Schreie, Beschimpfungen, Polizeiansagen, Motorsägen, Bagger. Es ist noch früh an diesem Samstag, den 6. Oktober 2018, als Kathrin Henneberger im Hambacher Wald plötzlich etwas anderes hört. Es kommt aus der Ferne. Und es nähert sich dem bedrohten Waldstück.

»Einer der schönsten Momente ist der 6. Oktober 2018«, erzählt Kathrin Henneberger. »50 000 Menschen, die sich vor den Wald gestellt haben. Wir hätten es uns nie träumen lassen, dass so viele Menschen kommen. Das zu erleben, wie in der Bevölkerung plötzlich die Stimmung kippt und alle sagen, es ist doch total absurd, dass dieser Wald jetzt gerodet wird, wir machen uns jetzt auf und wir stellen uns solidarisch dahin.«[41] Kathrin und die anderen Aktivist*innen im Wald sind nach der wochenlangen Auseinandersetzung mit der Polizei mit ihren Kräften am Ende. Wer weiß, wie lange sie noch durchgehalten hätten.

Ein Jahr später. Im Sommer 2019 bekommt Kathrin Henneberger nicht nur Post von RWE-Anwält*innen. Sie erhält auch anonyme Drohanrufe. Warum sie? Kathrin Henneberger ist bei weitem nicht die einzige Aktivist*in, die hier solche Drohungen bekommt. Sei es durch den Anwalt oder übers Telefon.[42] Anders als andere betroffene Aktivist*innen ist sie nie auf einem RWE-Gelände verhaftet worden. Die Begründung für die Unterlassungserklärung liegt in ihrer Rede auf der RWE-Hauptversammlung. Und offensichtlich in ihrer Arbeit als Sprachrohr von

Ende Gelände. Einer Pressesprecherin das Reden zu verbieten, das sind Methoden eines Konzerns, der in Nordrhein-Westfalen gelernt hat, über dem Gesetz zu stehen. Aktivistin Kathrin ist von diesem Verhalten wenig überrascht: »Daran erkennt man deren Demokratieverständnis. Sobald sie das Gefühl haben, da wird jemand unangenehm, wird versucht, diese Person einzuschüchtern. Das ist überall auf der Welt so; überall, wo die fossile Industrie agiert und sich Menschen dagegen engagieren, erleben wir Einschüchterungsversuche. Als Pressesprecherin erlebe ich noch eine andere Art der Repression, wie sie alle Menschen erfahren, die in der Öffentlichkeit stehen. Man bekommt halt nicht die Faust ins Gesicht, sondern einen Haufen Anzeigen, die alle Bullshit sind und die auch der Staatsanwalt als absurd einkassiert.«[43]

Die Aktivist*innen von Ende Gelände kämpfen dafür, dass wir alle und unsere Kinder die Chance auf ein freies Leben ohne massive Umweltbelastungen haben. Ende-Gelände-Aktivistin Dorothee Häusermann bringt es bereits 2015 auf den Punkt: »Es sieht aus, als müssten wir uns selbst darum kümmern, dass es ein gutes Ende mit uns und unserem Ökosystem nimmt.«[44]

2015? Richtig, schon drei Jahre bevor die neue, weltweite Klimabewegung beginnt. Ende Gelände ist kein Verein, keine Organisation, sondern ähnlich wie Fridays for Future eine Bewegung. Es gibt WhatsApp-Gruppen statt Mitgliedsanträge. Unterschiede liegen in der Altersstruktur und im spezifischeren Thema von Ende Gelände. Auch die Mittel des Protests sind andere: Ende Gelände arbeitet vornehmlich mit zivilem Ungehorsam. Und da sich dieser vor allem gegen Eigentum des durch das Land NRW in jeglichem Sinne geförderten Konzerns RWE und das Landesheiligtum Bergbau richtet, haben Machthabende auf Bundes- wie Landesebene offenbar ein hohes Interesse daran, etwas gegen Ende Gelände zu unternehmen. Das Berliner Amt für Verfassungsschutz stufte Ende Gelände vorsorglich als linksextremistisch ein.

An den Protesten rund um RWE aber wird auch deutlich, wie sehr die

Klimabewegung insgesamt vor der Frage steht, wie radikal die Aktionen werden sollten. Denn leider zeigen die großen Klimastreik-Demos: Für die Machthabenden von CDU/CSU und SPD spielen 2019 hunderttausende friedliche Demonstrant*innen absolut keine Rolle. Mehr als das verbale Kopftätscheln für die »engagierten Schülerinnen und Schüler« gibt es nicht. Dafür laden Angela Merkel und Ursula von der Leyen Greta Thunberg und Luisa Neubauer gleich mehrfach nach Berlin und Brüssel ein. Aktivist*innen von Ende Gelände, die für ihren Protest ihre Gesundheit riskieren, wird das Tätscheln weiter erspart bleiben. Deutlich wahrscheinlicher ist, dass ihre Köpfe getreten werden.

Denn wie man von zahllosen Aufnahmen weiß, tragen am Ende Polizist*innen die Aktivist*innen von der Straße oder den Schienen. Selten ohne Mittel massiver körperlicher Gewalt. Aktivist*innen wollen klarmachen: Die Gewalt geht hier vom Staat und nicht von ihnen aus. Doch diese Taktik geht nicht auf. Die Kürze der Aufmerksamkeitsökonomie lässt immer nur einzelne Bilder zu. Was sehen die Menschen in der Berichterstattung wirklich? Es kommt zu Gewalt zwischen Polizei (Recht und Gesetz) und Aktivist*innen. Werden sie als Chaoten gesehen oder als mutige Engagierte? Es ist zu befürchten, dass allzu oft gefährliche Klischees gestärkt werden: Mit Bildern über die 1.-Mai-Randale, G20 und jetzt halt über diese Klimaleute. Bilder zu den Anlässen der Aktionen, der Zerstörung der Natur, den Folgen für die Gesundheit, die Klimakrise, fehlen. Viele Aktivist*innen, wie die der Extinction Rebellion, erklären deshalb vor ihren Aktionstagen auf Pressekonferenzen ausgiebig ihre friedliche Taktik und Grundsätze der Gewaltfreiheit.

Während klassische Medien oft das Bild der vermummten linksradikalen Chaoten füttern, steigern dieselben Bilder in entsprechenden digitalen Communitys die Wut gegen Polizei und Staat. Diese Spirale kann nur durchbrochen werden, wenn beide Seiten differenzierter berichten. Bislang lässt die Emotionalität der Bilder keine differenzierte Sichtweise zu. Stattdessen gelten Menschen, die ihr eigenes Leben riskieren, um die Zerstörung der Natur zu verhindern, als linke Chaot*innen und Gewalttäter*innen. Rechte Pegida-Demonstrant*innen, die Politiker*innen den Tod wünschen, Fotos von ihnen symbolisch am Galgen mit sich herumtragen und »Ausländer raus« brüllen, werden hingegen als besorgte Bürger*innen freigesprochen.

Ob Castor-Transporte, Antifa oder Wackersdorf: Polizeigewalt in Deutschland richtet sich traditionell gegen vermeintlich linke Proteste. Dagegen stehen fast ebenso viele Aufnahmen rechtsextremistischer Gewalttaten und Pogrome, bei denen Neofaschisten geradezu unbehelligt Wohnhäuser in Brand setzen und auf Menschenjagd gehen durften. Klingt nach Klischee und linker Propaganda, ist jedoch leider wahr. Laut einer Studie über »Körperverletzung im Amt durch Polizeibeamt*innen« sind es vor allem »linke Aktivist*innen und Fußballfans«, die von Polizeigewalt in Deutschland betroffen sind.[45] Doch während es sich bei Fußballfans oft um alkoholisierte gewaltbereite Männer handelt, sind sogenannte linke Aktivist*innen in vielen Fällen nicht auf der Suche nach körperlicher Auseinandersetzung mit der Polizei oder anderen Gruppen, auch wenn besagte Fernsehbilder oft eine andere Geschichte erzählen. Im Gegenteil, wer monatelang in einem Baumhaus im Wald lebt, ist mit seinen Kräften vermutlich am Ende und sucht nicht gerade noch »den Kick« – weder im übertragenen noch im wörtlichen Sinne.

Und ziviler Ungehorsam ist friedlich. So ist er definiert. Er ist in Deutschland kein Straftatbestand, nicht mal eine Ordnungswidrigkeit. Nur wenn dabei andere Gesetze oder Verordnungen verletzt werden, können diese Taten (Hausfriedensbruch, Sachbeschädigung etc.) strafbar sein. Der zivile Ungehorsam selbst allerdings nicht. In erster Linie ist er eine gewaltfreie Protestform. Wer eine Straßenkreuzung, ein Waldgebiet oder einen Tagebau besetzt, der handelt im Einzelfall möglicherweise nicht gesetzeskonform, aber er übt keine Gewalt gegen Lebewesen aus. Die Polizei tut dies im Auftrag des Staates bzw. machthabender Politiker*innen jedoch schon. Wenn Menschen so verzweifelt sind, dass sie sich an Bäume oder Schienen ketten, um Bagger oder Atommülltransporte zu verhindern, scheint darauf die einzige Reaktion von Machthabenden Gewalt und Verurteilung. Wer gerade noch als Klimademonstrant*in von Politiker*innen verbal den Kopf getätschelt bekommt, kriegt womöglich kurz darauf denselben Kopf von Polizist*innen auf den Asphalt gedrückt.

Kathrin Henneberger erlebt in ihrer Zeit bei Ende Gelände genau das und auch deshalb lehnt sie Gewalt so entschieden ab: »Wir haben einen Aktionskonsens, der lautet, wir gefährden kein Menschenleben. Wir verhalten uns ruhig und besonnen. Den Schmerz, den ich erlebt habe, den möchte ich keinem anderen Menschen antun. Für mich ist das sehr zentral, dass wir versuchen, unser Ziel weiterzuverfolgen, egal wie sehr sie uns versuchen zu kriminalisieren und damit zu rechtfertigen, auf uns einprügeln zu dürfen. Und das Ziel ist für mich eine Gesellschaft, in der es nicht zu Gewalt gegen andere Menschen kommt und in der es kein aggressives, toxisches, schreiendes Verhalten gibt.«[46]

BE
GEG
NUNG.

3. Begegnung

»Was ist denn eigentlich, wenn wir uns treffen und uns direkt in die Augen schauen: Hassen wir uns dann auch?«[1]

Shai Hoffmann

In seinen bisherigen Aktionen setzt Shai Hoffmann vor allem auf das Mittel des Gesprächs, des Aufeinanderzugehens, um »die Diskurskultur innerhalb Deutschlands ein wenig mitzugestalten«. Das war nicht immer so. Bevor Shai Hoffmann der Demokratieaktivist Shai Hoffmann wird, heißt er Fabian Brandtner, Felix Milan, Alexander Greifenhagen und Jürgen Fahl. Doch das sind weder Tarnnamen eines BND-Agenten noch die eines flüchtenden Wirecard-Chefs. Es sind die Rollen des ehemaligen Fernsehstars Shai Hoffmann aus den Daily Soaps *Verbotene Liebe, Verliebt in Berlin* und *Gute Zeiten, schlechte Zeiten*. Mit Klarnamen hatte der gelernte Hotelfachangestellte und Musiker an der Sat1-Castingshow *Star Search* teilgenommen und beim Berliner Radiosender *Jam FM* moderiert. »Irgendwann habe ich gemerkt: Das reicht nicht«, erklärt uns Shai Hoffmann, »ich, als Enkel von Holocaust-Überlebenden, ich muss noch andere Dinge tun, um meine Stimme zu erheben.«[2]

Im Jahr 2015 kommen mehr Menschen nach Europa als in den Jahren zuvor. Die meisten von ihnen flüchten vor dem Syrienkrieg. In den Medien werden Begriffe wie »Flüchtlingskrise« und »Flüchtlingswelle«

benutzt. Es sind Brandbeschleuniger für menschenfeindliche, für rechte Stimmungen. Nutznießerin ist die rechtspopulistische AfD. Seitdem schafft sie es in alle Landesparlamente. Jede der sechs Landtagswahlen 2016 wird ein Siegeszug der AfD und damit des Rechtsextremismus in Deutschland. Shai Hoffmann bekommt Angst. Er möchte verhindern, was nicht mehr zu verhindern ist: dass mit der AfD im Jahr 2017 wieder eine rechtsextreme Partei in den Bundestag einzieht. Den Hass in den sozialen Netzwerken nimmt er als weiteres schlechtes Zeichen wahr: Die Fronten scheinen verhärtet zu sein. Er macht den Computer aus.

Es ist Mittwoch, der 10. Mai 2017. Shai trifft seinen Freund Ármin Langer, den Soziologen, jüdischen Theologen und Autor des Buchs *Ein Jude in Neukölln*. Sie sitzen gemeinsam beim Frühstück und denken darüber nach, was sie tun können gegen die neuen Nazis und ihren Griff nach der parlamentarischen Macht. Ármin setzt noch einen Kaffee auf, als Shai laut in den Raum denkt: »Was ist denn eigentlich, wenn wir uns treffen und uns direkt in die Augen schauen: Hassen wir uns dann auch?«[3]

Sie entwickeln eine Idee: Wie wäre es, mit einem VW-Bus in die Berliner Außenbezirke wie Hohenschönhausen zu fahren und einfach mit den Menschen zu sprechen? Sie denken gemeinsam nach, machen erste Notizen, finden sogar schon ein Reisedatum: die Woche vor der Bundestagswahl im September 2017. Für möglichst unmittelbaren Einfluss auf Wahlentscheidungen.

Shai und Ármin brauchen weitere Partner*innen für ihr Vorhaben. Also lassen sie den letzten Kaffee stehen und gehen runter auf die Sonnenallee, die ihren Namen heute mal zu Recht trägt. Hier mitten in Berlin-Neukölln stellen sich die beiden zusammen auf den begrünten Mittelstreifen und machen ein Bild von sich.

Shai Hoffmann postet es auf Twitter: »Experiment: Mit Armin Langer werde ich in einem Bus vom 11.–17.9.2017 durch D reisen & mit Menschen z. B. auf Marktplätzen sprechen! Wer kommt mit?«[4]

Mittlerweile ist also aus Hohenschönhausen schon Deutschland geworden. Irgendwo zwischen Croissant und Grünstreifen muss das passiert sein. In einem Kommentar unter dem Post verlinken die beiden noch ein Online-Dokument. Wer bei der Aktion mitmachen will, kann sich hier eintragen. Und so unausgereift das Vorhaben auch zu diesem Zeitpunkt noch daherkommt, es finden sich auf Anhieb mehr als 20 interessierte Menschen aus verschiedenen Organisationen. Kontakte werden geknüpft, Termine vereinbart, Begegnungen geplant.

Zwei Wochen später. Shai Hoffmann hält einen Vortrag zum Thema Crowdfunding in Berlin-Kreuzberg. Unter den Zuhörer*innen ist Stella Bauhaus. Und Stella hat einen Bus. Nicht irgendeinen. Er heißt Tanja und ist ein alter Linienbus, ein Doppeldecker. Tanja gehört wie Stella zum

gemeinnützigen Verein Linie94, der ein großes Ziel verfolgt: Menschen sollen sich wieder begegnen. Bei Shai und Stella hat das schon einmal funktioniert. Er fragt sie, ob sie zwei Wochen vor der Bundestagswahl schon etwas vorhabe. Sie prüft ihren Kalender, verneint und hört sich seine Idee an. Gesucht, gefunden. Wenige Tage später machen Shai, Stella und weitere Mitstreiter*innen der Linie94 ein Crowdfunding-Video im und vor dem roten Doppeldecker. Ex-Soapdarsteller Shai Hoffmann weiß, wie wichtig bewegte Bilder für ein Projekt sein können: »Mit dem Video vom Bus haben alle gesehen, was das für eine Mordsgaudi werden kann. Und dann haben sich noch viel mehr Initiativen gemeldet.«[5]

Paulina Fröhlich von der Initiative Kleiner Fünf trägt sich direkt in die Online-Liste ein, als Shai über Twitter fragt, wer denn dabei sei. Keine zwei Wochen später sitzt sie neben Shai Hoffmann in einem Berliner Café. Shai nutzt die Gelegenheit des Gesprächs mit Paulina für seinen Podcast »Auf einen Cay mit Shai«. Am Ende der Aufnahme geht er vor Paulina auf die Knie: »Paulina, willst du mit mir eine Woche vor der Bundestagswahl in einem Bus durch Deutschland fahren?«

»Ja, ich will.«[6]

Paulinas Initiative Kleiner Fünf geht »mit radikaler Höflichkeit gegen Rechtspopulismus vor«. Die Aktivist*innen kümmern sich vor allem um Menschen, in deren privatem Umfeld Rechtspopulismus auftaucht. Sie wollen beim richtigen Umgang unterstützen, um zu verhindern, dass sich die rechten Inhalte weiterverbreiten, aber auch, dass persönliche Beziehungen an diesen Debatten zugrunde gehen. Paulina und ihre Mitstreiter*innen versuchen, Betroffenen beizubringen, wie man eine gute demokratische Diskussion führt.

Neben Linie94 und Kleiner Fünf steigen nun noch weitere Initiativen ein: Die Offene Gesellschaft, DeutschPlus e.V., Über den Tellerrand kochen e.V. und einige weitere einzelne Unterstützer*innen. »Es entwickelte sich eine sehr interessante Eigendynamik«, erinnert sich Shai Hoffmann. »Das hatte irgendwie etwas von Schwarmintelligenz.«[7]

Was nun folgt, findet normalerweise erst nach der Bundestagswahl statt: Sondierungsgespräche. Zwei Wochen nachdem Shai Hoffmann und Ármin Langer beim Frühstück die Idee zur Bustour haben, sitzen mehr als 20 Menschen aus unterschiedlichsten Initiativen mit diversen Ideen und Erfahrungen in Shai Hoffmanns türkischem Lieblingsrestaurant in Berlin-Schöneberg. Mit Aktivist*innen aus verschiedenen Initiativen in kürzester Zeit ein neues innovatives Format auf die Beine zu stellen, ist nicht einfach. Vor allem nicht im Bereich linker Gruppen, denen nicht selten nachgesagt wird, sie würden sich gern selbst kaputtdiskutieren. Umso erstaunlicher, was Shai Hoffmann und seine Mitstreiter*innen beim Bus der Begegnungen schaffen. Das gemeinsame Ziel schafft Zusammenhalt: die Mission, möglichst viele Menschen davon zu überzeugen, bei der anstehenden Wahl nicht die rechtsextreme AfD zu wählen.

Montag, 4. September 2017, 10 Uhr, Berlin, Paul-Löbe-Allee, direkt am Reichstag. Hier haben Shai Hoffmann und Stella Bauhaus einen Parkplatz für Tanja, die 43-jährige Doppeldeckerdame, reserviert. Sie glänzt in der Sonne. Vor ihr versammeln sich nun die weiteren Aktivist*innen aus dem Team. In wenigen Minuten wollen sie vor einer Gruppe Journalist*innen ihre Pläne präsentieren. Shai Hoffmann ist furchtbar aufgeregt. Er steht neben Farhad Dilmaghani vom Verein DeutschPlus, Gemina Picht von der Initiative Die Offene Gesellschaft und Busbesitzerin Stella Bauhaus. Nach der Pressekonferenz setzen sich die Aktivist*innen in den Bus. Eine Reporterin steigt mit ein, um über die Tour zu berichten. Und dann geht es endlich los: Stella drückt den Knopf rechts unter dem großen Lenkrad, es ruckelt, die Reise beginnt. Tanja ist nicht mehr die Schnellste mit ihren maximal 63 km/h.

Nächster Halt in 260 Kilometern ist Chemnitz. Mit einem Pkw würde das etwa drei Stunden dauern, mit Tanja sind es mehr als acht. Die Stimmung ist trotzdem gut. Alle sind neugierig auf die erste Station. Am Abend geht es nur noch ins Hotel. Umso schneller der Aufbruch am nächsten Morgen. Doch schon der erste Schock: Unbekannte haben in der Nacht die Reifen des Begleitfahrzeuges aufgeschlitzt. Mutmaßlich provoziert durch den großen roten Bus mit Berliner Kennzeichen und Aufklebern für ein friedliches Miteinander. Herzlich willkommen in Chemnitz. Es wartet viel Arbeit auf die Aktivist*innen. Also, alle in den Bus und los. Nach wenigen Metern ein lautes Krachen: Der Doppeldecker setzt auf und hängt in einer Senke fest. Alle wieder raus und mit anpacken. Irgendwie muss der zehn Tonnen schwere Bus befreit werden. Gemeinsam schaffen sie es, Tanja ohne weitere Schäden wieder auf die Straße zu bringen. In der Zwischenzeit informieren die Aktivist*innen die wartende Presse. Deutlich später als geplant kommt der Bus auf dem Marktplatz vor dem Roten Turm an. Nun wird schnell ausgeladen und aufgebaut: Tische, Stühle, Bänke, sogenannte Bierzeltgarnituren, sowie Spiele, mit Hilfe derer die Gespräche mit Passant*innen gestartet werden sollen, wie das Rad der gesellschaftlichen Fragen oder Stadt, Land, Zukunft. Wichtigster »Icebreaker« ist jedoch der Kaffee, auf den Shai Hoffmann die fremden Menschen einlädt:

»Hallo, ich würde Sie gern auf einen Kaffee einladen.«
»Warum machen Sie das?«
»Einfach so, weil wir wissen wollen, wie es Ihnen geht.«[8]

Damit bietet er aus Sicht der Chemnitzer*innen schon einmal mehr als andere Menschen, die in Fußgängerzonen wahlweise Werbung verteilen oder Spenden sammeln. Trotzdem beherrschen Abneigung, Skepsis und Stress das Geschehen zwischen Laufkundschaft und Aktivist Hoffmann. Der lässt sich davon nicht demotivieren: Shai hat früher selbst Promotion gemacht, Partys veranstaltet und beworben, er kennt das. Eins erschreckt ihn jedoch: »Du hast gemerkt, dass die Menschen das überhaupt nicht mehr kennen, dass irgendjemand ernsthaftes Interesse an ihrem Wohlbefinden hat.«[9]

Es überrascht auch den 49-jährigen Chemnitzer Andreas: »Das sind Menschen, mit denen man mal reden kann.« Er hat gerade seinen Job verloren. Jetzt sitzt er oben im Bus der Begegnungen und erzählt, wie es ihm geht. Shai Hoffmann hört aufmerksam zu. Er erfährt viel über Andreas, seine Leidenschaft fürs Fotografieren, seine Lebensgeschichte, seine Wut auf »die Politik«. Nach fast zwei Stunden Gespräch fragt ihn Shai Hoffmann vorsichtig, wem er denn bei der Bundestagswahl seine Stimme(n) geben wird. Andreas sagt, dass er bereits per Briefwahl gewählt habe: die AfD. Das Gespräch geht noch eine Stunde weiter, bevor Andreas nun das erste Mal selbst Fragen stellt und wissen will, wer denn eigentlich dieser Mann ist, vor dem er seit drei Stunden sein Leben ausbreitet. Shai stellt sich vor, erzählt, wer er ist und was er macht. Welche Sorgen er sich um unsere Demokratie macht. Was die AfD damit zu tun hat. Und dass seine Großeltern den Holocaust erlebt haben.

Andreas aus Chemnitz outet sich als großer Busfan. Er will noch ein paar Fotos von dem schönen Doppeldecker machen. Nach viereinhalb Stunden im Bus der Begegnungen auf dem Chemnitzer Marktplatz verabschiedet sich Andreas von Shai Hoffmann und gibt ihm die Hand:

»Wenn wir uns vorher begegnet wären, hätte ich mein Kreuz woanders gemacht, ich bin ja für Gerechtigkeit in Deutschland.«

Was für ein erster Tag – mit Shai und Andreas und rund 50 weiteren Gesprächen zwischen Aktivist*innen und Besucher*innen. Morgen geht es weiter nach Apolda in Thüringen. Hier sinkt die Bevölkerungszahl seit Jahren stetig. Aktuell sind es etwa 22 000 Menschen. Apolda ist bekannt für Knäckebrot und Bratwurst. In zwei Wochen werden hier mehr als 20 Prozent der Wähler*innen ihre Stimme der AfD geben.

Zwei Frauen mit Kinderwagen bleiben hinter dem Bus stehen und betrachten ihn kritisch. Sie zeigen auf den Aufkleber »Welches Land wollen wir sein?«. Shai beobachtet, wie die beiden immer wieder kurz davor sind, weiterzugehen, aber dann doch wieder stehen bleiben und diskutieren. Der Demokratieaktivist geht auf die beiden Frauen zu und spricht sie an:

»Hallo. Kann ich euch helfen? Ihr guckt so misstrauisch …«

»Warum habt ihr da diesen Aufkleber ›Welches Land wollen wir sein?‹«

»Na, das ist die Frage, die wir uns stellen.«

»Hä? Ist doch total klar, welches Land wir sein wollen.«

»Ach, wirklich?«

»Ja, Deutschland natürlich.«

»Aber ich frag mich: Für wen ist denn eigentlich dieses Land?«

»Hä? Natürlich für die Deutschen.«

»Okay. Und wer ist deutsch?«

Die beiden Frauen wissen keine Antwort.

»Also, mein Freund, der ist Türke, ist der auch deutsch?«

»Äh … wenn er einen deutschen Pass hat.«

»Und was ist mit mir: Ich bin jüdisch. Bin ich auch deutsch?«

Jetzt starren die beiden Frauen Shai Hoffmann mit offenem Mund an. Vielleicht haben sie sich einen Juden anders vorgestellt. Sie sind offenbar noch nie bewusst einem begegnet.

»Du bist Jude?!«

Was jetzt passiert, überrascht Shai Hoffmann. Die beiden Frauen, deren männliche Begleiter nun schon 15 Minuten in sicherer Entfernung warten, entscheiden sich, mit ihm vor den Bus zu gehen und sich auf einen Kaffee einladen zu lassen. Sie setzen sich mit Shai Hoffmann an einen Tisch und tauschen sich aus: der jüdische Mann aus Berlin und die beiden Mütter aus Apolda.[10]

Freitag, 8. September 2017. Nach einem anstrengenden Zwölf-Stunden-Aufenthalt in Kassel ist der Bus der Begegnungen unterwegs auf der A44 nach Bielefeld. Das Geschirr klappert, den Insassen sind die Strapazen der ersten Tage anzusehen. Shai Hoffmann genießt das Gemeinschaftsgefühl unter den Aktivist*innen: »Wir fühlten uns wie eine Band auf Tour.«[11] An einem dunklen Rastplatz hält der Bus. Hier wollen die Aktivist*innen ihr Nachtlager aufschlagen. Sie sind umgeben von großen LKWs, deren Kabinen meist schon mit Vorhängen verdunkelt sind. Shai Hoffmann geht trotzdem von Truck zu Truck und klopft an. Er will die Fahrer*innen zum Essen einladen. Denn gemeinsam möchten alle auf dem Autobahnrastplatz Schabbat feiern. Für das Essen haben der syrische Moslem Moder Sheek und der afghanische Jude Amir Firestone von »Über den Tellerrand kochen« gesorgt. Die LKW-Fahrer*innen sind skeptisch oder schlafen schon. Doch einer kommt und feiert mit. Plötzlich wirkt die rote Tanja ganz klein, hier inmitten der riesigen Sattelzüge auf dem Rastplatz. Zwischen dem Bus und dem nächsten LKW haben die Aktivist*innen nun eine Bierzeltgarnitur aufgebaut. Der lange Tisch ist reich mit internationalen Speisen gedeckt. Dafür sind Moder und Amir am Morgen in Kassel noch in einem großen Asia-Shop gewesen. Nun duftet es wie in einem syrischen Restaurant. Doch bevor gegessen wird, wird gebetet, erst das arabische Gebet von Moder, dann das hebräische von

Amir. Nach dem Essen erklingt Musik. Das Team vom Bus der Begegnungen und der LKW-Fahrer machen eine Polonäse durch den Doppeldecker. Irgendwo zwischen Kassel und Bielefeld, auf einem Rastplatz an der A44.

In den kommenden Tagen hält der Bus der Begegnungen unter anderem noch in Gelsenkirchen, Schwerin und Neubrandenburg. Mit der Zeit beginnen die Aktivist*innen zu begreifen, was viele Leute abschreckt. Es ist der große rote Bus: »Die sind doch von der SPD oder den Linken.« Viele vermuten auch, es handle sich um einen Bibelbus, und suchen das Weite. Deshalb stellen die Aktivist*innen große Schilder auf: »überparteilich« und »Kein Bibelbus«. Neben der kostenlosen Tasse Kaffee ein weiterer Icebreaker.

Shai Hoffmann denkt darüber nach, was besser laufen könnte, wie sie noch mehr Menschen erreichen und ins Gespräch bringen könnten: »Wir hätten noch stärker mit den Initiativen vor Ort zusammenarbeiten sollen. Mit Vereinen oder der Freiwilligen Feuerwehr.«[12] Eine gute Entscheidung dagegen ist es, den Menschen in den kleinen bis mittelgroßen Städten zu begegnen, sie zu fragen, wie es ihnen geht, was sie umtreibt und auch wovor sie sich womöglich fürchten. Endlich mal raus aus der eigenen »Blase«, dem eigenen Dunstkreis. Nicht immer nur Berlin. Kreuzbergs Bevölkerung mag divers sein, doch sie ist auch gerade deshalb kein Bundesdurchschnitt.

Auch und vielleicht vor allem nicht in Bayern. Gemeinsam mit dem »Bayerischen Bündnis für Demokratie und Toleranz« fährt Shai Hoffmann vor der bayerischen Landtagswahl 2018 zwei Wochen durch das Bundesland. Der Bus heißt diesmal »Demokratie-Bus«, das Konzept ist ähnlich. Wieder suchen die Aktivist*innen das Gespräch mit den Menschen vor Ort. Allerdings mit deutlich weniger Erfolg als beim Bus der Begegnungen. Dafür hat Shai Hoffmann inzwischen auch eine Erklärung gefunden: »Wenn da so ein Bus mit der großen Aufschrift ›Demokratie‹ ankommt, fühlen sich allein dadurch Leute angegriffen. Denn für sie passt Demokratie nicht zu unserem Erscheinungsbild: Aus einem Old-timer-Doppeldeckerbus steigt ein Typ mit langen Haaren aus. Dieses Gesamtbild öffnet offensichtlich eine Schublade bei den Beobachter*innen und triggert etwas. Vielleicht will ich nicht, dass der mich darüber aufklärt, was Demokratie ist.«[13]

Im Sommer 2020 entsteht dann gemeinsam mit dem Jüdischen Museum Frankfurt der »Bus der Zukunft«. Was wünschen sich die Leute von der Zukunft, lautet die Frage bei Kaffee, Shai und Kuchen. Ist das Aktivismus? Ist das nicht viel zu brav? In das öffentliche Bild des Aktivismus passt vermutlich weder der Kaffee noch die Polonäse im Bus auf dem Autobahnrastplatz. Wenn politischer Aktivismus jedoch das Handeln für Veränderung meint, für Fortschritt und gesellschaftlichen Wandel, dann fällt das, was Shai Hoffmann tut, mit Sicherheit in die Kategorie Aktivismus.

Empathie

Shai Hoffmann hat eine Mission: »Wir müssen für Begegnungen und für Empathie sorgen.« Er fordert ein Schulfach »Empathie«, auch »um möglichst viele junge Menschen dafür zu sensibilisieren, dass es da unzählige Narrative gibt, die sie heute und morgen in ihren Entscheidungen mitberücksichtigen sollten – Entscheidungen, die eventuell die Lebensrealität von schwächeren Menschen beeinflussen.« Und als wir mit dem Nachkommen jüdischer Shoah-Überlebender über den aktuellen Rechtsextremismus in Deutschland sprechen, überlegt er laut: »Vielleicht muss man noch mal nach Hoyerswerda fahren und einfach einen Tisch auf dem Marktplatz aufstellen und sagen: Hey, hallo, Maik. Erzähl doch mal, was treibt dich um? Wie sieht dein Leben aus?«[14]

Begegnung und Gespräch statt Konfrontation, die Idee ist nicht neu. Doch durch die Verlagerung von politischen Diskursen in Social Media werden Hass und Hetze immer weiter steigen. Die vermeintliche Anonymität[15] verleitet zu einer Sprache, die in der einzelnen analogen Begegnung kaum verwendet werden würde. Soziale Medien haben auch Menschenfeindlichkeit vernetzt, ihr Reichweite und Sichtbarkeit gebracht. Die Hassenden befeuern sich ohne Ende. Für viele Menschen scheinen die einzigen Ventile für die Unzufriedenheit mit dem eigenen Leben Hass im Netz und auf dem Wahlzettel (AfD) zu sein. Immerhin, möchten wir fast sagen, das sind Meinungsfreiheit und Wahlbeteiligung, die Demokratie funktioniert. Warum erkennen viele Menschen das nicht, sondern verbreiten stattdessen antidemokratische und faschistische Parolen? Um Fragen wie diese beantworten zu können, setzt sich Demokratieaktivist Ali Can ans Telefon.

2015 schüren Berichte über die »Flüchtlingskrise« und »Flüchtlingsströme« Angst und Hass gegenüber Menschen, die in Deutschland Schutz suchen. Sie werden aber nicht als Schutzsuchende beschrieben, sondern als Krise und damit als akute Bedrohung wahrgenommen. Kommt daher diese plötzliche Furcht vor »den Flüchtlingen«? Sie stößt auf eine große bereits vorhandene Ladung Unwissen und Islamfeindlichkeit.

In Dresden demonstrieren bereits seit 2014 Islam- und Menschenfeind*innen unter dem Namen Pegida. Die völkischen und rechtsextremen Hetzer*innen marschieren durch die Straßen und skandieren menschenfeindliche Parolen. Wer sein Fenster aufmacht, während unten auf der Straße dieser hässliche Mob vorbeizieht, bekommt Gänsehaut. Denn er erinnert an dunkelste Zeiten deutscher Geschichte. Es sind Szenen, die wir nur aus historischen Filmen kennen. Nun auch live und in Farbe. Die Faschist*innen sind zurück – sie waren nie weg –, nun ziehen sie wieder in die Parlamente ein.

Ali Can will etwas dagegen tun. Er glaubt daran, dass Menschen erreichbar sind, dass wir miteinander reden können. 2015 wird bis heute medial als »Höhepunkt der Flüchtlingskrise« beschrieben, es ist eine Krise der Demokratie. Ali Can ist gerade 21 Jahre alt. Er studiert die Fächer Deutsch und Ethik für das Lehramt in Gießen. Und er hat eine Idee.

Er möchte als »Asylbewerber Ihres Vertrauens« die »Hotline für besorgte Bürger« anbieten.

Sein Ziel ist es, mit jenen zu sprechen, »die noch zu erreichen sind«. Dafür bietet er ein bundesweites Bürger*innentelefon an, eine Hotline von montags bis donnerstags sowie sonntags. In diesen Wochen führt Ali Can hunderte Gespräche. Die Menschen sprechen mit ihm über ihre Beweggründe, die AfD zu wählen, erzählen von ihren Ängsten gegenüber dem Islam und einer Integration. Trotz des enorm hohen Aufwands bleibt Ali Can dabei sehr realistisch: »Wenn man auch nur einen erreicht, dann wählt er vielleicht nicht die AfD.« Am Ende ist es weit mehr als eine Person, die Ali Can überzeugen kann, die eigene Meinung zu überdenken. »Ich wollte AfD-Wähler und Pegida-Teilnehmer dazu inspirieren, sich über die Themen noch mal aus anderen Perspektiven heraus Gedanken zu machen, die Quellen der politischen Positionen zu überprüfen, lieber den Kontakt zu jemandem wie mir zu suchen. Als einer, der mit seiner Familie geflüchtet ist, wollte ich vorleben, dass man mehr miteinander reden sollte. Für mich ist politischer Aktivismus immer auch verknüpft mit einer Fantasie, wie es besser sein kann, um da möglichst die Leute hinzubringen.«[16]

Die Gespräche gehen bis zu eineinhalb Stunden. Ali Can hört sich ganze »Hasstiraden« an, um dann freundlich und offen zu reagieren. Stück für Stück sortiert er den jeweiligen Mix aus Wut gegen Merkel, Geflüchtete, Asyl, Gender und Islam. Gemeinsam mit den Anrufer*innen entschlüsselt er die Argumente. Es sind keineswegs nur ältere Menschen, die als »besorgte Bürger« bei Ali Cans Hotline anrufen, sondern auch jüngere: Erstwähler*innen vor der Bundestagswahl 2017, die orientierungslos auf die nur scheinbar marginalen Unterschiede zwischen Parteien und Kandidat*innen blicken. Dabei geht es nicht ausschließlich um Migration, sondern um viele politische Themen. Ali Can erzählt, warum auch viele Lehrer*innen, Erzieher*innen, Sozialarbeiter*innen, vor allem aus ostdeutschen Bundesländern, das Gespräch mit ihm suchen: »Es waren Lehrkräfte, die gesagt haben: ›An meiner Schule sind nur wenige Kinder mit internationaler Einwanderungsgeschichte. Wir wissen nicht, wie wir mit denen umgehen sollen. Wir sind besorgt, dass das nicht gut klappt, dass wir in Fettnäpfchen treten. Wie machen wir das?‹«[17] Anderen wiederum hilft Ali Can, herauszufinden, wie sie am besten mit denjenigen sprechen, die nicht mehr reden wollen, weil sie denken, es höre eh niemand zu, oder die so wütend sind, dass ein Gespräch erst einmal unmöglich scheint.

Bernhard Pörksen, Professor für Medienwissenschaft an der Universität Tübingen, hat mit dem Kommunikationspsychologen Friedemann Schulz von Thun »Die Kunst des Miteinander-Redens« erforscht: »Die Art und Weise des Sprechens und Streitens ist der entscheidende Gradmesser demokratischer Vitalität. Wir bringen die Welt, in der wir leben, erst im Miteinander-Reden hervor.«[18] Dass wir uns begegnen und uns austauschen, hält also erst die Demokratie am Leben. Die richtige Art und Weise des Dialogs ist dabei wesentlich schwieriger, als es zuerst klingen mag: zuhören, Luft holen, abwarten. Kritisieren statt diffamieren. In längst emotional aufgeladenen politischen Debatten scheint dies kaum mehr machbar. Und wenn nun Aktivist*innen ins Spiel bzw. ins Gespräch kommen, wird es oft unmöglich. Denn der Hauptvorwurf trifft meist deren demonstrativ zur Schau getragene moralische Überlegenheit, wie sie zumindest von Nicht-Aktivist*innen wahrgenommen wird. Dadurch geht die notwendige Augenhöhe des Gesprächs unmittelbar verloren. Wie kommt es dazu? Zu Recht gehen sie davon aus, dass Aktivist*innen über ein größeres Fachwissen in ihrem Thema verfügen. Gleichzeitig meinen sie, die Positionen von Aktivist*innen seien radikal, dogmatisch, zu einseitig. Sich selbst positionieren die Nicht-Aktivist*innen auf der Seite der Vernunft. Damit stellen sie sich wiederum über die Aktivist*innen und verwechseln damit die eigene Gleichgültigkeit mit Rationalität. Auf diese Weise endet jeder gute Dialog, noch bevor er beginnen kann.

Fachwissen ist weder unvernünftig noch führt es automatisch zu moralischer Überlegenheit. Im Sinne eines Austauschs sind Aktivist*innen gut beraten, sich diese Problematik bewusst zu machen. Ob berechtigt oder nicht: Das Gefühl einer moralischen Unterlegenheit führt auf der vermeintlich anderen Seite oft zu Aggression und Ablehnung. Umso wichtiger ist es also für Aktivist*innen, gegen diesen Eindruck zu arbeiten, indem moralische Aspekte vermieden und Gesprächspartner*innen zugehört wird.

Dass soziale Medien dabei nicht hilfreich sind, ist eine Binse. Es handelt nur kaum jemand danach. Die Wissenschaftler Schulz von Thun und Pörksen empfehlen: »raus aus der Dunkelheit des Internets, hinein ins Licht des Dialogs«[19].

Worum geht es dabei? Die üblichen Verdächtigen einer vergifteten Kommunikation heißen: Wut, Gereiztheit, Pauschalisierungen, Ad-hoc-Generalisierungen, Besserwisserei. Schnell sind emotionale Begriffe zur Hand, die jeden Dialog ersticken: Gutmensch, Nazi, Ossi, Wessi … Die Liste ist lang. Dieses verbale Brandmarken verhindert nicht nur konstruktive Gespräche und Begegnungen, sondern auch Einsicht und Reflexion auf der jeweils anderen Seite: »Denn alles, was du mir sagt, wenn du mich Gutmensch oder Nazi nennst, ist, dass du keine Argumente hast. Also muss ich meine Position auch nicht überdenken.« All dies findet sich im bekannten, bereits vergifteten Raum namens Social Media wieder. In der Folge erreichen wir das Gegenteil von dem, was wir erreichen wollen, mehr noch, wir radikalisieren die Ansichten auf der anderen Seite, wir verhindern die Empathie, wir versperren die Möglichkeiten für Einsicht und Dialog.

Tatsächlich können diese konstruktiven Gespräche mit Andersdenkenden furchtbar anstrengend sein. Es ist eine große Leistung, offen und verständnisvoll, höflich und zuhörend in einen Dialog mit jemandem einzusteigen, der mich oder meine Überzeugungen kategorisch ablehnt und vielleicht auch pauschal angreift. Denn natürliche Reflexe auf einen

Angriff sind Abwehr oder sogar Gegenangriff. Und wenn wir über das sprechen, was vermeintlichen Minderheiten an Hass und Gewalt entgegengebracht wird, dann sind diese natürlichen Reaktionen nicht nur verständlich, sondern auch nicht zu kritisieren.

Es kann nicht die Aufgabe der direkt Betroffenen sein, diese Dialoge zu entgiften. Bleiben nur diejenigen, die oft von anderen als Privilegierte bezeichnet werden und sich zunehmend auch selbst so nennen. Also Menschen, die nicht aus individueller Betroffenheit, sondern aus Empathie handeln. Aber Vorsicht vor der Pauschalisierung. Denn eine indirekte Betroffenheit liegt fast immer vor. Schließlich ist es eben kein selbstloser oder uneigennütziger Kampf, wenn ich mich als Mensch ohne Behinderung oder Migrationshintergrund für eine inklusive Gesellschaft einsetze. Ich profitiere davon. Auch der Einsatz für eine sozial gerechte Gesellschaft wird meist dadurch unterstützt, dass sich diejenigen davon »sozialen Frieden« versprechen, von dem im besten Fall alle profitieren. Und das ist auch völlig in Ordnung. Selbst wenn das am Ende heißt: Ich setze mich für mehr soziale Gerechtigkeit ein, nur damit mir niemand mehr meinen SUV anzündet. Hauptsache, soziale Gerechtigkeit, über deinen SUV sprechen wir an anderer Stelle.

Geschwindigkeit, Emotionalität und vermeintliche Anonymität begünstigen in den sozialen Medien den Ausdruck von Hass, Wut und Streit. Aus Missverständnissen werden schnell sogenannte Shitstorms, digitale Empörungswellen. Eine ständige Gereiztheit aller Seiten gefährdet das gesellschaftliche Zusammenleben. Zu viele Menschen sind zu Sendern geworden, die völlig ungefiltert und oft unüberlegt ihre Meinungen, Gefühle und spontanen Gedanken mit allen anderen teilen: Alles muss raus.

Nein, wir müssen *nicht* mit *allen* Menschen reden. Viel zu viele sind gar nicht mehr erreichbar. Sie sind verloren in ihren *Konstruktionen* aus nicht mehr zu entwirrenden Verschwörungen und dunklen Löchern aus Unwissenheit und Hass. Wissenschafts- und Geschichtsleugner*innen dürfen wir keine Bühnen bieten. Auch nicht zum Dialog. Dieser Balanceakt ist nicht einfach. Ali Can hat ihn sich getraut.

Wie hat er das geschafft? Wie hat er es hinbekommen, so ruhig und verständnisvoll zu agieren, wo sich der Hass doch vor allem gegen ihn, als einstig Geflüchteten, richtet? In diesem Fall stimmt auch nicht, was die Wissenschaftler Schulz von Thun und Pörksen betonen: »Je größer die eigene Betroffenheit, desto stärker sinkt die Kommunikationsfähigkeit.« Tja: Ausnahme, Regel, Bestätigung. Wie immer gilt es, Pauschalisierungen und Schubladen zu vermeiden. Dies gilt nicht zuletzt auch für Betroffene und deren Recht auf die eigene individuelle Geschichte und Situation.

»Kahramanmaraş« bedeutet so viel wie Gegend der Helden. Hier im Süden der Türkei, etwa 100 Kilometer vor der syrischen Grenze, kommt Ali Can 1993 zur Welt. Zwei Jahre später müssen seine Eltern mit dem kleinen Jungen flüchten. Die kurdischen Aleviten werden in der Türkei diskriminiert und verfolgt. Ihre Flucht führt sie ins nordrhein-westfälische Warendorf im Münsterland. Hier bleiben sie für 13 Jahre »Asylbewerber«. So lange dauert es, bis der Antrag der Familie bearbeitet ist und ihr Status auf »geduldet« geändert wird. Das erlaubt es ihnen erstmals, umzuziehen und sich eine eigene, unabhängige Existenz aufzubauen. Da ist Ali Can ein 15-jähriger Teenager. Die Familie zieht nach Mittelhessen. Die Eltern eröffnen einen Döner-Imbiss in Walzenborn-Steinberg.

Am 17. März 2016 fährt Ali Can zum ersten Mal allein nach Dresden. Er will sich in den Vororten umsehen und eine Pegida-Demo besuchen. Sein Umfeld warnt ihn: »Dir wird da was passieren, dir werden Nazis auflauern, hab dein Handy immer bei dir, willst du nicht, dass dich jemand begleitet?« Ali Can besorgt sich eine stich- und schusssichere Weste. Am Ende trägt er sie nicht, weil er sich kaum damit bewegen kann. Alles, was er dabeihat, sind ein kleiner Wanderrucksack und ein Peace-Zeichen. Als Glücksbringer. Auf der Fahrt nach Dresden steigt die Angst. Doch Ali

Can ist davon überzeugt, dass nur Begegnung und Dialog etwas gegen Rechtspopulismus und Menschenfeindlichkeit bewegen können.

Gleich wird er inmitten derer stehen, die sich dort zu tausenden treffen, um ihre Ängste und Engstirnigkeit in lauter Wut gegen eine »drohende Islamisierung« zu äußern. Es klingt ein wenig wie eine Mutprobe, was Ali Can da vorhat. Der Pegida-Demonstrationszug kommt an. Hunderte brüllen: »Abschieben! Abschieben!« Der Marktplatz in Dresden füllt sich immer mehr. Ali Can hat Angst. Es gibt in den Monaten zuvor bereits mehrfach gewalttätige Übergriffe auf Journalist*innen und Politiker*innen. Ali Can ist nun umzingelt von Leuten, die glauben, Menschen wie er seien die größte Bedrohung überhaupt. Hier auf der Pegida-Demonstration will Ali Can nun Interviews sammeln. Er packt seine Kamera und das Mikrofon aus. Aber davor haben viele Menschen hier noch mehr Angst als vor »dem Islam«. Er spürt die Abneigung, niemand möchte mit ihm sprechen. Ali Can packt die Technik wieder in seinen Rucksack. Nachdem die Leute die deutsche Nationalhymne skandieren, warnt ein Redner davor, dass es das anstehende Osterfest nicht mehr lange geben werde, wenn die Islamisierung weiter fortschreite. Ali Can steht immer noch mitten in der applaudierenden Menge.

Während der rechte Mob versucht, seine Furcht vor weniger Ostern wegzuklatschen, denkt Ali Can an Schokolade. Das tut er oft. Er kramt in seinem Rucksack. Mehrere Personen gehen einen Schritt zurück und beobachten den türkisch aussehenden jungen Mann argwöhnisch. Ali Can spürt ihre Blicke, wird selbst nervös. Endlich zieht er hervor, was er gesucht hat: einen Schoko-Osterhasen. Den hat er als Proviant dabei. Eine Frau, die ihn vermutlich gerade noch als potenziellen Attentäter eingestuft hat, lächelt. Ali Can registriert das und schenkt dem Schokotier das Leben. Er hält den Osterhasen nun gut sichtbar vor sich. Wie eine Art Schutzschild. Und was klingt, als stamme es aus der Feder politischer Satiriker*innen, funktioniert. Mit dem Schokohasen, den er nun auf Kopfhöhe neben sich trägt, kommt Ali Can sicher durch die Pegida-

Menge. Einige schauen irritiert, andere freundlich, einige sprechen ihn an.

Ali Can führt viele Gespräche an diesem Tag. Und an den weiteren. Er fährt häufig durch Sachsen. Ist in Dresden, aber auch in Leipzig, Hoyerswerda, Bautzen, Clausnitz: »Ich habe vorher recherchiert, wo es viele Neonazis geben soll oder welcher Ratskeller besonders konservativ ist. Und dann bin ich dahingefahren.«[20] Als er im Dezember 2016 wieder eine Pegida-Demonstration besucht, trägt Ali Can eine blinkende Weihnachtsmannmütze und einen Bauchladen voller kleiner Schoko-Osterhasen, die er gesprächseröffnend verteilt.

Ziel all dieser Begegnungen ist eine neue Atmosphäre gegenseitigen Zuhörens und Verstehens. Wie schwer das ist, wissen viele Menschen aus ihrem ganz privaten Alltag. Schließlich macht die zunehmende gesellschaftliche Polarisierung auch vor dem Arbeitsplatz, der Familie oder dem Freundeskreis nicht halt. So begegnen wir dort plötzlich und vermehrt radikalen Meinungen wie Verschwörungsmythen. Je nachdem, wie wir zu der jeweiligen Person stehen, versuchen wir einer Konfrontation aus dem Weg zu gehen. Das ist eine verständliche Reaktion, führt aber am Ende zu weniger Begegnung, weniger Austausch, weniger Verständnis und weniger Hoffnung auf Besserung. Im Gegenteil: Die Fronten verhärten sich, sobald sich jeder dorthin zurückzieht, wo seine Meinungen nicht mehr in Frage gestellt werden.

Barrierefreiheit

Die Autorin und Journalistin Dana Buchzik ist Expertin für Radikalisierung. Sie berät Menschen, in deren Familien und Freundeskreis sich Leute radikalisiert haben. Ihre Expertise beruht vor allem auf Fachwissen. Aber auch auf ihrer eigenen Geschichte und ihren persönlichen Erfahrungen. Dana Buchzik wächst in einer Sekte auf. Sie verbringt eine

Kindheit, die keine Kindheit ist: kein Urlaub, kein Schwimmverein, kein Fahrradfahren, keine Geburtstagsfeiern mit Freund*innen. Mehr noch: keine Freund*innen. Die Welt der »Ungläubigen« gilt als Feindesland. Verlässt Dana das Haus, wird ihr befohlen, die Augen zu Boden zu richten: Passant*innen könnten Dämonen sein, die ihr die Lebensenergie aussaugen.

Sie versteht nicht, warum ihre Eltern so absurde Dinge glauben. Und sie versteht noch viel weniger, warum die Zustände in einer Sekte, deren Anführer öffentlich die Demokratie verdammt, offenbar niemanden interessieren. Sie erfährt in der Schule von einer Institution namens Jugendamt, in einer Freistunde bittet sie dort um Hilfe. Der Mitarbeiter vom Jugendamt sagt, wenn sie zu Hause nicht verprügelt werde, könne

er nichts für sie tun. Er schickt sie weg. Den Weg aus der Sekte geht sie allein. Ihre wichtigsten Begleiter sind Bücher:

> »Ich bin kurz nach meinem Ausstieg auf die Autorin Jeanette Winterson gestoßen, die auch in einer Sekte groß geworden ist und die Worte voller Kraft und Schönheit dafür gefunden hat. Ich glaube, das war für mich tatsächlich der Moment, in dem ich mir das auch wünschte. Ich möchte gerne Worte finden für meine Geschichte, die anderen Leuten helfen können, die Menschen, die auch in einer radikalen Gruppe groß werden müssen, Mut machen und zeigen können: Du kannst da rauskommen. Auch wenn es dauert. Und du wirst nicht so schwer beschädigt sein, dass du danach nicht mehr glücklich sein kannst.«[21]

Dana Buchzik studiert, geht nach Berlin und arbeitet als Journalistin und Autorin. Nebenher verschlingt sie Fachbücher, journalistische Artikel, Dokumentationen. Sie will verstehen, wie radikalisierte Gruppen und Akteur*innen es schaffen, Menschen aus der Mehrheitsgesellschaft zu katapultieren – hinein in eine Welt, in der sie nicht mehr erreichbar sind.

Später steigt sie als Redaktionsleiterin bei der No-Hatespeech-Kampagne ein, die das öffentliche Bewusstsein für die Schäden schärfen will, die Hass im Netz anrichtet. Ihr wird immer mehr klar, dass es in Deutschland vor allem zwei Positionen zum Umgang mit radikalen Menschen gibt: ignorieren oder Gegenrede. Gelöst wird das Problem durch keine dieser Strategien. Inhaltliche Diskussionen oder Streitgespräche sind meist nur »Stellungskriege« der Meinungen und eben keine Begegnung, aus der etwas Produktives erwachsen kann.

Studien über Rassismus machen deutlich, »dass es nicht ausreicht, Menschen einfach zusammenzubringen, wie ja auch Schüler*innen nicht automatisch miteinander auskommen, nur weil sie im selben Klassenzimmer sitzen. Weit wichtiger ist es, eine Atmosphäre oder eine Situation herzustellen, in der Leute miteinander kooperieren können. Und im gemeinsamen Handeln spüren können, dass sie selbst und jeder von der Zusammenarbeit profitieren.«[22]

Die richtige Atmosphäre ist also eine der Voraussetzungen für eine wirkliche Begegnung. Eine andere ist die Situation. Niemand müsse überhaupt darüber sprechen, die »Barrieren in den Köpfen« senken zu wollen, »solange es noch so viele Barrieren außerhalb von Köpfen gibt, die Begegnungen verhindern«, betont Dana. »Ohne barrierefreie Räume wird es die nicht geben.« Immer noch stehen viele Menschen vor nicht vorhandenen Aufzügen, fehlenden Rampen, fehlenden Untertiteln, fehlender Gebärdensprache, bürokratischen Hürden, unerreichbaren Verkehrsmitteln oder fehlenden Rollstuhlplätzen im Kino oder Theater.

Während der Coronapandemie haben alle Menschen gemerkt, was es bedeutet, wenn Begegnungen nicht mehr möglich sind. Ohne die persönliche Begegnung gibt es weniger Empathie, weniger Verständnis, weniger Zuhören, weniger Miteinander.

Die Erzählung von den »Barrieren in den Köpfen« verstellt den Blick auf die Frage: Können wir uns überhaupt barrierefrei begegnen? Denn diejenigen, die das seit Jahren erzählen, sind vor allem Politiker*innen und Wohlfahrtsverbände, deren Lösungsvorschlag die Aufklärung nicht behinderter Menschen durch Broschüren, Plakate und Werbespots ist. Obendrauf gibt es ein Lotterielos fürs Gewissen: Du gewinnst ein Fertighaus, und das Kind mit Behinderung, das freut sich ganz doll. Warum noch mal? Ach, ja – weil durch das Geld von dir und den anderen Loskäufer*innen wiederum Broschüren, Plakate und Werbespots finanziert werden, die sagen: Wir müssen die Barrieren in den Köpfen senken. Viel mehr als den Kopf zu senken, fällt uns da auch nicht mehr ein. Wie wäre es denn, wenn wir den ganzen Inklusionszirkus mal pausieren lassen, bis wir tatsächlich für Begegnung sorgen? Jeder zehnte Mensch in Deutschland hat eine Behinderung. Statistisch gesehen müsste fast jeder Mensch ohne Behinderung jemanden mit Behinderung kennen.

Das ist nicht so, weil sie sich gar nicht begegnen. Die meisten sozialen Kontakte entstehen bei der Arbeit. Solange es nicht selbstverständlich ist, dass Menschen mit Behinderung den gleichen Zugang zum Arbeitsmarkt erhalten wie Menschen ohne Behinderung, ist dies also eine riesige Barriere, um nicht von Exklusion zu sprechen. Echte zwischenmenschliche Begegnungen entstehen, weil wir vielleicht eine gemeinsame Leidenschaft teilen, Hobbys, Interessen. Und dafür müssen wir eben Barrierefreiheit herstellen, sonst kann man sich nicht begegnen.

Wollen wir eine offene und zugängliche Gesellschaft, müssen wir raus aus unseren Meinungsräumen, raus aus unseren engsten Kreisen, aus digitalen Blasen, in denen nur unsere eigenen Ansichten wiederholt werden. Gerade die Anonymität zunehmend digitaler Begegnungen fördert die Idee von mehr analoger Begegnung. Es sind analoge Orte der Kultur und Bildung, die wir brauchen, weil sie Austausch ermöglichen. Man spricht hier von »dritten Orten«, die als Ausgleich zu Familie und Beruf dienen. Sie fehlen gerade in ländlichen Regionen, wo die passende Infrastruktur wie Gasthöfe, Geschäfte, Dorfläden, Bäckereien, Bahnhöfe oder die Post verschwinden. Durch den sogenannten Donut-Effekt verlieren selbst Kleinstädte ihren Kern, weil die Menschen zum Einkaufen den Discounter am Stadtrand nutzen, das Banking längst online läuft und Bahnhof wie Post längst weggespart wurden. Wo also kommen die Menschen noch zusammen? Wo tauschen sie sich aus? Wo läuft der gute alte Dorffunk? Die Bevölkerung auf dem Land besteht zunehmend aus alten Menschen, was naturgemäß noch weniger Bewegung bedeutet. Alle bleiben für sich. Vereinsleben oder Beteiligung in der Kommunalpolitik leiden ebenso wie alle anderen Formen gesellschaftlichen Engagements. Auch Unternehmer und Aktivist Waldemar Zeiler glaubt, dass es das Dorfleben ist, das unserer Gesellschaft fehlt: »Für mich ist das Dorf ein Testlabor für eine perfekte Gesellschaft, die wir noch erlernen müssen, von der wir noch nicht wissen, wie sie geht. Der Unterschied zwischen Stadt und Land könnte diesen Austausch gewährleisten. Wir haben gerade wegen Corona eine Stadtflucht. Und wir denken über Konzepte nach, wie man sich vielleicht im Dorf begegnen kann. Ich meine keine neuen elitären Hipster-Dörfer, sondern wirklich einfach ein Dorf in Brandenburg mit einer vielleicht auch etwas älteren Bevölkerung, in dem man sich mit seiner Familie niederlässt. [...] Wir brauchen viel mehr Bezug zur Natur, regenerative Landwirtschaft und eben den Austausch mit Menschen – da sehe ich sehr viel Potenzial. Wenn jetzt viele, spätestens nach Corona, versuchen, irgendwie aufs Land zu kommen, könnte das ein großartiges Labor werden, in dem wir ganz viele Dörfer schaffen, in denen sich Menschen wieder begegnen, die vielleicht auch aus anderen Bubbles kommen.«[23]

Und Waldemar Zeiler hat recht: Nur durch Zuzug, Bewegung und gesellschaftliche Durchmischung bleiben Dörfer am Leben. Der Erziehungswissenschaftler Hermann Abs ist Beirat des Projekts »Miteinander reden«, das politische Bildung im ländlichen Raum fördert. Er ist davon überzeugt: »Ein demokratischer Staat, ein Dorf und ein Gespräch bestehen nur so lange, wie wir sie immer neu hervorbringen.«[24]

Gerade wenn alles immer mehr auf Flexibilität und Freiheit ausgerichtet wird, braucht es klassische Netzwerke der Unterstützung wie die Familie, aber eben auch traditionelle Orte der Begegnung wie Vereine, Kirchen, Feste, Parteien, Gruppen oder Initiativen. Diese Angebote müssen nicht nur niedrigschwellig, sondern eben in jeglichem Sinne barrierefrei sein.

Waldemar Zeiler schaut auch selbstkritisch auf diese gesellschaftliche Entwicklung: »Wir haben uns sehr entfremdet, sehr entkoppelt, sind auf so einem Plateau angelangt, wo wir langsam merken: Fuck, das ist es auch nicht. Ist das irgendwie lebenswert, jetzt nur vor dem Bildschirm zu sitzen? Und obwohl Corona es uns extrem schwer gemacht hat, wird es mehr in diese Richtung gehen, hin zu qualitativen empathischen Begegnungen. Wir müssen viel mehr lernen, in den Schuhen des anderen zu gehen.«[25]

Der Hass auf das vermeintlich Fremde ist bekanntlich vor allem dort groß, wo es kaum Menschen gibt, die als »Fremde« wahrgenommen werden könnten.[26]

Es gibt wenig Gelegenheit, sich kennenzulernen, Vorurteile abzubauen, weniger zu fremdeln. Oder aber das Konstrukt im eher kleinen Geiste ist bereits so verbaut, dass es schon die Bereitschaft zur friedlichen Begegnung verhindert. Die Erfahrungen von Demokratiemissionar und Begegnungsaktivist Shai Hoffmann bestätigen das: »Ich habe ganz lange gedacht, dass ich eigentlich versuchen sollte, jede Brücke zu bauen, zu jedem Menschen. Ich war mit mittlerweile fünf Busprojekten in Deutschland unterwegs. Und jetzt denke ich: Es gibt einfach Menschen mit einem fest geschlossenen Weltbild, die erreichst du nicht. Und dennoch mühsam Stein für Stein so eine Brücke zu bauen, um vielleicht doch noch irgendwas in Bewegung zu bekommen, das ist, glaube ich, vertane Mühe.«[27]

Also was sollen wir tun? Für mehr Begegnung sorgen. Selbst wenn es Grenzen gibt, hinter denen es keinen Sinn mehr macht. Und wie sorgen wir für diese Begegnungen? Klar, wir fangen bei uns selbst an, sind offen, gehen auf andere zu, verlassen unsere kommunikativen Komfortzonen, wo unsere Meinungen auf wenig Widerstände stoßen. Und darüber hinaus? Ist Begegnung auch ein politisches Thema?

»Ja, wir müssen durch Bildung für Begegnung und Empathie sorgen. Das sind Fächer, die wir eigentlich in der Schule brauchen«, fordert Shai Hoffmann unermüdlich.[28] Wer früher sensibilisiert wird, wird wahrscheinlicher Teil von Begegnung. Eine noch grundlegendere Voraussetzung sind öffentliche Räume: Wie gestalten wir Orte, an denen sich Menschen begegnen können? Wir brauchen Straßen, Parks und Plätze, die ausreichend Raum für alle bieten: also Fußgänger*innen, Menschen im Rollstuhl, Fahrradfahrer*innen – Leute, die verweilen wollen, und Leute, die es eilig haben. Dazu gehören auch Schulen, Universitäten und andere öffentliche Bildungseinrichtungen. Aber auch Sportanlagen, Theater, Konzerthäuser, öffentliche Verkehrsmittel und noch viele andere Orte, an denen sich Menschen austauschen, streiten, einigen, inspirieren, kennenlernen und begegnen können. Wer jüngere Kinder auf Spielplätzen beobachtet, kann viel darüber lernen, wie natürliche Begegnungen zwischen Menschen stattfinden: Sie beobachten sich, sie nähern sich an, und je nachdem, ob sie sich riechen können, entwickelt sich daraus ein Spiel. Viele Tiere verhalten sich ähnlich. Voraussetzung ist ein vorurteilsfreies Aufeinanderzugehen. Klingt kitschig und banal? Wir empfehlen hier bei nächster Gelegenheit den ehrlichen Selbsttest.

Doch wie entwickeln wir Stadtraum so, dass er diese Begegnungsöffentlichkeit zulässt? Es beginnt bei Banalitäten wie Sitzgelegenheiten. Es geht aber auch um die Attraktivität, die Natur, den Platz – all das sind städtebauliche, also politische Entscheidungen. Es lohnt sich also bei der nächsten Wahlentscheidung, gerade im kommunalen Bereich, zu fragen: Wer will welche Stadtentwicklung? Bedeuten sozial gerechte Städte einfach nur: bauen, bauen, bauen? Es ist sehr kurz gedacht, zu glauben, gegen hohe Mieten helfe nur schnelles, billiges Zubauen der Städte. Jede empirische Forschung[29] in diesem Bereich zeigt: Je enger Menschen zusammenwohnen müssen, desto größer die sozialen und zwischenmenschlichen Probleme. Ist eine soziale Stadt nicht eine, die lebenswert ist, die öffentliche Räume bereitstellt, die nicht nur den Menschen, sondern auch der Natur Platz bietet? Ein Beispiel dafür ist die Debatte um eine Bebauung des Tempelhofer Felds in Berlin, der großen Freifläche des ehemaligen Flughafens, mit betonierten Landebahnen zwischen einfachen Wiesen. Die Entscheidung fällt 2014 per Volksabstimmung. Während die SPD in Berlin mit querfinanzierten Werbekampagnen dafür kämpft, hier Wohnungen bauen zu dürfen, werden mehrere Initiativen von Bürger*innen aktiv, um für den Erhalt dieses öffentlichen Raumes zu kämpfen. Mit Erfolg. Statt privat und unzugänglich zugebaut ist das große Feld heute eine der beliebtesten und belebtesten öffentlichen Flächen in Berlin, mit ungewöhnlich viel Platz, Luft und Begegnung.

Es gibt Stimmen, die sagen: Die Begegnungen von fremden Menschen in der Öffentlichkeit seien, wenn überhaupt, flüchtig und geprägt von Distanzierung und Gleichgültigkeit.[30] Die Planung von öffentlichen Räumen als Orten der Begegnung sei deshalb eine romantisierte Vorstellung. Zudem trügen diese Begegnungen dazu bei, Vorurteile zu verstärken. Der Soziologe Pierre Bourdieu bringt es in seinen Analysen immer wieder entlarvend auf den Punkt: »Tatsächlich steht einem nichts ferner und ist nichts weniger tolerierbar als Menschen, die sozial fern stehen, aber mit denen man in räumlichen Kontakt kommt.«[31]

Es lässt sich daraus erkennen, dass es nicht einfach damit getan ist, den Platz anzubieten, und dann laufen soziale Inklusion, Austausch und positive Begegnung von allein. Zu resignieren und auf soziales Miteinander zu verzichten, klingt aber nach keiner guten Alternative.

Ali Can macht es zu seiner Mission, als Aktivist für mehr Begegnung zu sorgen. Also schafft er dafür Räume und gründet das VielRespekt-Zentrum: »In dieser Begegnungsstätte kannst du Menschen mit unterschiedlichsten Hintergründen begegnen, dich einfach ausruhen, in einem Studio Videos aufnehmen, dich in einen stillen Raum setzen, lesen oder auch beten. Die Leute sind eingeladen, verschiedene Angebote einfach ohne Anmeldung offen und kostenlos zu nutzen. Außerdem gibt es einmal im Monat die Möglichkeit, in einer großen Runde zusammenzukommen und sich bei den Vereinen zu engagieren, die im Haus die Seminarräume nutzen.«[32]

Wir stellen uns kurz vor, es gäbe noch viel mehr Menschen wie Ali Can oder Shai Hoffmann. Menschen, die alles daransetzen, für Begegnungen zu sorgen. Menschen, die mit Bussen durchs Land fahren, Stühle und Tische in Plattenbausiedlungen und auf Marktplätzen aufbauen, die anderen Menschen zuhören und mit ihnen diskutieren. Das ist eine sehr konstruktive Form von Aktivismus. Ein Aktivismus, der ein Problem ausgemacht hat und bearbeitet. Er ersetzt nicht den politischen Druck, die Forderung nach mehr Begegnung durch bessere Sozialpolitik und eine soziale Stadtentwicklung – doch jeder Mensch, der aufgrund dieser Gespräche mit Shai Hoffmann oder Ali Can seine Positionen überdenkt, stärker auf andere zugeht, wieder offener wird, zu mehr Verständnis fähig ist und am Ende nicht die AfD wählt, rechtfertigt den Einsatz und macht diesen Aktivismus konstruktiv.

Und wenn wir es schaffen können, potenzielle AfD-Wähler*innen von einer extremen Wahlentscheidung abzuhalten, dann geht das vielleicht auch mit anderen Menschen, deren Meinungen, Handlungen und Haltungen uns extrem erscheinen. Sind die einfach und naheliegend wirkenden Mittel der Begegnung und des Gesprächs Werkzeuge eines konstruktiven Aktivismus?

Für Shai Hoffmann sind das nur die Anfänge. Aber genau die braucht es, um dann die größeren Hebel zu bewegen: »Wir können auf globaler Ebene nur etwas bewirken, wenn wir ins Gespräch mit den großen Konzernen gehen. Hier reicht es nicht, nur mit ihnen zu sprechen, sondern wir müssen sie – falls nötig, durch staatliche Eingriffe – aktiv dazu bringen, ihre kulturellen Werte sowie ihr Arbeitsethos zu hinterfragen und auch zu verändern. Und wir müssen laut sein und mit dem Finger darauf zeigen, wenn wieder was nicht gut läuft.«[33]

MA

CHT.

»Das war für mich immer der Inbegriff von politischer Schönheit: im Zweifel gegen seine Partei, im Zweifel gegen einen Shitstorm, im Zweifel gegen alle anderen den Mut zu haben, politisch schön zu handeln, also das Richtige zu tun.«[1]

Cesy Leonard

Einer, der den Mächtigen auf die Finger schaut, ist Marcus Vetter. Der Dokumentarfilmer hat sich für das Jahr 2019 viel vorgenommen. Er will erstmals hinter die Fassaden eines der bestgesicherten Treffen der Welt blicken: des Weltwirtschaftsforums in Davos. Er erzählt uns zwei Jahre später von den Dreharbeiten und den Gesprächen. Die Menschen erscheinen ihm dort allesamt stromlinienförmig und karrierefixiert. Die Ursprungsidee des Forums sei aber doch, mit den Eliten der Welt die Probleme der Welt zu lösen. Für Vetter ist dieses Ziel zum Scheitern verurteilt, denn es herrsche dort eine Konformität, die es nicht mehr zulasse, radikal zu denken.

Es sind rund 350 Meter von der Straßenbahnstation Heemstedestraat in Amsterdam zum Bürogebäude in der Ottho Heldringstraat 5. Hier könnte auch eine Versicherung oder Gewerkschaft sitzen, so unspektakulär wirkt das Gemäuer. Es hängen keine Transparente aus den Fenstern, nicht einmal Fahnen wehen vor dem Eingang. Es ist der Sitz von

Greenpeace International, einer der größten und bekanntesten NGOs der Welt. Hier arbeitet auch ihre Geschäftsführerin Jennifer Morgan. Im Film von Marcus Vetter sehen wir, wie sie mit ihren Kolleg*innen in einem Konferenzraum im Erdgeschoss sitzt und diskutiert. Draußen brettert ein Schnellzug vorbei. Neben Jennifer Morgan sitzt und spricht Mike Townsley, seit Jahren Kommunikationschef von Greenpeace International: »Warum zur Hölle fahren wir nach Davos? Der Ort, wo sich all die Bösen treffen? Wir investieren viel Zeit und Geld, um mit den Bösen zu kommunizieren. Wir senden Schiffe, klettern ihre Gebäude hoch, aber seien wir ehrlich: Ohne diese Leute können wir nichts bewirken. Die Teilnehmer von Davos gehören zu den wichtigsten Führungspersönlichkeiten unseres Planeten. Sie sind die letzte Generation von Entscheidungsträgern, die den Kurs noch ändern und eine Klimakatastrophe verhindern können. Deshalb sind wir auf sie angewiesen. Niemand ist unser ewiger Freund oder Feind. Uns bleibt nichts übrig, als Freundschaft mit ihnen zu schließen. Auch wenn uns das noch so unangenehm ist.«[2]

Organisationen wie Greenpeace sind längst fester Bestandteil solcher Prozesse. Sie verhandeln mit Diplomat*innen, Regierungen, Unternehmen. Sie sind keine Aktivist*innen außerhalb, sondern innerhalb des Systems. Die Frage ist, wie viel sie dort bewegen können – und was schwerer wiegt: sich »mit all den Bösen«, wie Kommunikationschef Mike Townsley sagt, einzulassen oder es unversucht zu lassen, die Hebel der Macht zumindest aus der Nähe zu sehen? Auch wenn wir die moralische Komponente außen vor lassen, bleibt die Frage, was für die eigenen Anliegen besser funktioniert. Und was ist eigentlich die Rolle von Greenpeace im System? Erwartet ein junger Mensch, der zu Greenpeace geht, nicht oppositionelle, außerparlamentarische und aktivistische Arbeit?

Wir fragen Lisa Göldner. Sie ist Klimaschutzaktivistin und bei Greenpeace in Hamburg als Kampaignerin angestellt. Sie plant Aktionen und Kampagnen, entwickelt Strategien und vertritt außerdem die Organisation nach außen: »Die Menschen, die sich bei Greenpeace engagieren, die mit uns auf die Straße gehen, sich irgendwo abseilen oder Schlauchboot fahren, sind Ehrenamtliche. Das sind Menschen, die sich in ihrer Freizeit und mit sehr hohem Engagement für Greenpeace und für die Sache engagieren. Daneben gibt es diejenigen, die bei Greenpeace fest angestellt sind, die die Kampagnen entwickeln, die Pressearbeit betreuen und die Arbeit mit unseren vielen Ehrenamtlichen koordinieren.«[3] Es kann also durchaus sein, dass der junge Bewerber an einem Schreibtisch in einem unscheinbaren Bürogebäude landet und Gesprächsvorlagen für seine Vorgesetzten erarbeitet, die dann in deren kurzen Audienzen bei Politiker*innen oder deren Mitarbeiter*innen abprallen. Im Miteinander von festen und den ehrenamtlichen Mitarbeiter*innen sieht Lisa Göldner kein Problem: »Ich glaube nicht, dass alle Greenpeace-Aktivist*innen auch gerne bei Greenpeace angestellt wären. Als Kampaignerin sitze ich viel am Schreibtisch und habe viele Planungstreffen. Das hat auch seine weniger aufregenden Seiten. Für viele Leute ist das ehrenamtliche Engagement, in der Aktion zu sein, genau das Richtige. Die Aufgaben von Ehrenamtlichen und Festangestellten sind bei Greenpeace klar getrennt. Eine Aktivistin, die sich zum Beispiel gerade vom Kühlturm eines Kohlekraftwerks abseilt, die soll sich ganz auf die Aktion konzentrieren. Die muss nicht auch noch die Presseerklärung verschicken oder sich darüber Gedanken machen, was es nach der Aktion zu essen gibt.«[4]

Nun gibt es in einer NGO mit einem Jahresumsatz von mehr als 340 Millionen Euro und rund 2400 Mitarbeiter*innen nicht nur einen beruflichen Weg. Zu den Menschen, die bei Greenpeace angestellt sind, kommen offiziell noch fast 50 000 Ehrenamtliche. Allein daran erkennen wir: Aktionen, Protest und Aktivismus sind elementarer Teil von Greenpeace. Auf ihnen basiert die Arbeit und vor allem die Reputation der Organisation. Dies löst jedoch nicht den Konflikt zwischen den eigenen Grundsätzen und dem Sich-vereinnahmen-Lassen durch Machthabende im politischen System.

Carola Rackete hat bereits selbst für Greenpeace gearbeitet, nennt sie »mittlerweile konservativ« und »nicht radikal genug« und erklärt: »Wenn du Teil dieser ganzen UN-Prozesse bist, eine Beobachterposition hast und in Gremien beraten darfst, wirst du in das System reingezogen und denkst: Wenn ich jetzt Protestaktionen mache, verliere ich vielleicht diesen Status wieder. Und deswegen braucht es jüngere Bewegungen, die nichts zu verlieren haben. Ich glaube, das ist ein ganz normaler Prozess.«[5]

Hier kommt es ganz auf die Perspektive an, aus der wir die Rolle von Greenpeace bewerten. Es ist nicht so, dass Greenpeace keine Aktionen mehr machen würde. Die Frage ist, ob diese immer noch die richtige Aufmerksamkeit generieren. Haben sich die Machthabenden nicht längst an den Protest der Greenpeace-Aktivist*innen gewöhnt? Auch Lisa Göldner kennt dieses Problem: »Es ist schon eine Herausforderung für die Bewegung, unberechenbar zu bleiben. Man darf sich nicht an unseren Protest gewöhnen. Dass vor jeder Klimakonferenz eine große Demo stattfindet, dass bei Hauptversammlungen großer Konzerne Aktivist*innen sprechen: Das kann sich abnutzen und erzeugt irgendwann nicht mehr den notwendigen Druck. Wir wollen ja mit unseren Aktivitäten und unserem Protest wachrütteln und zeigen: Hier passiert etwas richtig Krasses, schaut da alle hin!«[6]

Das Prinzip einer klassischen Aktion von Greenpeace: Aktivist*innen besetzen einen Ort, der das jeweilige Anliegen negativ symbolisiert, zum Beispiel die Fleischfabrik Tönnies in Rheda-Wiedenbrück, und befestigen dort große Transparente mit einer Forderung oder einem Urteil. Diese Aktionen sollen dabei möglichst spektakulär sein, um entsprechende Bilder für die mediale Berichterstattung zu produzieren. Deshalb landen Greenpeace-Aktionen regelmäßig in der *Tagesschau* und anderen populären Nachrichtenformaten.

Aktionskünstlerin Cesy Leonard spricht mit uns über diese »Bildgewalt«, die »oft von Greenpeace genutzt« werde. Sie betont, dass die Menschen von Greenpeace »ganz klassische Aktivisten, aber keine ›Künstler‹ seien, sie aber dennoch künstlerische Mittel einsetzen«. Und sie schwärmt von einer gelben Sonne rund um die Siegessäule herum – »Sonne statt Kohle« –, »das war ein einfaches, aber sehr wirkungsvolles Bild, das sie geschaffen haben«[7].

Doch bei diesen klassischen Greenpeace-Aktionen geht es nicht nur darum, Bilder für Nachrichten zu produzieren. Inhaltlich steht dahinter der Gedanke, Zeugnis abzulegen, also öffentlich festzuhalten und laut zu bezeugen: Hier geschieht Unrecht. Damit erfüllen die Aktivist*innen eine elementare Aufgabe innerhalb der Gewaltenteilung: Das Beobachten und Feststellen von Unrecht sind Aufgaben der exekutiven Staatsgewalt, also beispielsweise Ermittlungsbehörden. Längst hat man diese Aufgabe auch schon Medien, zum Beispiel investigativen Journalisten, zugesprochen. Auch deshalb sprechen wir bei Medien von der vierten Gewalt neben Exekutive, Judikative und Legislative. Um die Rolle von sogenannten Nichtregierungsorganisationen, Lobbyist*innen, Gewerkschaften, aber eben auch Aktivist*innen festzuhalten, werden sie in diesen Modellen inzwischen als fünfte Gewalt aufgeführt. Das suggeriert Macht. Es gibt jedoch riesige Unterschiede zwischen dem Einfluss von Lobbyist*innen und dem von Aktivist*innen. Selbst zwischen Gewerkschaften und Aktivist*innen. Während Lobbygruppen meist mit viel Geld und im Auftrag von Unternehmen sehr direkten Einfluss auf machthabende Politiker*innen nehmen, sind die Mittel und Wege der meisten Aktivist*innen hier begrenzt: Ihre Spielfelder sind nicht die Flure der Regierungsgebäude, sie liegen außerhalb, auf den Straßen. Aber was ist dann mit den großen NGOs wie Greenpeace, die doch ganz offensichtlich an den Tischen der politischen Eliten und auf deren Gipfeltreffen Platz nehmen?

Lobbyismus

Ist der Unterschied zwischen Aktivismus und Lobbyismus vielleicht gar nicht so groß? Autorin und Aktivistin Margarete Stokowski befasst sich in ihren Texten immer wieder mit beidem: »Lobbyismus ist ja im Grunde auch nur Aktivismus, bei dem es aber mehr Geld gibt, oder? Ich würde das als den Unterschied sehen.«[8]

Einer, der sowohl den Aktivismus als auch den Lobbyismus aus verschiedenen Richtungen kennt, ist der ehemalige Bundestagsabgeordnete und heutige Aktivist Gerhard Schick. In beiden Rollen hat er sehr viel mit mächtigen Lobbyist*innen der Finanzbranche zu tun. Neben den finanziellen Ressourcen sieht Gerhard Schick einen wesentlichen Unterschied in der Glaubwürdigkeit und der persönlichen Überzeugung: »Meiner Erfahrung nach sind da ganz viele Leute [im Lobbyismus] nur so halb überzeugt. Aber das Geld ist so attraktiv, dass man sich da auch für Interessen einspannen lässt, die man vielleicht selbst gar nicht wirklich überzeugend findet.«[9]

Im Lobbyismus werden Menschen dafür bezahlt, die Interessen anderer zu vertreten. Das ist im Aktivismus nicht so. Selbst wenn ich als Aktivist*in die Interessen anderer vertrete, geschieht dies immer aus meiner eigenen Überzeugung heraus; ich bin dann Stellvertreter*in, nicht Angestellte*r, die heute diese und morgen jene Interessen vertritt, nur weil man sie dafür bezahlt.

Ist das grundsätzlich moralisch verwerflich? Nein. Nur wenn sich Unternehmen auf diesem Weg politischen Einfluss kaufen können. Warum sollen große Konzerne mehr politischen Einfluss haben als Bürger*innen, die sich unbezahlt mit ihrer Zeit, Kraft und Überzeugung für eigene und die Interessen anderer einsetzen? Es ist ein Sieg des Kapitals über die Demokratie. Wenn sich Konzerne politischen Einfluss erkaufen, ist das nicht demokratisch. Auch Aktivist Shai Hoffmann sieht im Einfluss von Lobbyisten eine Gefahr für das System: »Politik ist immer gesäumt von

Kompromissen. Du musst sehen, dass du mit deiner Koalitionspartnerin irgendwie deine Ziele erreichst. Und wenn dann Interessen- und Lobbygruppen dazwischenfunken, dann funktioniert das nicht. Wir müssen den Politikbetrieb und die Strukturen hinterfragen: Wer legt eigentlich Gesetze vor? Sind das die Mandatsträger*innen? Oder sind es Lobbygruppen, die mit bestimmten Interessen in den Bundestag eindringen?«[10]

Schauen wir uns die Strukturen und Aktivitäten des Lobbyismus in Deutschland an, lässt sich diese Frage leicht beantworten: Ja, Lobbyisten beeinflussen tagtäglich Abgeordnete, nicht einmal mehr von außen, sondern längst als Teil des Systems, Teil der Prozesse, Teil des Hauses. Gerechtfertigt wird das alles mit dem Begriff »Interessenvertretung«. Theoretisch vertreten die gewählten Abgeordneten die Interessen ihrer Wähler*innen, und die Lobbyist*innen tun dies eben für die Wirtschaft. Es gibt zwar auch Lobbygruppen, deren Auftraggeber*innen nicht aus der Wirtschaft kommen, es sind jedoch weniger, und aufgrund geringer finanzieller Ressourcen sind sie auch weniger einflussreich. Zudem werden ökonomische Interessen oft versteckt verhandelt. Ein Beispiel ist der Verband der Privaten Krankenversicherung, der sich zwar als Interessenvertreter der privat krankenversicherten Menschen darstellt, letztlich aber nur die Interessen seiner Mitgliedsunternehmen vertritt: der größten Versicherungskonzerne. Und die haben seit Jahren vor allem ein wesentliches politisches Interesse: den Erhalt der privaten Krankenversicherung im deutschen Gesundheitssystem. Spätestens in Wahlkampfzeiten wird in Deutschland regelmäßig darüber diskutiert, ob nicht eine einheitliche gesetzliche Krankenversicherung für alle Bürger*innen besser wäre. Dass es dazu bisher nicht gekommen ist, liegt zu einem großen Teil am Einfluss der Lobbyisten aus dem Verband. Sie arbeiten jeden Tag daran, die Einnahmequelle derer am Leben zu halten, die sie bezahlen. Grundsätzlich ist diese Einflussnahme durch Lobbyist*innen rechtens: Mit dem Recht auf freie Meinungsäußerung oder auch mit dem Recht auf politische Partizipation ist dies durch die Verfassung geschützt. Aber nicht alles, was juristisch erlaubt ist, ist deshalb auch gut. Lobbyist*innen schreiben Parlamentsreden und journalistische Gastbeiträge für Abgeordnete, nehmen nicht nur inhaltlich Einfluss, sondern laden Politiker*innen in Restaurants oder gleich zu vermeintlichen Hintergrundgesprächen ins Luxus-Landresort ein. Spätestens hier ist dann die Grenze des theoretisch Erlaubten überschritten, die Grenze zwischen Interessenvertretung und alltäglicher Korruption. Abgeordnete dürfen sich bzw. ihr politisches Handeln nicht kaufen lassen. Aber passiert nicht genau dies, wenn sie andauernd hofiert werden und direkt nach Ende ihrer politischen Laufbahn Posten mit Höchstgehältern bei genau den Unternehmen erhalten, für deren Interessen sie kurz zuvor politisch aktiv gewesen sind? Hier liegt eines der größten Probleme des politischen

Systems in Deutschland und Europa. Der Einfluss der Lobbyist*innen ist der Einfluss des Kapitals, und das verhindert echte demokratische Politik. Nicht ohne Grund findet die Arbeit der mächtigen Lobbyist*innen größtenteils verdeckt und intransparent statt. Dabei ist aber Transparenz eine der wichtigsten Voraussetzungen der Demokratie. Denn verdeckte Einflussnahme und Manipulation sind nicht mehr rechtens, Korruption ist sogar strafbar. Aber der Einfluss des privatwirtschaftlichen Kapitals sucht sich an dieser Stelle andere Wege: Je höher die Budgets, desto höher die Ressourcen, also vor allem Personalausstattung, Werbung und Investitionen in Stiftungen oder Projekte, die wiederum zum politischen Umkreis oder zur Wähler*innenschaft der jeweiligen Abgeordneten bzw. ihrer Partei gehören. Im Gegenzug erhalten Lobbyverbände, mittlerweile aber auch einzelne Unternehmensvertreter*innen direkten Zugang zum Parlament. Wortwörtlich. Das wissen wir dank Organisationen wie Lobbycontrol oder Abgeordnetenwatch, die dafür sorgen, dass die Listen der Hausausweise des Bundestags veröffentlicht werden, also der Dauereintrittskarten, mit denen Abgeordnete anderen Menschen als Besucher*innen Zutritt zum Parlament verschaffen. Diese Listen zeigen nun, wie viele Unternehmensvertreter*innen tagtäglich auf den Fluren des Bundestags und seiner Nebengebäude unterwegs sind, um direkten persönlichen Einfluss auf Abgeordnete zu nehmen. »Zu den Profiteuren der Hausausweisvergabe über die Fraktionen zählen Unternehmen wie Airbus, Exxon und Evonik mit besonders vielen Ausweisen«, berichtet Lobbycontrol. »Ein freier Zugang zum Parlament kann bedeuten, näher dran zu sein an demokratischen Entscheidungsprozessen und damit auch besser Einfluss nehmen zu können. Hausausweise sollten daher nur solche Akteure erhalten, die Rechenschaft über ihre Lobbyarbeit ablegen. Ein verbindliches Lobbyregister würde alle Lobbyakteure dazu verpflichten, Angaben über ihre Budgets oder Auftraggeber zu machen.«[11]

Im europäischen Parlament liegt das höchste Budget mit etwa zwölf Millionen Euro pro Jahr beim Verband der europäischen Chemie-Industrie, dem European Chemical Industry Council. Zwölf Millionen Euro, um die Interessen der Chemiekonzerne im Europaparlament zu vertreten. Im Vergleich dazu liegen die jährlichen Mittel der Welthungerhilfe bei etwa 200 000 Euro.

In Berlin sind rund 6000 Lobbyist*innen tätig, im 19. Bundestag saßen 709 Abgeordnete. Demnach kommen rund neun Lobbyist*innen auf eine*n Abgeordnete*n. Man könnte fast zu dem Schluss kommen, die Interessen der Wirtschaft seien rund neunmal stärker vertreten als die der Bürger*innen. So einfach ist es natürlich nicht. Das wäre zu pauschal. Der Einfluss von Wirtschaftsinteressen ist in Berlin jedoch massiv und wird mit einer teilweise erschreckenden Selbstverständlichkeit gelebt. Es braucht starke Kräfte, die sich diesem mächtigen Lobbyismus entgegenstellen, die das System aufbrechen, in dem Lobbyist*innen und Politiker*innen wie Kolleg*innen arbeiten und somit die private Wirtschaft direkt am Gesetzgebungsprozess beteiligen. Neben dringenden strukturellen Änderungen kann dieser Widerstand auch aus dem Aktivismus kommen. Einem Aktivismus, der durch Lautstärke Aufmerksamkeit für Themen herstellt, sichtbaren öffentlichen Druck produziert und durch eigene Vorschläge konstruktiv Politik macht. Oder?

Davos

In der Ottho Heldringstraat in Amsterdam macht sich Jennifer Morgan, Geschäftsführerin von Greenpeace International, bereit für die Reise nach Davos. Es ist der 22. Januar 2019. In Stockholm sind es Greta und Svante Thunberg, die ihren Weg Richtung Schweiz antreten.

Greta schreibt auf Twitter: »Morning train to World Economic Forum in Davos. #wef«.

Es sind etwa 650 Meter Fußweg vom schwedischen Reichstagsgebäude zur Centralstation. Nach Davos sind es dann noch 1496 Kilometer. Mit der Bahn geht es über Kopenhagen, Hamburg und Zürich. Mehr als 24 Stunden dauert die Reise. Gretas Vater Svante ist immer dabei. In einem Interview mit der BBC erzählt er später einmal[12]: »Als Vater unterstütze ich sie in dem, was sie tut. Wenn das Fußballspielen, Balletttanz oder Klavierspiel oder was auch immer gewesen wäre, ich hätte sie unterstützt. Also wenn dies das ist, was sie machen will, dann soll das so sein. Dann mache ich das.«

Greta sitzt bei diesem Interview neben ihm im Hotelzimmer: »Du wünschst dir wahrscheinlich, ich hätte mich für Balletttanz oder so etwas entschieden.«

Svante nickt verlegen: »Ja, das tue ich.«

In Davos haben die beiden nicht einmal ein Hotelzimmer. Sie werden im Arctic Base Camp begrüßt, wo sie im Zelt bei -18 Grad übernachten werden. Es ist ein Projekt von Wissenschaftler*innen, die damit vor dem Klimawandel, insbesondere dem Verschwinden der Arktis, warnen wollen. Bei der offiziellen Begrüßung fragt eine der Wissenschaftlerinnen, warum Greta nach Davos gekommen sei.

Greta ist die Situation sichtlich unangenehm, umringt von anderen Teilnehmer*innen des Camps, des Forums und vor allem von Medienvertreter*innen[13]:

»Ich dachte, diese Gelegenheit sollte man nicht verpassen. Es ist eines der größten Treffen in der Welt. Und eine Chance, Dinge zu verändern … Ich weiß nicht.«

Die Frau hakt nach und fragt: »Greta, was willst du ändern?«

Greta stutzt kurz und sagt: »Alles.«

Die Menschen lachen, Greta blickt irritiert, fühlt sich offensichtlich nicht ernst genommen. Es ist sicher kein Auslachen, sondern ein verlegenes Lachen der Menschen hier im Camp. Sie glauben zu wissen, dass sich nicht alles verändern lässt. Sie glauben vielleicht, es sei naiv, was Greta sagt. Oder können einfach nicht mit ihrer knappen, direkten und ambitionierten Antwort umgehen. Doch Greta antwortet nur genau auf das, was sie gefragt wird: Was willst du verändern? Nicht etwa: Was, denkst du, kannst du hier verändern? Insofern ist ihre Antwort keineswegs naiv.

Wir wissen nicht, ob überhaupt jemand in Davos glaubt, hier etwas verändern zu können. Und die noch wichtigere Frage: Wie viele der rund 3000 Teilnehmer*innen wollen das überhaupt? Die Welt verändern, von deren Problemen doch vor allem sie selbst profitieren. Wer sind die Menschen, die nach Davos zum Forum kommen? Mehr als 75 Prozent davon sind Männer. Unter ihnen mehr als 50 Staats- und Regierungschefs. Und mehr als 100 Milliardäre. Sie lassen sich einladen, fliegen im Privatjet nach Zürich, kommen von dort im Helikopter nach Davos und machen dann untereinander sehr große Geschäfte. Nicht öffentlich, versteht sich. Es herrscht Hinterzimmeratmosphäre.

Finanziert wird das Weltwirtschaftsforum durch seine »strategischen Partner«. Und das sind ganz einfach die reichsten Unternehmen der Welt: Allianz, Bank of America, Credit Suisse, Facebook, Huawei, KPMG, Microsoft, Unilever, Volkswagen usw. Das Interesse, die Welt zu retten, Klima vor Kapital zu setzen, Wachstumswahnsinn zu beenden, es wird nicht größer oder nachhaltiger sein als das Hors d'œuvre auf den Tellern der zig abendlichen Willkommensdinner.

Die Idee für das Weltwirtschaftsforum hat vor über 50 Jahren der schwäbische Wirtschaftswissenschaftler Klaus Schwab. Er ist heute über

80 Jahre alt. Und noch immer der Gastgeber des Forums. Anfangs ist das Forum eher ein internationales Managementtreffen, inzwischen ein politischer Wirtschaftsgipfel mit 400 Vorträgen, Workshops und Pressekonferenzen.

Auch Jennifer Morgan von Greenpeace ist in Davos angekommen. Ihre Aufgabe: andere Davos-Gäste mit deren Verantwortung für Klimawandel und Umweltzerstörung zu konfrontieren. Die Sinnhaftigkeit darf ebenso bezweifelt werden wie der Neuigkeitswert für die Empfänger*innen.

In Marcus Vetters Dokumentarfilm *Das Forum* sehen wir Brasiliens rechtspopulistischen Präsidenten Jair Bolsonaro erstmals nach Davos kommen. Es ist ein Empfang im Vorraum des großen Saals. Es ist voll. Viele der prominenten Gäste stehen eng beisammen und betreiben Small Talk. Vetter filmt, wie einzig Bolsonaro allein am Rand steht. Er wirkt wie ein Teenager auf einer Party, auf der er niemanden kennt. Der Jugendliche steht vermutlich allein, weil niemand weiß, wer er ist. Bei Bolsonaro ist es genau umgekehrt. Schließlich geht der ehemalige US-Vizepräsident Al Gore, dessen Empathie selbst für Menschen wie Bolsonaro zu reichen scheint, auf ihn zu und versucht, ein Gespräch zu beginnen. Schon die Einleitung misslingt. Wir wünschen uns, Bolsonaros Dolmetscher würde die Situation retten. Es folgt der überraschend naive Versuch, den Brasilianer beim Small Talk davon zu überzeugen, doch bitte nicht den Amazonas-Regenwald zu zerstören. Das misslingt dermaßen, dass es sogar dem höflichen US-Amerikaner das aufgesetzte Lächeln vertreibt. Immerhin scheint Bolsonaro zu wissen, wer Al Gore ist. Denn er sagt nur: »Wir kennen Sie.« Klingt mehr nach klaren Fronten als nach Gespräch. Nach wenigen Sätzen, gequältem Lächeln, gefolgt von versteinerten Mienen auf beiden Seiten, dreht sich Al Gore wieder um. Fremdscham. Kurz durchatmen. Schon sehen wir, wie nun ausgerechnet Greenpeace-Geschäftsführerin Jennifer Morgan den brasilianischen Rechtsextremisten ins Visier nimmt. Der wischt sich den Schweiß von der Stirn. Er verarbeitet offenbar noch die Small-Talk-Attacke von Al Gore.

Bolsonaro wirkt stark irritiert. Offenbar hat man ihm vorher nicht genau gesagt, was ihn hier erwartet. Nun also die Greenpeace-Geschäftsführerin. Nein, das ist keine gute Idee, denken wir. »Stopp, lass das. Das hat keinen Sinn«, möchten wir ihr zurufen.

Zumindest Al Gore hätte ihr doch einen Hinweis geben können. Doch der ehemalige Vizepräsident ist schon in der dichten Menge aus Staatschef*innen, Milliardär*innen und anderen Gästen verschwunden. Jennifer Morgan von Greenpeace stellt sich jetzt dem brasilianischen Präsidenten vor. Wenigstens scheint es ihm unangenehm zu sein. Sie gibt ihm sogar ihre Visitenkarte. Dass es sowas in Davos noch gibt, überrascht irgendwie. Sehr höflich, aber entschieden teilt die Greenpeace-Abgesandte dem Klimawandelleugner Bolsonaro nun mit, dass sie sich über seine kürzlich geäußerte Bereitschaft freue, den Regenwald zu schützen. Bolsonaro starrt nur versteinert über sie hinweg. Als sie nun auch noch erwähnt, dass auch der Schutz der indigenen Völker wichtig sei, nickt er süffisant: »Ja, ist gut.« Small Talk beendet.

Der Eindruck verstärkt sich, dass die Lösungen fast noch weiter vom Schweizer Luxus-Skiort entfernt sind als die Probleme der Welt. Das Weltwirtschaftsforum scheint sich im Networking der großen Unternehmen und in der Eigendarstellung der Staatschef*innen auf einer noblen Bühne zu erschöpfen. Umso erfrischender ist es, wenn es andere Menschen schaffen, die Aufmerksamkeit der Weltöffentlichkeit in Davos kurz auf sich zu lenken. So wie Greta Thunberg. Oder Rutger Bregman. Der Niederländer ist Autor, Aktivist und Historiker. Sein Wortbeitrag auf dem Podium »Die Kosten der Ungleichheit« wird rund 1,7 Millionen Mal auf YouTube angesehen. Medien auf der ganzen Welt berichten darüber. Bregman formuliert hier deutlich, wo seiner Ansicht nach »das wirkliche Problem der Welt« liegt: »Steuervermeidung und Reiche, die nicht ihren fairen Beitrag leisten.« Rutger Bregman nimmt die Gelegenheit wahr, um die Absurdität des Weltwirtschaftsforums selbst auf den Punkt zu bringen: »Das ist mein erstes Mal in Davos. Und ich finde es ziemlich verblüffend, um ehrlich zu sein. Ich meine, 1500 Privatjets sind hierher geflogen, damit man hören kann, wie Sir David Attenborough darüber redet, wie wir den Planeten zerstören.«[14] Rutger Bregman wird im darauffolgenden Jahr nicht wieder nach Davos eingeladen. Das mag auch mit seinem Abschlussstatement zu tun haben: »Das ist alles keine Raketenwissenschaft. Ich meine, klar, wir können sehr lange über Barmherzigkeit sprechen. Wir können Bono noch einmal einladen. Aber kommen Sie schon, wir müssen über Steuern reden. Darum geht's. Steuern, Steuern, Steuern! Alles andere ist Mist.«[15]

Das Weltwirtschaftsforum erstreckt sich offiziell über vier Tage. Das Schweizer Dorf ist in dieser Zeit der vermutlich sicherste Ort der Welt. Zumindest, solange wir uns sicher fühlen, wenn auf jedem Dach Scharf-

schütz*innen liegen und die Luftraumüberwachung bis nach Österreich reicht. Und der Vorwurf der Perversität liegt nahe, wenn tausende der reichsten und mächtigsten Menschen der Welt erst jeweils mit dem Privatjet nach Zürich und von dort aus mit dem Hubschrauber nach Davos kommen, um hier in gehobenem Ambiente über Armut, Klimawandel und Gerechtigkeit zu sprechen. Wenn die einzig konkreten Ergebnisse am Ende dann neue Wirtschaftskooperationen sind, ist das vielleicht auch schon die ernüchternde Antwort auf die Frage nach der Sinnhaftigkeit.

Wir sprechen mit Luisa Neubauer, die 2020 selbst beim Weltwirtschaftsforum in Davos teilnimmt: »Es ist natürlich irgendwie absurd, auf diejenigen zu setzen, uns aus diesen großen Krisen herauszuholen, die uns reingebracht haben in die großen Krisen. Da kommen wir in ein dialektisches Dilemma. Das geht nicht ganz auf.«[16]

Auch Forumsgründer und Wirtschaftsprofessor Klaus Schwab sagt, »der Kapitalismus in seiner gegenwärtigen Form« passe »nicht mehr zur Welt um uns herum«[17], es brauche einen »Great Reset«, um durch eine gemeinsame Anstrengung der Welt alle Aspekte unserer Gesellschaft und Wirtschaft zu überholen.

Das sagt er allerdings seit 2010. Und man möchte ihm auf die Schulter tippen und zuflüstern: »Fangen Sie doch mal mit der Veränderung Ihres Forums an.« Schließlich fordert Schwab »die große Veränderung« und »neue Modelle«. Aber es wird schnell klar, dass er die Last der Veränderung, anders als beispielsweise Rutger Bregman, nicht bei den reichsten Menschen der Welt, sondern bei allen anderen sieht. Es gelte, die »in der Pandemie gezeigte Opferbereitschaft der Bevölkerung für dieses Ziel zu nutzen«. Immerhin tut er nicht so, als stünde er auf Seiten der Armen und Geknechteten.

Statt Menschen auf ihre »Opferbereitschaft« zu reduzieren, sollten sie besser an politischen Prozessen teilhaben: Warum nicht die Probleme der Welt mit denjenigen lösen, die am meisten von ihnen betroffen sind? »Oder wer wäre dazu bereit oder hat überhaupt Interesse daran, die wahren Probleme der Gesellschaft anzugehen?«, fragt Luisa Neubauer. »Das sind nicht diejenigen, die vom Status quo profitieren.«[18]

Ein Davos voller Menschen, die wissen, wie sich die Folgen des Klimawandels anfühlen, die wissen, wie es ist, in Armut zu leben, die wissen, was es bedeutet, diskriminiert zu werden. Dazu noch eine Hand voller Greta Thunbergs und Rutger Bregmans – klingt vielversprechender als das jährliche Privatjettreffen der oberen 3000. Aktivistin Cesy Leonard sieht ein Kompetenzdefizit bei den jetzigen Teilnehmer*innen des Forums und glaubt, »die Probleme der Welt lassen sich lösen. Wir brauchen aber keine eitlen Gockel, sondern Expert*innen, die das gemeinsam tun.«[19]

Machtkämpfe

Die Eintrittskarte nach Davos ist Macht. Für Politiker*innen, unabhängig davon, wie demokratisch legitimiert sie sind. Für Unternehmenschef*innen, unabhängig davon, wie sie ihr Geld machen. Die Hauptsache ist ihre enorme Macht. Und dort, wo es die gibt, findet sich auch immer die andere Seite: diejenigen, die keine Macht haben.

Natürlich ist nicht jede mächtige Person automatisch böse. Aber die Gefahr, es zu werden, ist besonders groß. Philipp Ruch nennt das in unserem Gespräch die »Dämonie der Macht« und meint ihren gefährlichen Einfluss auf die Menschen. Und da sehen wir im Schweizer Alpendorf im wahrsten Sinne des Wortes natürlich nur die Spitze des schmelzenden Eisbergs. Mächtiger wird's nicht mehr. Doch jenseits des sehr langen Weges zur Endhaltestelle Davos, den wiederum die wenigsten im Privatjet zurücklegen würden, werden die meisten von uns von der Macht gesteuert, statt umgekehrt mit ihr zu steuern. Macht verändert, lässt manche lügen oder zu Sadist*innen werden. Doch anders als Sprichwörter behaupten, zeigt sich damit nicht der wahre Charakter eines Menschen, sondern ein neuer. Mit der Macht kommt er in eine neue Situation und verhält sich entsprechend anders.

Diese Erkenntnis stammt von Philip Zimbardo, einst Professor an der US-amerikanischen Stanford University und Ikone der Psychologie der Macht. Sein »Gefängnis-Experiment« aus den 1970er Jahren ist weltberühmt, mehrfach verfilmt und bis heute kontrovers diskutiert. Dabei geht es Zimbardo darum, zu belegen, dass jeder Mensch gut oder böse sein kann, wenn man ihm nur die Möglichkeit dazu gibt.

Das Experiment führt Zimbardo mit 18 zufällig ausgewählten Studierenden im Keller eines Universitätsgebäudes durch: Die eine Hälfte wird zu Gefängniswärter*innen, die andere zu Gefangenen. Professor Zimbardo selbst übernimmt nicht nur die Rolle des Versuchsleiters, sondern auch die des Gefängnisdirektors, was ihm und dem Experiment heute starke Vorwürfe einbringt. Mittlerweile gesteht Zimbardo diese Rollenverteilung auch als Fehler ein. Während des Experiments sind die Studierenden entsprechend ihrer Funktion gekleidet, die Insassen erhalten Nummern statt Namen, mit denen sie angesprochen werden – die Wärter*innen tragen verspiegelte Sonnenbrillen, damit es keinen direkten Augenkontakt mit den Gefangenen gibt. Laut den Aufzeichnungen des Experiments verhält sich die Gruppe der Wärter*innen zunehmend unfairer und brutaler, ein Drittel von ihnen sogar gewalttätig, erniedrigend und sadistisch. Gefangene werden als unterwürfig, Wärter*innen als machtbesessen beschrieben. Bereits nach einem Tag eskaliert die Situation: Die Insassen blockieren die Türen ihrer Zellen, reißen sich die Nummern von der Kleidung und ignorieren die Anweisungen der Aufseher*innen. Die sprühen mit Feuerlöschern in die Zellen, ersticken nahezu wortwörtlich den Aufstand. Alles eskaliert in sadistischen Exzessen der Wärter*innen. Nach sechs Tagen bricht Professor Zimbardo das Experiment ab, nachdem es zu körperlichen Übergriffen kommt. Sogar bei ihm selbst werden Entgleisungen aufgrund der Machtsituation beobachtet, die er stoppt, als ihn eine Kollegin darauf aufmerksam macht.

Es ist allerdings nicht fair, die Arbeit von Philip Zimbardo auf dieses Experiment zu reduzieren. Zum einen räumt er selbst einige der Fehler ein, zum anderen forscht er noch mehrere Jahrzehnte weiter, u. a. in Kriegssituationen im Irak. Zimbardo bleibt bis heute bei seiner Aussage: »Macht verändert unweigerlich – zum Guten oder zum Schlechten.«[20]

Die Ergebnisse von Zimbardos Gefängnis-Experiment werden inzwischen von Teilen der psychologischen Forschung angezweifelt, zumindest können sie bei Wiederholungen nicht bestätigt werden. Weitestgehend einig sind sich die Wissenschaftler*innen jedoch darin, dass Macht die Menschen verändert. Sogar Machtmissbrauch als Folge von längerem Machtbesitz kann nachgewiesen werden.

Und dieser Missbrauch wirkt sich nicht nur auf die Opfer negativ aus, betont der Psychologieprofessor Wolfgang Scholl, sondern auch auf die Machthabenden selbst: Neben ihrer Mitmenschlichkeit verlieren sie noch weitaus mehr Fähigkeiten. Denn Macht eröffnet die Möglichkeit, nicht lernen zu müssen. Wer sie missbraucht, wird – sozusagen im Gegenzug – unwissend. Denn nichts zu lernen, bedeutet gerade im Kontext sich tagtäglich verändernder Sachverhalte, am Ende deutlich weniger gut dazustehen als andere. Für die Politik gilt: Nur wenn die Macht ständig durch Wahlen oder andere demokratische Prozesse legitimiert werden muss, werden Machtexzesse verhindert. Daraus ergibt sich die Gewaltenteilung, durch die sich die verschiedenen Instanzen des Staates gegenseitig kontrollieren.

Erst relativ junge Forschungen der kanadischen Psychologin Katherine DeCelles machen Hoffnung: Es gibt durchaus Menschen, die durch Macht empathischer werden, also mehr auf das Wohl anderer achten.

Doch ein Machtverhältnis ist nie ausgeglichen, da es immer eine mächtige Seite und eine beherrschte Seite gibt. Macht beschreibt immer ein Ungleichgewicht. Dabei ist sie nicht annähernd so klar definiert, wie es die Selbstverständlichkeit, mit der wir den Begriff benutzen, suggeriert. Mit ihm verbinden wir Durchsetzungsstärke, Herrschaft und Einfluss, aber eben auch Missbrauch, Wahn und Ohnmacht. Die Definitionen reichen von Machiavelli, dem zufolge Macht eine Tatsache sei, die nicht legitimiert werden müsse, über Max Weber, der sie als »Chance« beschreibt, den eigenen Willen durchsetzen zu können, bis hin zum französischen Philosophen Michel Foucault, nach dem das ganze Leben durch Machtbeziehungen bestimmt sei. Macht ist vor allem aus dem politischen Kontext bekannt. Hans Morgenthau (1904–1980), Politikwissenschaftler und Jurist, beschreibt die Politik als einen unaufhörlichen Kampf um die Macht: »Das unmittelbare Ziel ist stets die Macht.« Das gibt wenig Hoffnung auf eine Lösung unserer Probleme.

Eigentlich soll die Macht in der Demokratie vom Volk ausgehen. Und zwar vor allem, indem es seine Vertreter*innen, also Abgeordnete, wählt.

Jetzt dürfen wir zu Recht fragen: Reicht das aus? Nein, sagen viele. Es sollte mehr politische Mitbestimmung geben. Doch die fällt meist in die Kategorie »Pseudopartizipation«, Beteiligung als Verwaltungsvorschrift. Aktivist*innen hingegen sind Teil des Kampfes um Macht. Zum Beispiel um die Macht der Meinungshoheit. Umkämpft ist, was über ein Thema in der Öffentlichkeit gedacht und gesagt wird, die sogenannte öffentliche Meinung.

Mit Carola Rackete sprechen wir über die Machtkämpfe von Bewegungen. »Für uns als Zivilgesellschaft ist es schwierig«, sagt sie, »wir stehen gegen das System. Wir haben immer die schlechteren Ausgangskarten. Trotzdem haben es bestimmte Bewegungen, wie die Frauenrechtsbewegung, geschafft, sich Rechte zu erkämpfen. Es gibt viele Beispiele. Geschafft haben sie es aber auch nur, weil sie so breit und so groß geworden sind, dass die Mächtigen sich dieser Veränderung irgendwann nicht mehr erwehren konnten. Und die Veränderungen sind nicht an dem Tag gekommen, an dem Leute da lieb ihre Forderungen gestellt haben, sondern als diese so massiv geworden sind, dass die Menschen in Machtpositionen letztlich von ihrer Macht abgeben mussten. Und da müssen wir mit der Klima- und Umweltbewegung erst noch hinkommen.«[21]

Was wir beurteilen sollten, ist das Verhalten der Mächtigen. Wie handeln sie? Wie gehen sie mit ihrer Verantwortung um? Was tun sie, um die Probleme der Welt, die Probleme der Menschen zu lösen? Nähmen wir Davos als Beispiel, fiele die Antwort sehr ernüchternd aus. Filmemacher Marcus Vetter beobachtet hier Menschen, die aalglatt und vorsichtig agieren, absichtlich unkonkret bleiben. Es sind Eindrücke, die sich stets wiederholen, sobald Politiker*innen öffentlich auftreten, ob in Davos oder in einer Fernseh-Talkshow. Niemand möchte die eigene Karriere aufs Spiel setzen; die Angst vor dem nächsten Shitstorm scheint stärker als die Überzeugung, die richtigen Positionen zu vertreten und Probleme lösen zu müssen. Jedes falsche oder falsch verstandene Wort kann Stimmen bei der nächsten Wahl kosten, die Karriere verlangsamen oder stoppen. Das Verhalten gilt nicht für alle Menschen, die politisch verantwortlich sind – es ist vom Faktor Öffentlichkeit abhängig. Je größer die Öffentlichkeit, die Bekanntheit, desto dicker die schützende Floskelfassade. Ständig reagieren Zuschauer*innen, Moderator*innen oder nicht so prominente Gäste in Talkshows auf Politiker*innen mit der Aufforderung: »Werden Sie doch mal konkret.« Ironischerweise werfen sich das Machthabende in der Öffentlichkeit auch gern gegenseitig vor, um den Druck auf die angesprochene Person zu erhöhen und sich selbst auf die Seite der Ankläger*innen zu stellen. Das Unkonkrete, das Glatte, das Vorsichtige sind mittlerweile die wesentlichen Merkmale von Berufspolitiker*innen. Denn wer davon abweicht, ist verwundbar. Und mag die Wunde auch noch so klein sein: Im Haifischbecken bedeutet sie Gefahr. Die Bilder sind so alt wie einfach und beschreiben Medien, Öffentlichkeit und politische Gegner*innen. Es bleibt also der immer gleiche Floskelzirkus, meist mit öffentlich-rechtlichen TV-Dompteur*innen, die dann Politiker*innen über provokante Stöckchen hüpfen lassen.

Warum ist das ein Problem? Weil es sich oft keineswegs um rein verbale Fassaden handelt, sondern die politischen Handlungen selbst genauso vage, zögerlich, aufgeweicht und unentschlossen sind.

Doch Regieren bedeutet vor allem Entscheiden. Und wer sich nur windet, drückt sich vor der Verantwortung. Philipp Ruch vom Zentrum für Politische Schönheit wird deutlich: »Im Politikbetrieb gibt es immer diese große Angst, die einen enormen Anpassungsdruck erzeugt, das Falsche zu tun und das Falsche zu entscheiden. Da sind sehr viele Menschen unterwegs, denen es wirklich nur um die eigene Karriere geht. Es gibt dort nur wenige Freigeister. Meine Sorge ist tatsächlich, was die harte Politik angeht, sei es die Elite in Davos, aber auch im Bundestag, dass unsere Möglichkeitshorizonte immer enger werden. Und zwar durch Karrieristentum, durch Opportunismus, durch die schon beschriebenen Grundtriebkräfte des Menschen, die uns wirklich was versauen.«[22]

Wenn es Politiker*innen nicht mehr um die eigene Überzeugung geht, verkümmert Politik zu reinem Verhandeln und Taktieren. Selten fallen Politiker*innen auf, die wirklich und authentisch für ein Thema kämpfen. »Wenn du keine biografische Verstrickung mit einem Thema, für das du dann einstehst, mitbringst, dann bist du a) wahrscheinlich weniger glaubwürdig und b) einfach vielleicht auch nicht so intrinsisch motiviert und voller Power, da wirklich etwas dagegen zu tun«[23], analysiert Shai Hoffmann und erkennt darin den Unterschied zwischen den Aktivist*innen, die jeweils für *ihr* Thema kämpfen, und den Politiker*innen, auf deren Agenda *viele* Themen stehen. Denn nicht nur in sozialen Medien ist Authentizität zum zentralen Wert der Kommunikation geworden. Das Dilemma der Politiker*innen: Sie müssen ständig Kompromisse nach außen vertreten, hinter denen sie gar nicht stehen. Bleiben sie hier authentisch und zeigen, dass sie sich nicht hundertprozentig durchsetzen können, wirken sie schwach, nach innen und nach außen; versuchen sie die Sache jedoch als Erfolg zu verkaufen, wirken sie wenig authentisch und verlieren wertvolle Glaubwürdigkeit. Vor diesem Dilemma stehen Aktivist*innen nicht. Shai Hoffmann ist das bewusst: »Man identifiziert sich eher mit einem Aktivisten, der vielleicht nicht in diesen politischen Zwängen steckt, sondern freier ist und mit einer eigenen Geschichte kommt.«[24] Aktivist*innen haben alle inhaltlichen Freiheiten – weshalb viele den Weg ins Parlament meiden. Sie haben, was die Menschen bei ihren Volksvertreter*innen vermissen: die Freiheit, eine Sache überzeugt vertreten zu können.

Einst studiert Greenpeace-Aktivistin Lisa Göldner Politikwissenschaft und absolviert ein Praktikum bei der damaligen grünen Bundestagsabgeordneten Bärbel Höhn: »Ich habe viel gelernt, bin dann aber zu dem Schluss gekommen, dass es nichts für mich ist, in einem Abgeordnetenbüro zu arbeiten. Für eine Nichtregierungsorganisation zu arbeiten, passt besser zu mir. Ich schätze es sehr, dass Greenpeace so großen Wert auf finanzielle und politische Unabhängigkeit legt. Von der Union bis zu den Grünen: Wenn sie eine Politik machen, die nicht im Einklang mit dem Pariser Klimaabkommen ist oder aus wissenschaftlicher Sicht Quatsch ist, dann möchte ich das immer genau so deutlich sagen können.«[25]

So wie Lisa sehen es viele jüngere Menschen und wollen sich nicht in Parteien engagieren. Während sich 80 Prozent[26] der Jungen politisch beteiligen wollen, denken nur drei Prozent an ein Engagement in einer Partei. Das hat diverse Gründe. Fast drei Viertel (73 Prozent) von ihnen geben an, unzufrieden oder sogar sehr unzufrieden damit zu sein, wie die Politik Anliegen und Interessen junger Menschen berücksichtigt. Gerade bei jüngeren Aktivist*innen herrscht oft der Eindruck, dass die berühmten »Hebel der Macht« kaum zu bewegen sind. Langsamkeit und Schwerfälligkeit von politischen Prozessen und Entscheidungsträger*innen können jedoch erst recht zu Vertrauensverlusten und im schlechtesten Fall zu Radikalisierungen führen.

Für Aktivist*innen ist das gleich aus mehreren Gründen problematisch:

1. Der Eindruck des politischen Stillstands fördert Verdrossenheit bei Bürger*innen gegenüber Demokratie und Regierung. Sie sind für politische Themen insgesamt schwerer zu erreichen.
2. Bei den Aktivist*innen selbst macht sich Resignation breit, wenn sie über einen längeren Zeitraum den Eindruck haben, es verändere sich politisch gar nichts.
3. Ein großer Teil der politischen Arbeit bleibt am Ende bei den Aktivist*innen und den ehrenamtlich Engagierten hängen.

»Es ist eigentlich traurig, weil wir ja eine Arbeit machen, die Politiker*innen machen sollten, aber nicht so einfach tun können, weil die Mühlen dort langsamer mahlen und der Wille fehlt«[27], meint Ali Can. Der Blick auf machthabende Politiker*innen ist bei allen Aktivist*innen, mit denen wir gesprochen haben, differenziert bis verständnisvoll. Von allgemeiner Wut auf »die Politik« ist nichts zu spüren. Natürlich eint die Aktivist*innen, dass sie – vor allem in ihrem jeweiligen Thema – andere politische Entscheidungen, Handlungsweisen oder teilweise radikale Veränderung wollen, doch besteht auch ein grundsätzliches Verständnis, ja eine Empathie für diejenigen, die sich jeden Tag durch diese »Mühlen der Macht« quetschen.

Denn schließlich ist eine politische Karriere alles andere als einfach: Fast jede*r muss ganz unten anfangen. Es beginnt damit, sich für eine Partei zu entscheiden, um im nächsten Schritt in diese Partei einzutreten. Damit darf ich meist an kommunalen parteiinternen Veranstaltungen teilnehmen. Theoretisch kann ich mich nun in der Kommunalpolitik für erste Ämter bewerben. In solchen kommunalpolitischen Sitzungen wird meist über eher kleine politische Themen vor Ort verhandelt. Und zwar nach Feierabend. Schließlich sind hier keine Berufspolitiker*innen aktiv, sondern Menschen, die sich ihren Lebensunterhalt noch anders verdienen müssen.

Oft beginnen die politischen Karrieren bereits in den Jugendorganisationen der Parteien. Damit erziehen sie sich nicht nur den eigenen Nachwuchs, die Bindung zur Partei ist damit auch enger als bei Späteinsteiger*innen. Zu Recht darf bemängelt werden, dass ein Blick von außen, neue Ideen und Einblicke sowie gesellschaftliche und soziale Diversität dabei zu kurz kommen können. Es ist also davon auszugehen, dass jemand in einem landespolitischen Amt bereits seit der eigenen Jugend in der Partei aktiv ist.

Liegt der Unterschied zwischen Aktivismus und parlamentarischer Politik also einfach in der Radikalität? Tupoka Ogette widerspricht energisch: »Ich habe enormen Respekt vor Menschen wie Aminata Touré. Es gibt kaum Radikaleres und Revolutionäreres für mich, als wenn eine Schwarze junge Frau im Landtag steht und dort May Ayim zitiert. Das ist für mich ein Inbegriff von aktivistisch. Nur dass wir es nicht so nennen können, weil sie halt Politikerin ist. Und die Kämpfe, die sie tagtäglich durchficht in diesen Räumen: Nach außen wirken die natürlich superlangsam und sind es oft auch. Und frustrieren sie selbst. Natürlich gibt es ganz viele Politiker*innen, bei denen wir nur Lippenbekenntnisse erkennen. Aber ich verwehre mich gegen dieses ›Die und wir‹. Ich glaube: Wir sind überall. Nur dieses Wir hat unterschiedliche Wege.«[28]

Der Aktivismus ist der Berufspolitik natürlich nicht grundsätzlich moralisch überlegen. Wir erhalten diesen Eindruck, wenn wir uns auf die negativen Fälle konzentrieren. Und diese müssen weiterhin aufmerksam verfolgt werden. Auch das ist eine Aufgabe des Aktivismus. Und durch den Fingerzeig auf Korruption, auf schlechte Entscheidungen trotz besseren Wissens oder auf Politik, die unsere Zukunft gefährdet, begibt sich ein*e Aktivist*in unfreiwillig in eine Position der moralischen Überlegenheit. Sollten Aktivist*innen deshalb auf die kritische Beobachtung verzichten? Eben. Wichtig sind die Akzeptanz und der Respekt gegenüber den unterschiedlichen Rollen und Fähigkeiten. Und eine gesunde Selbstwahrnehmung: Die Rolle der Aktivist*in bedeutet weder positive noch negative Abgrenzung zu anderen. Gerade Aktivist*innen wissen, es sollte immer das Handeln sein, nach dem du beurteilt wirst. Du kannst also ein*e gute*r Aktivist*in sein, aber auch ein*e gute*r Politiker*in oder einfach ein guter Mensch. Das ist wiederum eine enorm wichtige Abgrenzung. Denn bei aller Gefahr, die von vermeintlicher moralischer Überlegenheit ausgeht: Die Moral ist ein wichtiger Kompass für unser Handeln. Wenn nicht sogar der wichtigste. Und daran erkennen wir am Ende Held*innen auf beiden Seiten, wie Aktivist*in Cesy Leonard uns erklärt: »Das war für mich immer der Inbegriff von politischer Schönheit: im Zweifel gegen seine Partei, im Zweifel gegen einen Shitstorm, im Zweifel gegen alle anderen den Mut zu haben, politisch schön zu handeln, also das Richtige zu tun.«[29]

Carola Rackete gilt als radikale Aktivistin. Sie fordert ein neues System und sagt deutlich, dass keine der aktuell im Bundestag vertretenen Parteien eine wirkliche Veränderung fordere. Doch auch Carola zeigt sich in unserem Gespräch empathisch gegenüber Machthabenden: »Ich denke, manche Leute stellen es sich zu einfach vor. Wäre ich jetzt Bundeskanzlerin, könnte ich auch nicht einfach das System verändern. Auch sie ist ja nur ein Baustein im System des Parlamentarismus, der Lobby, ihrer Parteipolitik. Auch eine Person, die eine höhere Machtposition innerhalb des Systems hat, kommt an die Grenzen ihrer Macht.«[30]

Wir fragen uns, was »Macht« hier eigentlich konkret bedeutet. Ist es die Macht, Gesetze beschließen zu können? Ist es die Macht, politische Entscheidungen zu treffen? Reicht diese institutionelle Macht überhaupt noch aus, um wirklich etwas zu verändern? In unserer Zeit liegt die Macht vor allem in den Händen von Unternehmen und Unternehmer*innen, weil sie entscheiden, wie ihr Geld investiert wird. Es gibt nicht wenige, auch unter den Aktivist*innen, die an diesem Punkt grundsätzlich resignieren und sagen: Wer das Kapital hat, hat die Macht. Und solange das so ist, wird sich nichts ändern. Es regieren Profitgier, Wachstumslogik, Geld. Stimmt. Aber es gibt eben nicht nur eine Form der Macht. Einer ihrer größten Faktoren ist mittlerweile Öffentlichkeit. In der Ökonomie der Aufmerksamkeit ist sie maßgeblich: Wähler*innenstimmen, Fernsehquoten, Klickzahlen, Likes, Shares, Teilnehmende bei Veranstaltungen, Käufer*innen von Produkten usw. – überall wird gemessen, wie viel Öffentlichkeit generiert wird.

Unterdessen haben sich die Spielregeln dieser Aufmerksamkeitsökonomie geändert. Bestes Beispiel dafür ist die Europawahl im Mai 2019. Denken die alten Wahlstrateg*innen der ehemaligen »Volksparteien« teilweise bis heute, sie würden die Wahl durch Stockfotografie und austauschbare Werbesprüche entscheiden, so haben sich die Faktoren hier elementar geändert. Die demokratischen Parteien hätten mit all ihrer teuer erkauften Beratung schon viel früher sehen müssen, welchen enormen Einfluss die sozialen Medien auf politische Stimmungen und damit auf Wahlentscheidungen haben. Sie hätten mit dieser Erkenntnis und daran angepassten Strategien den Erfolg der AfD nicht verhindern, aber verringern können. Stattdessen halten noch 2016 ebendiese SPD-Berater (nur Männer) die AfD für ein lästiges, aber nur zwischenzeitliches Phänomen unserer Zeit, das wie einst die rechtsextreme Partei »Die Republikaner« schon bald wieder verschwinden würde. Ähnliche Argumente tauschen Berater und Strategen der SPD einst in Sachen Klimaschutz aus: Nicht unser Ding, das ist doch das Thema der Grünen. Was die Kompetenzen betrifft, ist das sicher richtig, jedoch gemeint war es so: Klimaschutz gleich Gedöns. Wie all diese Einschätzungen danebenliegen, ist bekannt: Die AfD zieht in alle Landesparlamente und den Bundestag ein, die Klimakrise wird bis zum Beginn der Coronapandemie das allüberragende politische Thema. Ja, auch weil weder bei der CDU noch

bei der SPD verstanden wird, wo schon seit Jahren politische Stimmungen entstehen und befeuert werden.

Es ist Samstag, der 18. Mai 2019. Gehöre ich nicht zu den rund 1,5 Millionen Abonnenten des YouTubers Rezo, dann begegnet mir in den nächsten Tagen ein Video, mit dem ich vermutlich fremdeln werde: Wer ist dieser schnell sprechende Typ im orangen Kapuzenpullover? Ist das die Titelmelodie von Akte X, die da im Hintergrund läuft? Was soll dieser aggressive Titel? Was meint er mit »zerstören«? Und ist das eine blaue Haarsträhne, die da unter der grauen Schirmmütze hervorlugt?! Doch irgendwer wird mir gesagt haben: Schau dir das mal an. Na dann.

Es ist das erfolgreichste Online-Video des Jahres 2019. Es trägt den Titel »Die Zerstörung der CDU«. Der 26-jährige Mann im Video befasst sich in seinen sonstigen Beiträgen nicht oft mit politischen Themen. Er nennt sich Rezo und verdient sein Geld damit, dass er Menschen, die deutlich jünger sind als er selbst, leichte und besonders kurzweilige Unterhaltung bietet.

Nun also ein 55-Minuten-Beitrag mit 13 Seiten Quellenverzeichnis. Er kritisiert die Politik von CDU/CSU, SPD, FDP und AfD. Wie der Titel des Videos vermuten lässt, kommt vor allem die Union dabei nicht so gut weg. Am Ende fordert Rezo auf, diese Parteien nicht zu wählen, jedoch unbedingt zur Wahl zu gehen, woraus eine nicht besonders subtile Wahlempfehlung für die Grünen abzulesen ist. Zumal Rezo insbesondere über Klimapolitik spricht. Es wirkt beinahe wie eine Demonstration seiner Macht, als Rezo, zwei Tage vor der Europawahl am 26. Mai 2019, ein weiteres Video veröffentlicht, in dem sich die erfolgreichsten YouTuber Deutschlands hinter einem deutlichen Aufruf versammeln: »Wählt nicht die CDU, wählt nicht die CSU und wählt nicht die SPD. Wählt auch keine andere Partei, die so wenig im Sinne von Logik und der Wissenschaft handelt und nach dem wissenschaftlichen Konsens mit ihrem Kurs unsere Zukunft zerstört. Und wählt schon gar nicht die AfD, die diesen Konsens sogar leugnet.« Dieses Video wird in weniger als 48 Stunden bis zum Wahltag mehr als zehn Millionen Mal angesehen. Reichweite de luxe.

26. Mai 2019, 18 Uhr: Die ersten Prognosen zur Europawahl in Deutschland. CDU/CSU verlieren 7,5 Prozent, die SPD verliert 11,7 Prozent, die Grünen gewinnen 11,1 Prozent dazu. Im Wahlstudio des ZDF wird vom »Rezo-Effekt« gesprochen. Viele der Zuschauer*innen fragen sich, was das ist. Wie viele, ist grob an den schwarzen, roten und blauen Balken des Wahlergebnisses abzulesen. Ob der Rezo-Effekt tatsächlich existiert, ist bis heute nicht eindeutig bewiesen. Die konkreten Folgen für die Regierungsparteien sind jedoch deutlich zu sehen. Zur Einordnung der Wahlentscheidungen, die nachweislich vom Thema Klimakrise dominiert werden, gehört auch, dass zum Zeitpunkt der Wahl bereits seit Monaten die neue, junge Klimabewegung die klassischen wie sozialen Medien prägt. Als Reaktion auf das Europawahlergebnis und das Rezo-Video schicken CDU und SPD dann alle Politiker*innen unter 40 Jahren nach vorn. Und so treffen sich dann Philipp Amthor und Kevin Kühnert gefühlt täglich über Wochen in Podcasts, bei Lanz, Anne Will oder Maybrit Illner. Auf die Idee, in erster Linie wirkungsvolle Klimapolitik zu machen, sind die beiden Parteien bis heute nicht gekommen.

Rezo selbst zieht sich infolge der Ereignisse nach der Europawahl erst einmal aus der Öffentlichkeit zurück. Er verlässt nur noch verkleidet das Haus, versucht sämtliche Verbindungen nach draußen stillzulegen. Journalist*innen des Magazins *Der Spiegel* treffen ihn Tage später in einem Hotelzimmer. Rezo erklärt ihnen: »Ich bin kein Aktivist, ich klettere nicht im Hambacher Forst auf Bäume oder marschiere jeden zweiten Tag bei Demos in der ersten Reihe mit. Ich glaube, dass ich der Gesellschaft mehr diene, wenn ich meinen Job gut mache.«[31]

Wahrscheinlich hat Rezo recht. Er ist vermutlich kein Aktivist. Zumindest nicht dauerhaft. Er denkt bei Aktivismus wie viele andere auch an Bäume, auf die es zu klettern gilt, an Demonstrationen, an Menschen, die schwarze (nicht orangefarbene) Kapuzenpullover tragen, an das Anketten, die Blockaden. Und was macht Rezo? Mit seinem Video klärt er auf. Er recherchiert. Er präsentiert Fakten und bewertet. Er sagt seine Meinung. Das ist weder journalistische Berichterstattung noch klassischer Aktivismus. Und doch ist die politische Wirkung enorm. Rezo ist ein echter Influencer. Ältere Menschen hadern mit dieser Form der politischen Einflussnahme. Eine Politikerin hätte den Rezos des Landes am liebsten verboten, über Politik und Parteien zu sprechen. Aber selbst wer weder Annegret noch Kramp noch Karrenbauer heißt, wird sich kaum am Sonntagabend beim Schwarzbrot mit Gürkchen statt des Münsteraner Tatorts lieber »Die Zerstörung der CDU« auf YouTube ansehen. Rezo erreicht Menschen, die nicht wussten, was eine Europawahl ist und dass sie gerade stattfindet, und: Erstwähler. Das ist politische Bildung, eine demokratiefördernde Maßnahme. Gut gemacht, Rezo.

Ganz nebenbei zeigt die Geschichte: Hier lässt sich was bewegen. Im Netz, in Social Media, auf YouTube. Gut, nicht jede*r hat knapp zwei Millionen Abonnent*innen wie Rezo heute. Aber auch er hat einmal bei null angefangen – wenngleich sein Erfolg nicht auf politischen Inhalten fußt. Rezos Europawahlvideo ist ein Idealfall. Oder aus Sicht von Union und SPD der größte anzunehmende Unfall (GAU). Was Rezo im Großen schafft, geht auch im Kleineren, nämlich Menschen durch sauber recherchierte Fakten und Argumente aufzuklären. Bei Rezos »Zerstörung der CDU« handelt es sich nicht bloß um ein erfolgreiches Video. Es ist eine Aktion. Rezo erkennt ein Problem. Um etwas in seinem Sinne dagegen zu tun, wählt er seine stärkste Waffe. Denn so funktioniert Aktivismus im Idealfall: Der Mensch setzt sich mit dem, was er am besten kann, für seine Anliegen ein.

Nicht nur durch das Format schafft Rezo hier eine Art moderner Machtkritik. Statt »Die da oben«-Gemecker am Stammtisch liefert er 13 Seiten Quellenverzeichnis. Denn er kritisiert nicht nur die klimapolitischen Versäumnisse der Regierung, er nennt auch Probleme im System. Rezo selbst beschreibt bei seinem achtstündigen Interview im Podcast »Alles gesagt« der *Zeit* seine einstigen Motive so: »Ich kann ja mal gucken, ob die Leute, die gerade an der Macht sind, einen guten Job machen.« Wir können das die Pflicht von aufgeklärten Bürger*innen in der Demokratie nennen. Oder eben moderne Machtkritik. Denn Rezo weist den Regierenden nach, dass sie mit ihrer Macht nicht verantwortungsvoll umgehen. Weder der Umwelt noch den jüngeren Generationen gegenüber. Und das, obwohl natürlich seit Jahrzehnten Ursachen und Wirkungen des Klimawandels erforscht sind.

Das deutsche Epizentrum des Klimawandels ist Nordrhein-Westfalen. Das Land ist der größte CO_2-Verursacher Europas. Die jeweiligen Landesregierungen halten diesen Zustand über Jahrzehnte durch massive Subventionen systematisch aufrecht. Selbst als längst bekannt ist, dass die Kohle keine Zukunft haben darf. Es gibt enge Verflechtungen zwischen Landespolitiker*innen und den Energiekonzernen. Ex-NRW-Ministerpräsidentin Hannelore Kraft (SPD) wird nach ihrer Abwahl 2017 gleich mit einem Posten im Aufsichtsrat des Steinkohlekonzerns RAG getröstet.

»Es geht ja nicht einfach nur darum, dass im Bundestag die Politiker*innen das Klima nicht verstanden haben«, erklärt Carola Rackete, »vielmehr geht es um die Machtstrukturen, die das System in dem Zustand halten, wie es eben ist, und wir deshalb immer noch so viele fossile Energieträger nutzen. Es geht nicht darum, dass jemand irgendwas einfach nicht verstanden hat.«[32] Alle Folgen sind den Verantwortlichen seit Jahrzehnten bekannt. Sie handeln mit Vorsatz. Sie nehmen die Klimakatastrophe billigend in Kauf.

»Wenn du dich für die Politik entscheidest, ob das jetzt in Form des Aktivismus ist, als Bundestagsabgeordnete*r oder in einer Partei, dann geht damit eine Gefahr einher«, sagt Philipp Ruch. »Diese Gefahr hat mit der Dämonie der Macht zu tun. Und auch mit Geld, natürlich. Und mit der Politik selbst, die einfach korrumpieren kann. Wenn man sich für Machtkritik entscheidet, dann ist das ganz schwer möglich auf dem Boden der Politik. Jetzt ist die Frage, wo steht der politische Aktivist oder

die politische Aktivistin: Steht die auf dem Boden des Politischen, wo sie schlechter Machtkritik üben kann, oder nicht?«[33]

Kann jemand Politiker*in und Aktivist*in zugleich sein?

Es muss beides geben:

1. Aktivist*innen, die Machtkritik üben. Die genau hinsehen, was Politiker*innen tun. Diese Kontrollfunktion wird vorbildlich durch Organisationen wie abgeordnetenwatch.de oder LobbyControl wahrgenommen. Deshalb sollten wir sie alle unterstützen. Unabhängig davon müssen Aktivist*innen vor allem in ihrem jeweiligen Themenbereich genau hinsehen, was in den Parlamenten passiert.
2. Aktivist*innen und andere politisch interessierte Menschen, die selbst in die Parlamente gehen. Denn wenn wir alle nicht bereit sind, diesen Weg zu gehen, verlieren wir zunehmend das Recht, uns darüber zu beschweren. Und vor allem wird sich nicht wirklich etwas verbessern.

Veränderung braucht Anstrengung. Sowohl im Aktivismus als auch in der Politik innerhalb des Systems. »Ich glaube, wir werden um dieses Unangenehme, auf die Straße zu gehen und auch kontroverse Formen des Protests zu nutzen, nicht herumkommen, wenn wir etwas verändern wollen«, sagt Carola Rackete. »Ich glaube, man muss außerhalb des Systems und mit dem System arbeiten. Tatsächlich habe ich mich mit Bundestagsabgeordneten schon über die Frage unterhalten, ob es sinnvoll wäre, dass gezielt Gruppen von Menschen in Parteien eintreten, um diese zu radikalisieren.«[34]

Es gibt durchaus Versuche von Aktivist*innen, eigene Parteien zu gründen. Ein Beispiel ist die Demosistō in Hongkong. Sie entsteht 2016 aus den Protesten der Student*innenbewegung. Im selben Jahr erhält sie bei den Wahlen einen Sitz im Legislativrat. Im Juni 2020 wird in China das »Gesetz zum Schutz der nationalen Sicherheit in Hongkong« verabschiedet, was aus Sicht internationaler demokratischer Beobachtungen die Legitimation der politischen Verfolgung von Aktivist*innen durch den Staat bedeutet. Die Aktivist*innen Joshua Wong, Agnes Chow und Nathan Law treten daraufhin offiziell aus der Partei aus, die sich noch am selben Tag auflöst. Joshua Wong ist seitdem bereits mehrfach verurteilt, verhaftet und inhaftiert worden. Agnes Chow wird im Dezember 2020 zu zehn Monaten Haft verurteilt, weil sie 2019 zu einer Demonstration aufgerufen habe. Am 12. Juni 2021 wird sie aus der Haft entlassen. Nathan Law flieht infolge der Ereignisse nach Großbritannien, wo er politisches Asyl beantragt. Sein Antrag wird angenommen.

In Deutschland gibt es viele Beispiele für Parteien, die durch Aktivist*innen ins Leben gerufen wurden. Im Sommer 2006 gründet sich die Piratenpartei. Sie tritt als Digitalpartei auf, organisatorisch wie inhaltlich. 2011 ziehen die Piraten, wie sie fortan genannt werden, mit einem Wahlergebnis von 8,9 Prozent in das Berliner Abgeordnetenhaus ein. Es folgen drei weitere Landtage. Doch die Berichterstattung über sie ist in den Folgejahren durch Streit, Austritte und Skandale geprägt.

Prominente Mitglieder verlassen die Partei in nahezu alle Richtungen: Christopher Lauer erst zur SPD und dann zu den Grünen, Marina Weisband zu den Grünen, Bernd Schlömer zur FDP, Anne Helm, Martin Delius, Julia Schramm und andere zu den Linken und Robert Stein zur CDU. Mit der Initiative zur Einrichtung einer Gewaltschutzambulanz an der Berliner Charité gelingt Christopher Lauer 2014 ein wichtiger lokalpolitischer Erfolg für die Piratenpartei. Im Berliner Abgeordnetenhaus fällt die Piratenpartei ansonsten durch gute Arbeit im Untersuchungsausschuss zur Aufklärung der Kosten- und Terminüberschreitungen beim Bau des Flughafens Berlin-Brandenburg auf. 2020 schließen sich Klimaaktivist*innen in Berlin zur Partei »radikal:klima« zusammen. Mittlerweile heißt sie Klimaliste Berlin. Bekanntestes und erfolgreichs-

tes Beispiel für eine Parteigründung durch Aktivist*innen aber sind die Grünen. Seit 1993 im Zusammenschluss mit der Partei Bündnis 90, die wiederum aus einer der Bürger*innen-Bewegungen und Oppositionsgruppen in der ehemaligen DDR entstand.

Es gibt in der Geschichte der Bundesrepublik also aktivistische Strömungen, die es bis in die Parlamente schaffen. Trotzdem meint Aktivistin Anne Wizorek, dass »ein großer Anteil von Lebensrealität in unserer Gesellschaft nicht repräsentiert« sei, und fragt gleichzeitig: »Wie kann unsere repräsentative Demokratie auch eine sein, die diesen Namen verdient? Und das bedeutet natürlich, zu gucken: Wer sitzt denn da jetzt eigentlich im Bundestag?«[35] Luisa Neubauer schätzt die Situation sehr ähnlich ein: »Also ich frage mich, wie es sein kann, dass wir politisch einfach alle unterrepräsentiert sind?«[36]

Es bleibt das Paradox: Gerade bei jungen Menschen herrscht das Gefühl, politisch nicht ausreichend vertreten zu sein,[37] gleichzeitig will so gut wie niemand in eine Partei eintreten. Selten ist die Lösung für ein großes Problem so einfach: Geht in die Parteien. Könnten wir zumindest sagen. Auf der anderen Seite kommt die Ablehnung nicht grundlos. Es ist nicht nur Furcht vor elendig langsamen Prozessen und Bürokratie, sondern auch die Schlussfolgerung: Hier können wir nichts bewegen. Und aus Sicht vieler Aktivist*innen widerspricht die Arbeit keiner der Parteien diesem Schluss.

Es gibt sie ja vereinzelt wieder, Aktivist*innen, die sich ins Parlament trauen. Einer davon ist Jakob Blasel, Mitinitiator von Fridays for Future. Er sagt, es brauche Leute, die die Radikalität ins Parlament tragen.[38] Kathrin Henneberger von Ende Gelände, die 2003 den Grünen beitritt, sagt heute: »Ich weiß gar nicht, ob ich im Parlament mehr erreichen kann. Aber ich habe keinen Bock mehr, dass ich dieses Am-Verhandlungstisch-Sitzen, dieses An-den-Hebeln-Ziehen alten weißen Männern überlasse, die den Laden einfach nicht hinkriegen.«[39]

Die spannende Frage ist: Schaffen es die Aktivist*innen im politischen Amt, gleichzeitig resilient und leidenschaftlich zu sein? Resilient gegen die »Dämonie der Macht« und die Vereinnahmung durch die Regeln des Systems? Leidenschaftlich im Kampf für ihr Thema, wo sie sich doch jetzt auch mit anderen Themen auseinandersetzen müssen? Schaffen sie es, zu widerstehen, wenn sie Überzeugung gegen Karriere eintauschen sollen? Schaffen sie es, ihr Ego im Zaum zu halten, wenn nur noch die Regeln der Aufmerksamkeitsökonomie gültig scheinen? Hier, wo nicht mehr lange diskutiert wird, sondern »Deals« gemacht werden, kann ein*e Überzeugungstäter*in schnell untergehen. Und geht das überhaupt, sich den Spielregeln des Systems zu widersetzen? Denn wer in der eigenen Fraktion nicht mitspielt, der sitzt wortwörtlich schnell im Abseits. Tatsächlich verlieren widerständige Abgeordnete im Ernstfall zwar nicht ihr Mandat, aber sie müssen sich dann im Bundestag ganz hinten an einen Einzeltisch setzen. Glücklich kann sich nennen, wen die Schule darauf vorbereitet hat. Das Verhalten der anderen heißt »Fraktionsdisziplin«. Oder Stimmvieh. Je nachdem, wen wir fragen.

Widerstand

Samstag, 17. August 2019, 20 Uhr. Die *Tagesschau* berichtet über den Tag der offenen Tür der Bundesregierung. Wir sehen Menschen in Bermudashorts, Polohemden und Sandalen, umringt von Luftballondekor, um das Kanzleramt schlendern, zwischen Bierbänken und Hochglanzbroschüren weicht »Vizekanzler Scholz Fragen nach einer Kandidatur zum Parteivorsitz aus«. Schnitt. Ein Skelett, noch mehr Luftballons und eine pinkfarbene XXL-Version des IKEA-Krabbeltunnels BUSA: »Das Gesundheitsministerium sorgte für eine Erfahrung der besonderen Art: Hier konnte man einen Darm von innen besichtigen.«

Was dabei herauskommt, erfahren die Aktivist*innen von AbilityWatch und den Sozialheld*innen. Aber ganz langsam. Während die *Tagesschau* schon kurz vor den Lottozahlen ist, spulen wir den Tag noch einmal zurück – bis zum Bundesministerium für Gesundheit, gleich neben dem Berliner Friedrichstadtpalast. Es ist der 17. August 2019, kurz nach 10 Uhr. U-Bahnhof Oranienburger Tor. Vor dem Fahrstuhl, der vom Gleis nach oben fährt, hat sich schon eine Schlange gebildet, weil immer nur eine Person mit Rollstuhl hineinpasst. »Früher ist besser«, so lädt das Ministerium für heute ein und meint damit Prävention und Früherkennung: »Unser Bühnenprogramm, spannende Hausführungen, der Aktionsparcours für Kinder und Erwachsene und Europas größtes Darmmodell bieten viele Möglichkeiten, mehr über Prävention und Früherkennung zu erfahren.«[40]

Die Aktivist*innen von AbilityWatch und den Sozialheld*innen interessieren sich vor allem für die Hausführung mit Bundesgesundheitsminister Jens Spahn. Schließlich laden sie selbst extra dazu im Vorfeld ein. Denn unter dem Hashtag #NichtMeinGesetz formiert sich in den vergangenen Wochen der Widerstand gegen das sogenannte Intensivpflege- und Rehabilitationsstärkungsgesetz. Und dieser Widerstand soll heute analog stattfinden.

Wer als Aktivist*in zur Teilnahme an Protest einlädt, weiß vorher selten genau, wie viele Personen diesem Aufruf folgen werden. Und so fällt eine Handvoll Menschen mit Behinderung zunächst nicht weiter auf als sonst auch, im Foyer des Ministeriums. Wer später an einer Führung durch das Haus teilnehmen will, kann bereits eine Nummer ziehen. So bunt wie heute geht es im wenig attraktiven Neubau aus den späten 1990er Jahren selten zu: Neben Zahnputzkrokodil Kroko und dem Teddybär-Krankenhaus für mitgebrachte Stofftiere sind auch der kleine Maulwurf und die Maus aus der *Sendung mit der Maus* als Highlight gelistet. Und die vermutlich externen PR-Expert*innen sind fleißig: Wo sonst nur bürotypische Hydrokulturen an Leben erinnern, sorgen nun Luftballons für Festtagsstimmung. Vom XXL-Darm vor der Tür ganz abgesehen. Und dazu auch noch Menschen mit Behinderung. Familie, Diversität, Inklusion und Luftballons – schöner kann es einst in der PowerPoint-Präsentation der PR-Profis nicht versprochen worden sein.

Wer schon mal am Besucher*innentag auf einer Messe gewesen ist, kann sich gut vorstellen, wie der Tag der offenen Tür der Bundesregierung verläuft. Das Berliner Regierungsviertel ist das Messegelände, und tausende verschwitzte Menschen in Trekkingsandalen schleppen große Papiertragetaschen mit Bundesadler übers Gelände, um auch wirklich jede Broschüre, jedes Fähnchen, jeden Aufkleber und jeden Fahrradreflektor einzusammeln, der ihnen angeboten wird. Alles umsonst? Und wie!

Mittlerweile ist es fast Mittag, und die ersten Besucher*innen schieben nicht nur sich durch den Riesendarm, sondern dabei auch noch Bratwurst oder Butterbrote in ihre Mägen. Langsam wird klar, wie viele Bürger*innen nicht nur dem Aufruf des Ministeriums, sondern auch dem der Aktivist*innen folgen: Am Ende sind es etwa 200 Menschen mit und ohne Behinderung, Rollstuhl oder Begleitperson. Die Verantwortlichen des Hauses werden langsam nervös. Spätestens als die Aktivist*innen lautstark skandieren: »Wir sind hier, wir sind laut, weil ihr uns die Rechte klaut!« Das hallt nun so laut durch den hohen überdachten Innenhof des Ministeriums, dass weder Zahnputzkrokodil Kroko noch der kleine Maulwurf zu verstehen sind. Also tauchen die ersten Mitarbeiter*innen des Hauses auf, um mit den Aktivist*innen zu reden. Die wiederum geben an, mit Bundesgesundheitsminister Jens Spahn sprechen zu wollen, über das Intensivpflege- und Rehabilitationsstärkungsgesetz. Nun, das gehe so nicht. Herr Minister Spahn werde später einen Rundgang machen, aber dafür müssten sie angemeldet sein. Kein Problem, man hat ja schließlich am Morgen eine Nummer gezogen. Nun stellt sich heraus, dass es aber tatsächlich erst mal nur eine*r der Aktivist*innen in die erlesene Hausführung schaffen wird. Und frei nach der Warnung »Allein machen sie dich ein« (Ton Steine Scherben) entschließen sich die Aktivist*innen, keine*n Einzelkämpfer*in in die Diskussion mit dem Minister zu schicken. Besser sie stellen Spahn die Fragen hier im Innenhof, in der Menge, da, wo ihn alle sehen können. Dann geht alles ganz schnell, das Gedränge wird so groß, dass kurz der Gedanke auftaucht, neben der Maus sei nun noch ein weiterer TV-Star aufgetaucht. Es ist aber wie angekündigt Jens Spahn, der sich durch dieses bunte Getümmel aus kurzen Hosen, Kindern, Luftballons und Menschen mit Behinderung kämpft. Plötzlich muss er stehen bleiben. Jemand hat sich ihm in den Weg gestellt. Jens Spahn geht in die Knie.

»Hallo, Herr Krauthausen.«
»Herr Spahn, wir müssen reden.«
»Ich muss jetzt weiter, aber sprechen Sie mit meinem Mitarbeiter.«

Besagter Mitarbeiter fotografiert diesen Moment mit dem Telefon. Nur wenige Minuten später wird dieses Foto über den Twitter-Account des Ministeriums gepostet:

> Im Gespräch zum #RSIG – @jensspahn hat bei unserem Tag der offenen Tür @raulde getroffen.
> Twitter – @BMG_bund

Die Antwort folgt umgehend:

> Ich korrigiere: Ich musste mich ihm in den Weg stellen. Argumente seitens @jensspahn und dem @BMG_bund habe ich keine gehört. Ich fordere ein Gespräch mit Betroffenen zum #RISG noch im August!
> Twitter – @raulde

Tatsächlich fordern die 200 Protestierenden im Bundesgesundheitsministerium nun die Rückkehr von Jens Spahn. Dass der das noch mal erleben darf. Und wann, wenn nicht heute, am Tag der offenen Tür, sollte ein Gespräch zwischen ihm und am Gesetzgebungsprozess interessierten Bürger*innen möglich sein? Doch von Seiten des Ministeriums lässt sich nun niemand mehr blicken. Hier soll heute nur noch die Maus kommen. Und genau diesen Plan nutzen die Aktivist*innen. Im gläsern überdachten Innenhof ist eine Bühne aufgebaut. Erste ungeduldige Familien warten bereits auf den ankündigten Auftritt des Nagers mit den Klapperaugen. Wären da nur nicht diese ganzen – »Wie sagt man das noch mal, Heidrun? Menschen mit Handicap?« ... Fast, aber wir sind hier nicht auf dem Golfplatz, Hans-Hermann. Für das nächste Kreuzworträtsel der Aktion Mensch bitte notieren: Menschen mit Behinderung. Und deren aktivistische Speerspitze besetzt nun tatsächlich die Bühne. Erste Besucher*innen blättern nervös im Programm. Nein, der Inklusionszirkus steht dort nicht drin, der gibt hier eine spontane Sondervorstellung. Der zuständige Eventmanager ist damit nicht einverstanden. Er bittet die Aktivist*innen, die Bühne freizumachen:

»In zehn Minuten kommt die Maus.«
»Ne, Maus ist heute nicht. Wir wollen mit Herrn Spahn sprechen.«

Ob das nun schon der von Jens Spahn angekündigte Mitarbeiter ist, mit dem man sprechen sollte? Offenbar nicht. Denn nun taucht eine*r der Pressesprecher*innen des Ministeriums auf, um mitleidig nickend zu erklären, dass Herr Spahn »heute leider nicht mehr kommen« wird. Sie ist nicht so gut zu verstehen, weil der 200-Leute-Inklusionszirkus jetzt wieder anfängt zu grölen: »Wir sind hier! Wir sind laut.« Der Eventmanager schaut nervös auf die Uhr. Die Maus klappert hinter der Bühne bereits mit den Augen. Die Pressesprecherin ist jetzt ganz aufgeregt. Vielleicht hat sie sich gerade das Foto vorgestellt, auf dem Sicherheitsbeamte protestierende Menschen im Rollstuhl gewaltsam aus dem Ministerium tragen. Sie verschwindet wieder. Die Bude kocht. Draußen ist es schwül bei 26 Grad, hier unterm Glasdach im Innenhof sind es sicher noch mal zehn Grad mehr. Glücklich ist, wer Bermudas und kein Mauskostüm trägt. Die ersten nichtaktivistischen Besucher*innen geben auf und nehmen den Darmausgang.

Ob die PR-Agentur das so gemeint hat? Jetzt taucht eine neue Person auf. Es ist Marc Degen. Ständiger Vertreter der Leitungsabteilung im Bundesministerium für Gesundheit. Über ihn sagt man, er sei Spahns rechte Hand. Doch jetzt gerade ist er dafür zu weit von ihm entfernt. Stattdessen kniet auch er sich nun hin. Das sind hier Szenen, die wir sonst nur aus dem Vatikan kennen. Anders als sein Chef und die Pressesprecherin redet Degen ruhig, leise und verständnisvoll. Fast glaubhaft emphatisch:

»Herr Krauthausen, Sie wissen, wie es ist: Herr Spahn wird heute nicht mehr zum Gespräch kommen. Sehen Sie: Die Kinder warten auf die Maus. Ich mache Ihnen einen Vorschlag: Sie machen jetzt hier die Bühne frei, und ich versichere Ihnen, Sie bekommen einen Termin bei Herrn Spahn innerhalb der nächsten 14 Tage. Hier haben Sie meine Karte.«

»Da steht keine Nummer drauf.«

»Moment, ich rufe Sie mal kurz an, dann haben Sie meine Handynummer.«

»Wenn Sie in drei Tagen keinen Terminvorschlag geschickt haben, rufe ich Sie an.«

»Machen Sie das.«

Dann heißt es: Manege frei für die Maus. Die Aktivist*innen schicken nun direkt eine Presseerklärung an die wichtigsten Redaktionen:

»Am heutigen Tag der offenen Tür der Bundesregierung demonstrierten 200 Menschen mit Behinderungen im Bundesgesundheitsministerium. Sie besetzten die Bühne, stellten Fragen auf der Bundespressekonferenz und blieben mit einem vagen Gesprächstermin bei Minister Spahn zurück. [...]

Hintergrund des Protestes ist ein Gesetzesentwurf, wonach Menschen mit einem hohen Bedarf an Behandlungspflege den Anspruch auf häusliche Krankenpflege verlieren und stattdessen grundsätzlich nur noch in vollstationären Pflegeeinrichtungen, Heimen und speziellen Wohneinrichtungen die nötige Versorgung erhalten. Gegen dieses Vorhaben regte sich in den letzten Tagen ein großer Protest in der Behindertenbewegung, der zwischenzeitlich in 50 000 Unterschriften für eine Petition gipfelte. Unter dem Hashtag #NichtMeinGesetz hatten Betroffene die Auswirkungen auf ihr Leben skizziert. Ein selbstständiges Leben in den eigenen vier Wänden sei mit dem neuen Gesetz nicht möglich. Während Betroffene auf der heutigen Bürger-Pressekonferenz Fragen zum Entwurf stellten, führte Minister Spahn aus, dass in sozialen Medien Ängste geschürt würden. Gesetzesentwürfe seien, auch für

> ihn, mitunter schwer zu verstehen. An die Betroffenen gerichtet sagte er, er unterstelle sich und den Betroffenen, dass alle im Interesse der Menschen mit Behinderungen an Lösungen arbeiten wollen. Konkrete Änderungsbedarfe oder Vorschläge unterbreitete er nicht. Bereits in den vergangenen Tagen verbreitete das Ministerium mitunter falsche Angaben zum geplanten Gesetz. In einer Mitteilung hieß es beispielsweise, es gäbe einen Bestandsschutz für alle derzeit Betroffenen. Das Forum der behinderten Juristinnen und Juristen hingegen wies darauf hin, dass derzeit nur eine 36-monatige Übergangsfrist beabsichtigt sei.
>
> Die Protestierenden besetzten vorübergehend eine Bühne im Bundesministerium für Gesundheit. Als auch nach minutenlangem Skandieren kein Mikrofon den teils beatmeten Demonstrierenden gereicht wurde, versprach ein Sprecher ein Treffen mit Minister Spahn innerhalb der nächsten zwei Wochen. [...] Die Interessenvertretung der Menschen mit Behinderungen in Deutschland lehnt das Gesetz entschieden ab.«[41]

Dann kommt auch schon die *Tagesschau*. Keiner der 200 protestierenden Menschen mit Behinderung ist dort zu sehen. Ihr Protest bleibt unerwähnt. Genau wie der Minister und die Maus. Nachrichtenwert hat nur der Riesendarm.

Bereits am nächsten Tag meldet sich Ministeriumsmann Marc Degen. Es wird ein Termin ausgemacht. Und vorbereitet. Zumindest auf Seiten der Aktivist*innen. Es sind noch knapp drei Wochen bis zum Treffen mit dem Bundesgesundheitsminister. Das Hauptargument von Jens Spahn für das Gesetzesvorhaben ist bislang, es sei aus medizinischer Perspektive das Beste für die Betroffenen.

Zum ersten Termin mit ihm im Bundesgesundheitsministerium bringen die Aktivist*innen nun sowohl fachkundige Mediziner*innen als auch Betroffene mit. Denn sie alle widersprechen dem Minister und können dies fachlich einwandfrei darlegen. Es ist für alle Personen im Raum unangenehm offensichtlich, wie falsch die bisherigen Annahmen und die daraus resultierende Gesetzesvorlage sind. Mit jedem Argument der Gäste sinkt die Laune von Jens Spahn. Der Minister merkt schnell: Ich bin nicht gut vorbereitet (worden). Er sieht weder zu den Aktivist*innen noch zu den Betroffenen oder den Mediziner*innen, sein Blick durchdringt den zuständigen Referatsleiter aus dem eigenen Haus: »Wir schauen uns das noch mal an.« So endet der erste Termin: Jede Menge Hausaufgaben für die Mitarbeiter*innen des Bundesgesundheitsministeriums.

Voller Hoffnung, nun vielleicht mehr als nur das Allerschlimmste verhindern zu können, geht es für die Aktivist*innen eine Woche später in den zweiten Termin. Spahn ist nun insofern besser vorbereitet, als dass er nun eine »finale« Gesetzesvorlage präsentiert – mit minimalen, kaum sichtbaren Korrekturen. Die Begeisterung auf Seiten der Gäste hält sich in Grenzen. Doch offenbar möchte man sich im Bundesgesundheitsministerium nun nicht weiter mit der Sache befassen. Das Gesetz steht. Es ist nicht erkennbar, wer davon einen Vorteil hat, dass es so verabschiedet wird. Alle kritischen Punkte konnten von Fachleuten belegt bzw. widerlegt werden, Betroffene haben ausführlich erklärt, warum ihnen das Gesetz schadet und nicht hilft. Aber: »They don't give a fuck.«[42]

Wir erzählen Philipp Ruch vom Zentrum für Politische Schönheit die Geschichte von der Aktion und dass trotz riesigem Darmausgang am Ende nichts rauskommt. Philipp Ruch erkennt die politische Kunst, vor allem im Treffen mit dem Minister: »Also, du fährst dort die Experten auf, die Betroffenen. Alle wollen eine andere Lösung und nichts passiert. Das ist eigentlich eine unheimliche Szene. [...] Weil ihr da etwas implodieren lasst. Mit der ganzen Phalanx von Gleichgesinnten, wo er jetzt wirklich nichts mehr sagen kann, wo jetzt nur das nackte ›Wir wollen es aber so nicht machen‹ zählt. Es ist zwar unvernünftig, aber wir wollen es einfach nicht. Du hast also im Prinzip nachweisen können, dass es bar jeder Vernunft ist, bar jedes wissenschaftlichen Rates und auch nicht der Wille der Betroffenen. Das ist schon Kunst.«[43]

Wir verstehen, was der (Aktions-)Künstler damit sagen will: Es ist ein Augenblick, der eine komplette Hilflosigkeit, ja Ohnmacht, gegenüber den Machthabenden zeigt. Wie gemalt. Nur alles andere als schön. Und doch ist er leider viel weniger einzigartig, als es scheint. Ständig geben Aktivist*innen alles, bereiten wochenlang eine Aktion vor, riskieren viel und haben mitunter Beweise dafür, dass ihre Forderungen richtig sind. Und ständig stehen sie mit leeren Händen da. Die Niederlage ist ihre ständige Begleiterin. Erfolge sind rar und meist klein.

OHN
MACHT.

5. Ohnmacht

»Wir wollen, dass junge Menschen lernen: Ich kann handeln. Ich bin es wert. Ich kann diesen ersten Schritt gehen. Und es lohnt sich. Ich weiß, dass das, woran ich glaube, wichtig ist.«[1]

Cesy Leonard

In unseren Gesprächen zweifeln selbst Deutschlands prominenteste Aktivist*innen: Ist das, was wir tun, wirksam? Doch wie fühlen sich dann erst diejenigen, die weniger Aufmerksamkeit und Zuspruch erhalten? Mit jeder Niederlage sinkt das Gefühl der Selbstwirksamkeit, wir verlieren die Überzeugung, etwas erreichen zu können. Der Druck auf Aktivist*innen kann enorm sein. Wer unter Stresssymptomen wie feuchte Hände, Aggressionen, Herzrasen oder Zittern leidet, schwächt bereits durch die Wahrnehmung das Gefühl der Selbstwirksamkeit. Dabei ist diese für Aktivist*innen elementar. Ihre Arbeit leisten sie aus tiefster Überzeugung und mit höchstem Einsatz. Jeder Zweifel daran sticht. Tief. Er verletzt. Aber die Wunden sind heilbar. Nach dem kanadischen Psychologen Albert Bandura entsteht das Gefühl der Selbstwirksamkeit zusammengefasst auf vier Wegen[2]:

1. Erfolgserlebnisse: Wer regelmäßig erlebt, dass die eigene Arbeit etwas bewirkt, baut ein Gefühl der Selbstwirksamkeit auf.

2. Vorbilder: Wer sich von anderen inspirieren lässt, empfindet eher Selbstwirksamkeit.
3. Feedback: Je mehr positive Reaktionen, desto stärker die Wahrnehmung der Selbstwirksamkeit. Vor allem, wenn das Feedback aus der eigenen Gruppe kommt.
4. Emotionsschulung: Wer seine Empfindungen im Griff hat, sich als nervenstark, geduldig und belastbar wahrnimmt, stärkt allein durch diese positive Erfahrung die Selbstwirksamkeit.

Shai Hoffmann ist ein nachdenklicher Mensch. Gerade erzählt er uns noch von den Erfolgsmomenten seiner Bustouren für die Demokratie, als er wieder laut daran zweifelt: »Was für eine Wirkung habe ich eigentlich, wenn ich jetzt mit Bussen nach Ost- und Westdeutschland fahre und die Menschen frage, wie es ihnen geht? Bewirke ich irgendwas? Führt das wirklich dazu, dass diese Menschen demokratisch wählen?«[3] Zweifel an der Selbstwirksamkeit kleben am Aktivismus mehr als jedes äußerliche Klischee. »Es ist eine große Frage«, sagt Carola Rackete, »wie man über längere Zeiträume an einem Thema arbeiten kann, obwohl man sehr häufig den Eindruck hat, dass sich nichts zum Positiven verändert.«[4] Das Hadern mit dem eigenen Handeln lässt neue Fragen aufkommen: Sollte ich mich nicht besser in einer Partei engagieren, um wirklich politisch etwas zu ändern?

»Ich fände es nicht schlecht, wenn Menschen wie Luisa Neubauer in die Politik gehen würden«, meint Aktivistin Lea von Reconquista Internet, »dann würde sich vielleicht auch etwas ändern. Dennoch sitzen wir alle hier, statt uns parteipolitisch zu betätigen. Und das sagt etwas darüber aus, wie Politik nach außen wirkt und wie viel Einflussmöglichkeiten man sich als durchschnittlicher junger Mensch dort so verspricht.«[5] Zweifel wie dieser können eine Art absurder Antrieb werden. Sie können für neue Ideen sorgen, weil sie Methoden hinterfragen: Ich bin mir nicht sicher, ob mein Handeln erfolgreich ist, also suche ich neue Wege. Shai

Hoffmann kneift die Augen zusammen und überlegt: »Reicht es eigentlich, auf die Straße zu gehen? Müssten wir nicht eigentlich viel radikaler werden? Müssten wir nicht eigentlich eine Bewegung gründen wie ›Die radikalen Demokraten‹?«[6] Es ist der Konjunktiv des potenziell Handelnden. Dieses Gefühl »wir müssten doch eigentlich«. In der Regel trennen sich hier die Wege von Nicht-Aktivist*innen und Aktivist*innen. Die einen »müssten« weiter etwas tun, die anderen tun etwas. Shai Hoffmann ist bereits Aktivist. Und trotzdem kommen ihm diese Gedanken. Auch im Aktivismus stehen also Konjunktiv und Zweifel beständig am Wegesrand. Sie sind hier Zeugen des Gefühls, nicht genug zu tun. Zu groß erscheinen die Probleme der Welt. Zu weit weg all die Ziele. »Ich habe genug getan, ich habe das Problem gelöst« – kein aktivistischer Mensch wird je so empfinden.

Stattdessen suchen wir nach anderen *Wegen zur Selbstwirksamkeit,* wie sie Professor Bandura beschreibt. Er spricht über »Vorbilder«, wenn wir bei anderen sehen, was wirksam ist. Das Handeln der anderen gibt uns Selbstvertrauen und Kraft, um aktiv zu werden. Cesy Leonard kennt das aus ihrer Arbeit bei den Radikalen Töchtern: »Manchmal ist es ein Buch, ein Gedicht – oder ein Film, der unser Leben verändert. Oder ein Vorbild. Bei den Radikalen Töchtern wollen wir, dass junge Menschen lernen: Ich kann handeln. Ich bin es wert. Ich kann diesen ersten Schritt gehen. Und es lohnt sich. Ich weiß, dass das, woran ich glaube, wichtig ist. Und dieser erste Schritt wird vielleicht ein ganz kleiner sein. Vielleicht ist es der, meiner besten Freundin zu sagen: Bis hierhin und nicht weiter. Und jetzt gehe ich meinen eigenen Weg.«[7]

Alles beginnt im Kleinen. Auch das Gefühl der Selbstwirksamkeit. So behalten wir im Blick, was wir unmittelbar bewirken. Überzeugen wir eine Freundin davon, zur Wahl zu gehen, ist unsere Wirksamkeit direkt sichtbar. Demonstrieren wir aber mit tausenden anderen gegen ein Gesetz, fühlt es sich für manche*n von uns nur wirksam an, wenn wir das Vorhaben verhindern. Geschieht das nicht, überlagert das Gefühl der Niederlage alles andere – auch das, was wir mit dem Demonstrieren durchaus bewirken, denn wir stärken die eigene Bewegung und das Empfinden, mit unserem Anliegen nicht allein zu sein: #WirSindMehr. Entsteht der Eindruck, demokratie- und menschenfeindliche Kräfte würden immer stärker, müssen wir als friedliche, demokratische und progressive Mehrheit zusammenfinden. Dann sehen wir, wie viele wir sind, und stärken auch das Gefühl von Selbstwirksamkeit.

Aktivist*innen müssen Teilerfolge erkennen und Etappensiege feiern. Das Gefühl von Selbstwirksamkeit darf nicht davon abhängen, das Grundsatzproblem lösen zu müssen. Dies wäre eine Freikarte für Überforderung, Resignation, Depressionen. In der jüngeren Klimabewegung gestaltet sich die Suche nach Selbstwirksamkeit schwierig. Wird sie anfangs von einer Art Beteiligungseuphorie getragen, beginnen immer mehr der jungen Teilnehmenden zu fragen: Was bringt unser Protest? Eine erste Antwort gibt es im Oktober 2019 von der Bundesregierung. Sie verabschiedet ein »Klimaschutzgesetz«, das in seiner unambitionierten Nutzlosigkeit selbst pessimistische Beobachter*innen fassungslos macht. Damit geben CDU/CSU und SPD all denen, die um ihre Zukunft kämpfen, eine ungewöhnlich klare Antwort: »Nichts, euer Protest bringt gar nichts.« Cesy Leonard, die mit jungen Aktivist*innen arbeitet, beobachtet diese Entwicklungen mit Sorge: »Da gehen Jugendliche weltweit jeden Freitag auf die Straße. Unterstützt durch Wissenschaftler*innen, unterstützt durch die Eltern. So viele Menschen, die sich bereiterklären, zu demonstrieren. Und trotzdem passiert kaum etwas. Man hat das Gefühl, da ist einfach kein Durchkommen.«[8]

Die Klimakrise ist zu groß. Es ist völlig offen, ob die Folgen überhaupt aufzuhalten sind. Wer sollte dieser Aufgabe mit einem Gefühl der Selbstwirksamkeit gegenüberstehen?! Vielleicht Luisa Neubauer. Sie ist eine der einflussreichsten Klimaaktivist*innen der Welt, aber auch sie beschreibt, wie schwer es ist, »sich immer wieder ernsthaft und zuversichtlich auf die Situation einzulassen. Das ist gar nicht so leicht in einer Welt, die so schon so radikal ist, so postdiakonisch.«[9] Ihren Platz in den Geschichtsbüchern hat sie bereits sicher. Und trotzdem wird sich Luisa manchmal fragen: Worauf werde ich am Ende meines Lebens zurückschauen? Was bleibt von mir? Was werde ich bewirkt haben? Eine sehr menschliche Frage. »Ich fände es traurig«, überlegt Ali Can, »wenn ich sterben müsste und denke, ich saß nur in meinem Schrebergarten und habe Tomaten gepflückt und sonst nichts für meine Mitmenschen beigetragen.«[10] Antirassismusaktivistin Tupoka Ogette motiviert sich mit dem Gedanken an ein Lebenswerk: »Ich habe das Gefühl, es ist meine Aufgabe in diesem riesigen Kosmos. Ich weiß, das ist nur ein ganz kleiner Tropfen auf einem heißen Stein. Aber ich möchte nichts unversucht lassen. Ich möchte diese Erde irgendwann mit dem Gefühl verlassen, ich habe alles getan, was für mich möglich ist, diese Welt zu unterstützen, eine gerechtere Welt zu werden.«[11]

Wir kämpfen für eine Sache mit allem, was wir haben. Sind wir dann überarbeitet, gestresst und kraftlos, kann die Selbstwirksamkeit Halt geben. Ich bin vielleicht entkräftet, aber ich bewirke etwas. Geht dieses Gefühl in einer solchen Situation verloren, kommt es fast immer zum sogenannten *Activist Burnout*.

Burnout

Je mehr du von dir selbst in eine Aufgabe steckst, desto verwundbarer bist du. Je wichtiger dir deine Arbeit ist, desto empfindlicher wirst du. Trotzdem gibt es Menschen, die sich darüber wundern, dass es ein *Activist Burnout* gibt. Sie verbinden zwar richtigerweise die Begriffe »Burnout« und »Arbeit«, aber nicht »Arbeit« und »Aktivismus«. Zumindest nicht »Arbeit« im Sinne von Vollzeitjob. Dabei liegt der Aufwand für viele Aktivist*innen bei mindestens 40 Stunden pro Woche.

Wer für eine Sache brennt, kann auch schnell ausbrennen. Aktivist*innen bilden die Speerspitze der Überzeugungstäter*innen. Sie kämpfen voller Leidenschaft und leider auch sehr oft bis zum Umfallen. Zur enormen Arbeitsleistung kommen psychische Faktoren und das fehlende Gefühl der Selbstwirksamkeit. Viele Klimaaktivist*innen leiden häufig an Klimaangst: Die Bedrohung ist zu groß, die Reaktionen der Menschen zu schwach. Warum tut niemand etwas?! Wer sich die Ausmaße der Klimakrise bewusst macht, leidet zudem nicht selten unter enormen Zukunftsängsten. Die meisten Menschen schützen sich davor, indem sie den Klimawandel verdrängen oder ihn gar leugnen. »Klimaaktivisten sind täglich damit konfrontiert, dass unsere Existenz in Gefahr ist«[12], sagt die Psychologin und Mitgründerin der Initiative Psychologists for Future Lea Dohm.

Im Mai 2019 schließen sich Psycholog*innen und Psychotherapeut*innen im Kampf gegen die Klimakrise zusammen. Sofort finden sie deutschlandweit Verbündete. Die Mediziner*innen bieten kostenlose Workshops und andere Unterstützung für Aktivist*innen an. Psychologin Kathrin Rott erkennt ein biografisches Problem: »Junge Aktivisten sollten sich eigentlich um ihre eigene Zukunft sorgen. Dabei werden Gedanken an Bildungs- und Jobfragen oft von der Angst überlagert, wie die Welt später aussehen wird.«[13]

Luisa Neubauer befasst sich seit Jahren jeden Tag mit der Klimakrise. Innerhalb der Bewegung ist sie in einer exponierten Position. Doch das ist kein psychologischer Vorteil. Der ständige Stress, der Druck von außen, die Drohungen, aber auch die Erwartungen – all das kommt bei Luisa zusammen. Könnte sie sich denn von ihrem Kampf gegen die Klimakrise überhaupt verabschieden? »Nein«, sagt sie, »was soll ich denn sonst machen? Ich meine, ich kann ja andere Sachen machen mit meinem Leben. Das schon. Ich habe ja auch andere Sachen zu tun, theoretisch. Aber so werden wir ja die Klimakrise nicht lösen.«[14]

So absurd es scheint, aber das Empfinden von Alternativlosigkeit zum eigenen Handeln kann gegen Gefühle fehlender Selbstwirksamkeit helfen. Ich hinterfrage meinen Einsatz, denke aber sogleich: Es gibt ja keinen anderen Weg, also mache ich weiter. Oder: Wenn ich es nicht mache, macht es keiner. Nun, ganz so einfach kommen Aktivist*innen nicht immer aus psychischen Belastungsmomenten heraus. In unseren Gesprächen mit Luisa merken wir, welche Themen sie an sich heranlässt und welche nicht. Wenn ein Mensch einen solchen Umgang mit Stress oder belastenden Themen findet, sprechen wir von Resilienz. Das Gegenteil davon ist die Verwundbarkeit. Bei den Psychologists for Future bietet die Psychologin Katharina van Bronswijk[15] Seminare für Klimaresilienz: Wie schaffe ich es, zu negative Gefühle nicht an mich heranzulassen? Wie schütze ich mich vor dem *Activist Burnout*?

Resilienz wird schnell mit Professionalität verwechselt. Aber unabhängig davon, wie professionell gerade auch unsere prominenten Gesprächspartner*innen sind: Aktivismus kennt keinen Feierabend. »Vielleicht umfasst die Definition von ›aktivistisch sein‹, dass es eben nicht aufhört«, sagt Antirassismusaktivistin Tupoka Ogette, »dass es kein Nine-to-five-Job ist.«[16] Nicht abschalten zu können, den Aktivismus nicht für einen Moment zur Seite zu legen, ist eine große Belastung. Wir können keinen Film gucken, kein Buch lesen, kein privates Gespräch mehr führen, ohne unserem Thema zu begegnen. Das geht allen so: Antirassismus-, Klima- oder Demokratieaktivist*innen, Feminist*innen oder Aktivist*innen für die Rechte von Menschen mit Behinderung. Bezüglich des Klimawandels betont Psychologin Katharina van Bronswijk: »Angst ist ja erst mal ein sehr menschliches Gefühl angesichts eines so großen Problems.«[17] Allerdings sei es nicht gut, sich rund um die Uhr mit den negativen Folgen zu beschäftigen. Sie rät, die Nachrichten auch mal abzuschalten, Pausen zu machen und auf genügend Freizeit zu achten.

Aus der Erfahrung, keine Macht über das politische Geschehen zu haben, erwächst bei Aktivist*innen die Ohnmacht. Medizinisch wird von Ohnmacht gesprochen, wenn ein Mensch bewusstlos ist. Dabei verliert er, meist nur für einen Moment, vollständig die Möglichkeit zu handeln. Politisch gesehen verstehen sich die meisten Menschen erst einmal als machtlos. Ohnmacht jedoch stellt sich nur dann ein, wenn vorher Macht empfunden wird. Und sei es auch nur die imaginäre Macht, die im Glauben daran steckt, etwas bewegen zu können. Wir haben durchaus genug Fantasie, um uns vorzustellen, wie wir eine bessere Welt erschaffen.

Das Gefühl der Ohnmacht zeigt sich erst, wenn wir es nicht mehr schaffen, uns vorzustellen, etwas verändern zu können. Wird uns die eigene Machtlosigkeit bewusst, erstickt dieses Bewusstsein alles andere. Das Empfinden fehlender Selbstwirksamkeit führt zu Ohnmacht. Und diese Ohnmacht kann Burnout-Symptome hervorrufen. Resignation, Hilflosigkeit, Depression, Angst, Antriebslosigkeit, Panik, Hoffnungslosigkeit – das Angebot ist groß. Wichtig ist: Burnout meint nicht den Erschöpfungszustand, den wir alle regelmäßig spüren. Sondern ein tiefer gehendes Leiden, eine Krankheit, eine existenzielle Bedrohung. Umgangssprachlich: Es geht an die Substanz. Es hat vor allem nicht den Modecharakter, der dem Begriff oft unterstellt wird. Nur weil es sich um einen Anglizismus handelt, der für manch eine*n plötzlich aufgetaucht ist und penetrant benutzt wird. Im Kontext von Karriereberufen heißt Burnout für viele: Eine Person kann nicht mehr weiter, sie funktioniert nicht mehr – ist wörtlich übersetzt ausgebrannt. Oft entwickelt sich daraus eine Depression als Langzeitfolge. Schon deshalb muss das Burnout behandelt werden.[18]

Warum wird aktivistische Arbeit oft eine derart starke Belastung für die Psyche? Ein wesentlicher Grund liegt im Konflikt zwischen den eigenen Werten und Bedürfnissen. Ich will die Welt retten, aber ich muss auch die Miete bezahlen. Ich weiß, wie wichtig der Protest am Wochenende ist, aber ich brauche eine Pause.

Um meine eigenen Bedürfnisse überhaupt zu erkennen, benötige ich ein Mindestmaß an Achtsamkeit. Erst dann kann ich sie gegenüber meinen Werten berücksichtigen. Wir fragen Aktivistin Anne Wizorek, wie sie auf sich geachtet hat, als ihre große Aktion #aufschrei losging. »Erst mal nicht so gut«, erzählt die Feministin. »Meine Haltung war: Egal, was da jetzt kommt, das muss ich jetzt aushalten. Alles für die Mission.« Nüchtern betrachtet wissen wir, dass diese Einstellung weder gesund noch erfolgversprechend ist. Doch Aktivismus ist selten nüchtern, häufiger emotional. Er braucht positive Gefühle als Antriebskraft sowie als Gegengewicht zu all den negativen Einflüssen. Die strömen meist über soziale Medien in das Leben eines aktivistischen Menschen. Anne Wizorek erzählt uns, wie sie einen »Tiefpunkt« erreichte, weil sie »einfach erschöpft war« und ihr »diese Angriffe Angst gemacht haben«. Angesichts von Attacken und Drohungen fügt sie hinzu: »Da hast du wirklich das Gefühl, das kommt von allen Seiten und die ganze Welt hasst dich.« Den Umgang damit musste die Aktivistin »auf die harte Tour lernen«, bis später »in erster Linie die Menschen in meinem Umfeld dafür gesorgt haben, dass ich Abstand davon nehme, dass ich auch mal Twitter auslasse, dass ich bestimmte Filter einstelle, um wieder genügend Auszeiten zu haben«[19]. Der Hass über soziale Medien ist ein Brandbeschleuniger für das *Activist Burnout*. Und er ist alltäglich. Für Lea, Mia, Leonhardt und Pia von Reconquista Internet sogar freiwillig. Ihre Aufgabe bei der Plattform Hassmelden ist es, zwischen Opfern und der Staatsanwaltschaft zu vermitteln und die Hetze zur Anzeige zu bringen. »Seitdem wir Hassmelden betreiben«, schildert Aktivistin Lea ihre Erfahrungen, »haben wir diesen ganzen Siff, diesen ganzen Hass, noch mal viel konzentrierter an einem Ort. Wenn man sich hinsetzt und das stundenlang bearbeitet, dann schlaucht das nicht nur, das fasst einen innerlich sehr an. Besonders wenn man da mit Gewaltdarstellungen konfrontiert ist.«[20]

Und dann schlägt es zu. Das Burnout trifft Betroffene plötzlich und unerwartet. Mit enormer Wucht. Von einem Moment auf den anderen geht nichts mehr. Ein psychischer Zusammenbruch mit Panikattacken, Verzweiflung und Depression.

Wie sich das Syndrom langsam aufbaut, nehmen die Betroffenen nicht bewusst wahr. Vor dem großen Einschlag treten jedoch durchaus typische Symptome wie Muskelverspannungen, Kopfschmerzen, Schlaflosigkeit, negatives Denken oder Konzentrationsschwäche auf, aber für die findet sich ja immer eine Erklärung: »Jeder Mensch hat mal Kopfschmerzen.« Wie ein Burnout verläuft, hängt von der Kondition der Betroffenen ab. Physisch wie psychisch. Wer körperlich topfit, sportlich und gesund ist, wird mit manchen Symptomen besser klarkommen. Menschen mit schwächerem Immunsystem oder chronischen Krankheiten sind stärker betroffen. Psychisch ist es ähnlich: Wer bereits traumatische Erfahrungen gemacht hat, ist definitiv gefährdeter, ein Burnout zu erleiden. Wie viele psychosomatische Krankheiten ist das Burnout ein funktionierendes Warnsystem des Körpers: Achtung, bis hierhin und kein Stück weiter. Ende Gelände.

Fast alle der Aktivist*innen, mit denen wir sprechen, berichten von gesundheitlichen Folgen ihrer Arbeit. Nicht alle nennen es Burnout. Es ist doch immer die Kombination aus enormer Belastung, Stress und hoher Erwartung an die eigene Arbeit.

Philipp Ruch fläzt sich auf die heimische Couch. Heute werden wir wohl nicht über Burnout, Stress oder innere Verzweiflung sprechen. Das Selbstbewusstsein, das uns entgegenstrahlt, scheint dafür zu stabil. So halten wir es zunächst für typisch männliche Stressglorifizierung, als er uns verrät, was die Arbeit mit ihm macht: »Es ist tatsächlich so, dass jede Aktion so viel Kraft kostet, dass man wirklich nah am Herzinfarkt ist. Das ist fürchterlich. Nur wegen dem Stress, den man sich da antut. Aber ich muss zugeben, es ist auch ein Privileg, dass man das so machen kann und darf.«[21] Es ist also absolut keine neoliberale Verherrlichung von Stress, sondern die ehrliche Einsicht: Es ist zu viel, ich muss aufpassen, wenngleich ich mich in einer privilegierten Situation befinde. Meist kommt diese Erkenntnis viel zu spät, in einer kapitalistischen Wachstumsgesellschaft, die uns lehrt, wir könnten und müssten alle arbeiten bis zum – leider oft wortwörtlichen – Umfallen. Karrieren kosten Kraft. Meist bringen sie Bestätigung und Erfolg, Belohnungen, die süchtig machen. Und die Sucht ist stärker als die Vernunft.

Herzinfarkte gelten fälschlicherweise als etwas, das vor allem Männer betrifft. Medizinisch gesehen trifft es Männer nur früher als Frauen, weil das weibliche Östrogen vor Gefäßverkalkung und somit vor Herzerkrankungen weitestgehend schützt. Ab den Wechseljahren sind Frauen dann mindestens genauso infarktgefährdet wie Männer. Der wesentliche Unterschied liegt vermutlich darin, dass Frauen einen Herzinfarkt weniger heroisieren.

»Männer haben Muskeln.
Männer sind furchtbar stark.
Männer können alles.
Männer kriegen 'n Herzinfarkt.«[22]

Als Herbert Grönemeyer 1984 über Männlichkeitsklischees singt, gibt es den Begriff »Burnout« in Deutschland noch lange nicht. Er reimt sich ja eh nicht auf »stark«.

Das eine ist also das öffentliche Bild, das Klischee, das andere die meist wesentlich komplexere Realität. Die Fassade, die sich Tupoka Ogette zugelegt hat, wirkt auf uns nicht dünner als die von Philipp Ruch. Gebaut aus Selbstbewusstsein, Souveränität und Professionalität. Als Antirassismustrainerin trainiert sie genau diese Fähigkeiten und muss sie anderen entsprechend vorleben. Eine Fassade ist dagegen nichts anderes als ein Schutz vor Angriffen, eine Rüstung, eine Hülle. Wir sehen sie vor allem bei Menschen, die in der Öffentlichkeit stehen. Verständlicherweise. Tupoka Ogette braucht als PoC, als Frau, als Autorin maximalen Schutz. Das Tragen einer Rüstung ist wie das Spiel einer bestimmten Rolle immer anstrengend. Es kommt zur Arbeit als Aktivist*in und meist eben noch als Autor*in, Trainer*in, Expert*in, Künstler*in zu all den Anstrengungen hinzu, mit denen diese Menschen etwas bewegen. In unserem Gespräch legt Tupoka Ogette diese Rüstung zur Seite: »Ich hab eigentlich am Ende jedes Jahres ein Burnout. Und dieses Burnout geht einher mit kompletter physischer Erschöpfung und auch mental mit einem Gefühl der Hoffnungslosigkeit.«[23]

Wo genau lauern die größten psychischen Gefahren für Aktivist*innen?

1. Hyperaktivität: Aktivist*innen sind oft ununterbrochen im Einsatz. Entsprechend schwer fällt es ihnen, zu regenerieren.
2. Kontrollverlust: Nicht nur, wer Verantwortung trägt, muss loslassen und auf andere vertrauen können. Es geht nicht automatisch alles schief, wenn wir selbst nicht immer dabei sind. Aktivist*innen arbeiten meist in Gruppen, um sich Arbeit und Verantwortung aufzuteilen.
3. Verleugnung der eigenen Bedürfnisse: Aktivist*innen brauchen Pausen, niemand muss sich dafür schämen. Und es sollte selbstverständlich sein, sich Auszeiten nehmen zu können.
4. Anerkennungsdefizit: Wer viel von sich und seiner Zeit investiert, muss auch etwas zurückbekommen. Unabhängig davon, dass es »um die Sache« geht. Für Lob, Aufmerksamkeit, Zuspruch sollten sich Aktivist*innen Zeit nehmen. Keine Arbeit im Aktivismus ist selbstverständlich. Und es gibt niemanden, der kein positives Feedback braucht.
5. Unrealistische Ziele: Große Ziele, Ideale, Fantasie und Utopie sind im Aktivismus wichtig. Für einzelne Aktionen ist es deshalb aber umso wichtiger, differenzierte, kleinere und erreichbare Ziele zu formulieren. Sonst bleiben Erfolgserlebnisse aus und das Gefühl der Selbstwirksamkeit sinkt.
6. Kein Leben außerhalb des Aktivismus: Viele Aktivist*innen stecken ihre gesamte freie Zeit in ihre aktivistische Arbeit. Gerade wer

> daneben noch einer Lohnarbeit nachgehen muss, wird dann kaum Zeit für anderes haben. Die große Gefahr ist allerdings, dass es kein Leben ohne Aktivismus und das jeweilige Thema gibt. Das führt zu ungesunden emotionalen Abhängigkeiten und fehlendem Ausgleich. Wir brauchen Freundschaften und aktive Kontakte außerhalb des Engagements.

»Meine Freund*innen sind in den meisten Fällen keine Klimaaktivist*innen«, verrät Luisa Neubauer, »das sind Menschen, die andere Sachen zu tun haben, und das ist auch gut, denn es sind dann auch klimafreie Orte, an denen ich herumhängen kann.«[24] An themenunabhängigen Plätzen können wir auch über andere Dinge sprechen. Wir brauchen sie zum Abschalten unserer thematischen Achtsamkeit. Die Achtsamkeit, die feministische Aktivist*innen keine Netflix-Serie mehr schauen lässt, weil sie überall Sexismus entdecken. Die Achtsamkeit, die Behindertenrechtsaktivist*innen kein Gespräch mehr führen lässt, ohne ableistische Sprache zu hören. Diese Achtsamkeit, die Klimaaktivist*innen nicht erlaubt, die CO_2-Fehltritte der eigenen Familie einmal nicht anzusprechen.

Philipp Ruch sieht die Gefahr für Aktivist*innen vor allem in der Länge des Weges – vom Vorhaben bis zum Gefühl der Wirksamkeit. Wir sprechen mit ihm über einen Mann aus Berlin, den in Kreuzberg und Neukölln fast jede*r kennt. Sein Name ist Aydin Akin. Er ist 78 Jahre alt. Er fährt jeden Tag mit dem Fahrrad durch die Stadt. Seit 16 Jahren. Es ist seine Form des Protests, mit der er »ein Wahlrecht für alle« einfordert. Sein Fahrrad schwankt oft. Viele Menschen denken deshalb, er sei verrückt oder zumindest betrunken. Damit allein würde er allerdings in Kreuzberg und Neukölln noch nicht auffallen. Also hängt sein Fahrrad voll mit Fähnchen, Schildern und Luftballons. Auch ein Megafon ist immer dabei. Deshalb auch das Schwanken. Aydin Akin nervt. Absichtlich. Indem er ununterbrochen Krach macht, mit Trillerpfeife und Megafon. Am Ende jedes Tages notiert Herr Akin, der gelernte Steuerberater aus Berlin-Neukölln, in seinem Buch, wie viele Kilometer er gefahren ist. Insgesamt sind es mittlerweile schon mehr als 200 000. Eine sehr lange Wegstrecke, findet auch Philipp Ruch: »Die Frage ist, wie lange es braucht, von dem Moment, in dem man sich was in den Kopf gesetzt hat und in Kreuzberg auf dem Fahrrad herumfährt, bis zu dem Moment, in dem man sieht, dass das Anliegen umgesetzt wird. Auf dieser Strecke drohen diese psychischen Gefahren. Und wenn es irgendwann umgesetzt wird, ist es viel zu spät für einen selbst.«[25]

Wenn die Risiken so groß sind, müssen sich Aktivist*innen davor schützen. In modernen Unternehmen gibt es mittlerweile Angebote, die Menschen vor Burnout bewahren sollen. Das ist gut, wenn auch nicht uneigennützig. Denn Mitarbeiter*innen mit Burnout bringen keinen Profit. Unternehmer und Aktivist Waldemar Zeiler hat in den vergangenen Jahren viele Aktivist*innen kennengelernt: »Ich war überrascht von diesem inneren Feuer, für eine Sache zu brennen. Das kann man nicht antrainieren. Deshalb müssen wir die Menschen unterstützen, die das haben. Und davon gibt es einige, und wir müssen sie auch davor schützen, dass sie verbrennen.«[26]

Nicht ohne Grund liegen die Dinge im selben sprachlichen Bild: Die Aktivist*innen brennen für ihr Thema und sind deshalb besonders burnoutgefährdet. Cesy Leonard besitzt diese Funken sprühende Energie. Sie ist Aktivistin und Künstlerin, hat als Schauspielerin in Filmen und am Theater gespielt. Dort hat sie nicht nur gelernt, ihr Feuer zu kanalisieren, sondern auch Rollen anzunehmen, um es in den Griff zu bekommen: »Das ist etwas, was man lernen muss. Wenn ich das Gefühl habe, etwas ist ungerecht, kann ich mich da auch verbrennen. Zum Schutz setze ich mir dann den professionellen Hut auf. Dann kann meine gerechtigkeitsliebende Cesy in den Hintergrund treten. Und die professionelle kann es ein bisschen sachlicher angehen.«[27]

Die meisten Aktivist*innen besitzen vermutlich keinen solchen Hut.

Aus unseren vielen Gesprächen kristallisieren sich die wichtigsten Maßnahmen heraus, um ein *Activist Burnout* zu vermeiden:

1. **Für Ausgleich sorgen: Nicht nur Aktivist*in sein**
   Wir brauchen ein ausgeglichenes Verhältnis zwischen Aktivismus und eigenem Wohlbefinden. Aktivist*in zu sein bedeutet nicht, Märtyrer*in zu werden. Niemand muss sich opfern, auch nicht die eigene Gesundheit. Carola Rackete spricht mit uns darüber, »wie wir einerseits aktiv sind und was voranbringen – gleichzeitig aber auch einen gewissen Selbstschutz haben und Stabilität für unsere mentale Gesundheit«. Schließlich müssen wir uns langfristig engagieren, deshalb sind wir uns mit Carola einig, »dass es nichts bringt, wenn wir alle unsere Energie am Anfang verbrennen und dann frustriert sind«[28].

2. **Die richtigen Menschen finden: Füreinander aktiv sein**
   Carola ist erfahren in Krisensituationen. Nicht nur, weil sie ständig unterwegs ist, oft auf hoher See, sie arbeitet auch in unterschiedlichsten Konstellationen und Gruppen. Und auf diese Zusammenstellung von Menschen kommt es an, erklärt sie uns: »Ich glaube, dass ich immer in der sehr guten Position war, mich in einer Gruppe von Menschen zu befinden, die die gleichen Ziele haben, und dass Unterstützung da war, wenn Dinge schwierig waren.«[29]

   Es mag banal klingen, aber letztlich hängt unser Seelenheil zum Großteil von den Menschen ab, mit denen wir uns umgeben. Gerade im Aktivismus. Gerhard Schick ist lange in einer basisdemokratischen und diskussionsfreudigen Partei aktiv. Er lernt, anstrengende Gruppenprozesse auszuhalten. Auf die Gründung einer neuen Bürger*innenbewegung ist er somit gut vorbereitet. Sein Ratschlag: »Schau, mit wem du unterwegs bist. Ich finde es wenig überzeugend, wenn diese Leute, die für das Gute in der Welt kämpfen, dann arschig zu ihren Mitstreiter*innen sind. Gerade wenn wir versuchen, die Welt zu verbessern, tun wir gut daran, respektvoll mit Menschen umzugehen.«[30]

Ali Can ist eine Art Lehrmeister für diesen Umgang. Er unterrichtet in Seminaren ein respektvolles Miteinander. Als studierter Lehrer leitet er heute die Stiftung VielRespekt. Er hat diese höchst sympathische Ausstrahlung, die den Eindruck erweckt, nichts könne seine Grundfröhlichkeit trüben. Doch zu seiner gelebten Offenheit gehört auch, dass er seine Gefühle teilen kann: »Es gibt Zeiten, da geht es mir einfach nicht gut. Aber das nehme ich an. Es kann auch reinigend sein, zu weinen«, er macht eine Pause, »ich habe gewisse Bereiche in meinem Leben vernachlässigt, indem ich zu sehr die Welt verändern wollte. Und jetzt fällt mir das auf die Füße. Ich lebe jetzt allein und seit über einem Jahr ohne Beziehung, ich muss lernen, mit mir selbst klarzukommen. Ich habe zu oft den Drang, irgendetwas in einer Gemeinschaft zu starten. Selbst allein zu kochen, finde ich traurig. Überhaupt, diese Stille auszuhalten. Ja, man kann auch untergehen im Aktivismus.«[31]

3. Eins nach dem anderen: Realistische Ziele definieren

Nur die großen Ziele vor Augen zu haben, kann Aktivist*innen auf Dauer stark belasten. Gerhard Schick profitiert auch hier von seinem 13-jährigen Training unter der Berliner Glaskuppel. Die Grundsätze, die er im Parlament lernt, helfen ihm noch heute: »Es macht keinen Sinn, sich an Themen abzuarbeiten, bei denen man gerade nichts bewegen kann«, hält Schick fest, »und auch nicht, allein loszulaufen, wenn klar ist, so kann man nichts bewirken.« Aktivist*innen müssen »zwischendurch abschalten und nicht meinen, man müsse allein die ganze Welt retten, und das 24 Stunden am Tag«. Und er betont: »Es braucht auch den Sonntag, den freien, für den Aktivisten. Es braucht auch die Phasen, in denen man das Leben einfach genießt.«[32]

4. Auf Eilmeldung verzichten: Nicht jede News ist eine Nachricht wert

Wie einfach ist es als politisch interessierter Mensch, das Leben zu genießen? Es ist schwierig. Wir konsumieren den ganzen Tag News. Im Sinne von Meldungen, nicht unbedingt im Sinne von wichtigen Neuigkeiten. Gesendet wird immer. Und das heißt schon lange nicht mehr nur »Funk und Fernsehen«. Die Älteren erinnern sich. Ein*e U30-Aktivist*in besitzt heute weder TV noch Radio. Wozu auch? Es gibt eine Dauersendung: das Internet. Eine? Nein: Millionen Sendungen. Jederzeit, überall, immer, unaufhaltsam. Und da wir alle immer online sind, empfangen wir auch rund um die Uhr sogenannte News. In beunruhigender Regelmäßigkeit brummen die Meldungen auf dem Telefon. Selten sind es keine schlimmen, noch seltener gute Nachrichten. In unserer Aufmerksamkeitsökonomie konkurrieren die Anbieter*innen dieser Meldungen auch noch darum, wer die meisten Menschen erreicht. Es wird dramatisiert und manipuliert – Hauptsache, wir klicken auf Seiten, deren Zugriffszahlen zeitgleich monetarisiert werden. Durch zusätzliche »Informationen«, die wir noch weniger gebrauchen können: Werbung für Trading-Apps, Premium-Dating und den neuesten »familienfreundlichen« Verbrennungsmotor. Immer mehr Menschen leiden unter neurologischen Erkrankungen, weil sie viel zu schnell viel zu vielen Reizen ausgesetzt werden. Wir machen das heute alle mit dem Smartphone. Mehr oder weniger freiwillig.

Nicht alle. Carola Rackete versucht, sich weitestgehend auf ihre analoge Umgebung zu konzentrieren: »Ich habe von verschiedenen Aktivist*innen den interessanten Gedanken mitgenommen, Nachrichten sparsamer zu konsumieren, weil eben so viele negativ sind. Wenn man sich mehr darauf fokussiert, *was* man macht, mit *wem* man interagiert, erkennt man auch die guten Sachen. Denn die passieren tagtäglich, wenn man sich hilft, in der Familie, unter Freunden und Arbeitskollegen. Im Alltag erlebt man gar nicht so viele furchtbare Dinge. Durch die Nachrichten erhält man ein ganz anderes Bild. Man sollte sich zumindest bewusst machen, dass sich Nachrichten absichtlich auf negative Ereignisse fokussieren, weil sie damit mehr Aufmerksamkeit bekommen.«[33]

Ist ein selbstverordnetes Desinteresse am politischen Tagesgeschehen die Lösung? Es gibt ja durchaus Entwicklungen, über die sich politische Aktivist*innen informieren sollten. Und wenn wir erkennen, dass mediale Berichterstattung und Kommunikation via Social Media nicht immer gut, sondern oft eher schädlich für Menschen sind, sollten wir dann nicht versuchen, daran etwas zu ändern? Aber wie? Mit der Macht der mündigen Verbraucher*innen. Wir wählen selbst, welche Art von Journalismus, welche Art Berichterstattung, welche Medienformate wir nutzen. Wir können das entscheiden, tun es aber meist gar nicht. Ein Bewusstsein dafür zu schaffen, ist der erste Schritt: Es reicht vermutlich, wenn wir uns einen Tag lang notieren, welche (sozialen) Medien mit welchen Inhalten wir wann konsumieren. Dann kommt der Rotstift, alles wird bewertet und entsprechend gestrichen. Wir scrollen wie üblich durch unsere Feeds und notieren uns am Ende, was wir wahrgenommen haben. Womit haben wir hier unsere Zeit verbracht? Und was macht das mit uns? Es macht uns: ängstlich, wütend, traurig – und im seltensten Fall motiviert oder erheitert oder inspiriert es uns. Zumindest nicht in politischen Zusammenhängen.

Was ist die Alternative? Vielleicht sind es Medienangebote wie *Perspective Daily.* Das Online-Magazin berichtet lösungsorientiert, ohne zu dramatisieren. Es ist völlig werbefrei und deshalb auch nicht kostenlos für Nutzer*innen. Es gibt pro Tag einen neuen Artikel, der mit Tiefgang und hohem Aufwand recherchiert wurde, anstelle von schnellen News, die der Logik der Aufmerksamkeitsökonomie folgen. Doch solche Formate kämpfen gegen die Macht der Gewohnheit. Ein Mensch, der jahrelang auf schnelle Informationsverarbeitung oder zumindest -aufnahme konditioniert wird, kann nicht von heute auf morgen damit aufhören. Aber er kann es versuchen.

5. Mehr Selbstbewusstsein: Es geht nicht um dich

Es mag paradox klingen: Aber je selbstbewusster wir als Aktivist*innen werden, desto mehr verstehen wir, dass es gar nicht um uns selbst geht. Luisa Neubauer schützt sich so vor den täglichen Attacken: »Zum Selbstbewusstsein gehört auch das Bewusstsein,

dass es eben nicht um mich als Person geht, sondern um die Sache. Ich darf mich hinter ihr verstecken – denn sie ist so viel größer als ich selbst.«[34] Dieses Bewusstsein trägt freilich auch die Gefahr in sich, sich aufzuopfern, sich selbst inmitten dieser viel größeren Sache zu vernachlässigen. Aber in erster Linie heißt es: Attackiert dich jemand als Aktivist*in, attackiert er dich nicht als Person. Wenn Cesy Leonard aus jungen Menschen Radikale Töchter macht, dann erklärt sie ihnen diesen Punkt: »Vor allem als politisch aktive Frau oder Mädchen wird man häufig persönlich angegriffen. Zum Beispiel ›Ach, die Dicke da‹ oder ›Du Pickelmädchen, dass du dich da überhaupt äußerst‹ oder ›Jaja, hast nicht genug Sex gehabt‹. Frauen müssen sich da unfassbare Sachen anhören. Wenn dich jemand als Aktivistin auf einer persönlichen Ebene attackiert, greift er dich nicht als Person an; also sei dir bewusst, dass es um die Sache geht, nicht um dich.«[35]

6. Kreativ werden: Raus aus dir, rauf aufs Papier

Musiker*innen, Autor*innen, Künstler*innen jeglicher Couleur betonen, dass vor allem aus Leid, Kummer oder sogar Trauer die besten Werke entstehen. Und auf Seite eins des imaginären Buches der psychologischen Hausrezepte steht: Schreib es dir von der Seele. Oder je nach kreativem Talent: Mach einen Song daraus, gestalte ein Bild, tanze es heraus. Ernsthaft: Die kreative Auseinandersetzung hilft. Denn sie macht aus dem Leiden wieder etwas Gutes. Ali Can empfiehlt diese konstruktive Methode aus eigener Erfahrung: »Das Kanalisieren, das ist das A und O. Und das mach ich schon sehr lange. Ich war 16 Jahre alt und wollte mit meinen Klassenkamerad*innen feiern gehen. Der Türsteher schaut auf meinen Ausweis und sagt: Der Club ist voll. Ich hatte damals einen türkischen Ausweis, habe mich geschämt, bin nach Hause und habe angefangen, etwas zu schreiben. Alles, was ich in mir hatte, sollte heraus, um eine Distanz zu diesen Gefühlen aufzubauen. Und daraus ist später ein Poetry-Slam-Text entstanden.«[36]

Was wir von Ali Can lernen können: Er akzeptiert, dass es ihm auch mal schlecht geht. Er sagt: »›Self Care‹ heißt: Du darfst zweifeln, du darfst Angst haben.«[37] Im Umgang miteinander sollten wir uns bewusst machen, dass Aktivist*in eine von mehreren Rollen ist. Ali Can füllt sie stets offen und optimistisch aus. Und dahinter? »Ich bin manchmal frustriert«, verrät er in unserem Gespräch, »aber in dem Moment nehme ich mir dann Zeit und bin einfach ich selbst. Ein kleiner Keks, der eben auch ein inneres Kind hat und denkt: Warum ist die Welt so kompliziert? Warum geht's mir so? Ich habe Angst und will doch nur Liebe sehen.«[38]

Üblicherweise bleiben uns die tieferen Gefühle der anderen aus guten Gründen verborgen. Sie gehen uns auch nichts an. Aber es ist wichtig, sich bewusst zu machen, dass sie da sind. Bei uns allen.

Der Lärm ist ohrenbetäubend. Es ist der 20. August 2019. Die Malizia 2 rast mit 18,4 Knoten über den Atlantischen Ozean. Der Wind peitscht kontinuierlich Wassermassen über das Boot. Es ist so leicht, dass es jede

Bewegung des wilden Meeres mitgeht. Hier mitten auf dem Atlantischen Ozean herrschen Stürme, die im Sekundentakt neue meterhohe Riesenwellen produzieren. Auf, unter und zwischen ihnen prescht das ultraleichte Carbon-Rennschiff voran, als würde es von einem lebensmüden Skipper auf tödlicher Mission gelenkt. Immer wieder schießt die Segelyacht aus dem Wasser, als möchte sie nun endgültig abheben. Dann kracht sie wieder mit einer Wucht aufs Meer, die ihre Passagiere in jeder Nervenzelle spüren. An Bord sind vier Männer und ein 15-jähriges Mädchen. Sie alle sind der Naturgewalt Ozean ausgeliefert.

Greta Thunberg ist auf ihrem emissionsfreien Weg nach Amerika. Sie will auf dem UN-Klimagipfel in New York sprechen. Dann möchte sie auf dem Kontinent bleiben, um im Dezember an der UN-Klimakonferenz in

Chile teilnehmen zu können. Jetzt sitzt sie an Deck der Malizia 2. Hinter ihr preschen die hohen Wellen gegen das Boot. Unter Tränen nimmt sie eine Sprachnachricht auf:

> »Ich vermisse mein normales Leben. Den normalen Ablauf.
> Und die Hunde.
> Es ist so viel. Ich will das alles nicht tun müssen.
> Es ist zu viel für mich.
> Es hört nie auf.
> Ich weiß, dass es wichtig ist und was auf dem Spiel steht.
> Aber es ist so viel Verantwortung.«[39]

Was Greta erlebt, ist das Extrem im Extremen. Sie ist nicht nur auf diesem Schiff, das ohne jeglichen Komfort über den Atlantik prescht; innerhalb eines Jahres ist Greta zu einer der bekanntesten Personen der Welt geworden. Was das bedeutet, können sich nur sehr wenige von uns vorstellen. Was das für einen Menschen mit Asperger-Syndrom bedeutet, noch weniger. Es handelt sich dabei um eine Form des Autismus, die mit einer Hochbegabung einhergehen kann. Sinnesreize werden anders als bei vielen anderen Menschen verarbeitet. Greta besuchte deshalb eine Schule mit besonders kleinen Klassen, nur eine Handvoll Mitschüler*innen hatte sie dort. Viele Menschen um sich, Enge, Lautstärke – all das sind für Greta kaum erträgliche Belastungen. Jetzt geht sie erst einmal nicht mehr zur Schule. Sie hat sich ein Jahr Auszeit genommen. Stattdessen nimmt sie unfassbare Anstrengungen auf sich. Auf diesem Boot. 15 Tage. Sie hält das alles aus. Niemand weiß, wie.

New York, 28. August 2019. Zwei Wochen nach ihrem Start in Plymouth, England, verlässt Greta am Hafen North Cove Marina in Manhattan die Malizia 2. Sie schwankt, muss sich festhalten. Sie kämpft sich durch die Menschenmenge, die sie begrüßt. Sie bleibt an einem Baum stehen und bekommt ein Mikrofon in die Hand gedrückt. Wenige Minuten nach ihrer Ankunft gibt sie nun eine Pressekonferenz, die live weltweit verfolgt wird. Anschließend gehen sie direkt weiter: Greta, ihr Vater Svante und der Dokumentarfilmer Nathan Grossman, der ebenfalls auf der Malizia 2 gesegelt ist. Sie sind zu Fuß unterwegs. Viel haben sie nicht dabei. Gretas größtes Gepäckstück ist ihr Schild: »Skolstrejk for klimatet«. Ihr Weg dauert keine zehn Minuten die West Street hoch. Dort erreichen sie die Subway-Station World Trade Center. Jetzt sitzt sie mit leerem Blick in der U-Bahn.

Einen Monat später spricht Greta auf der UN-Klimakonferenz in New York. Sie hält eine Rede, bei der sie vor Wut weinen muss. Die Welt kennt diese emotionale Greta nicht. Auf viele Menschen wirkt sie deshalb falsch, die Emotionen seien gespielt. In den sozialen Medien kocht der Hass auf das schwedische Mädchen über. #HowDareYou?

Hass

Sonntag, 14. Februar 2021, kurz vor 20 Uhr. Während rund fünf Millionen Menschen auf *Tagesschau* und *Tatort* warten, erreicht Jasmina Kuhnke eine Nachricht, die ihre ganz persönliche Kriminalgeschichte wird. Inklusive Morddrohungen, inklusive Polizeiversagen.

Jasmina Kuhnke ist Comedian, Autorin und Kolumnistin. Und Social-Media-Aktivistin gegen Rassismus, Sexismus und andere Menschenfeindlichkeit. Hass und Hetze gehören da zum Alltag. Jasmina sagt, sie sei »als Schwarze Frau prädestiniert für Hatespeech und das perfekte Opfer für diese Trollarmee«[40].

Sie erhält die Nachricht von einer befreundeten Journalistin: »Deine Adresse ist veröffentlicht.« Jasmina ist Mutter von vier Kindern. Sie erhält tagtäglich Drohungen. Doch das hier ist anders. Sie empfängt ein furchtbares Video. In der Optik eines Egoshooter-Computerspiels wird per Fadenkreuz auf einen Gorilla gezielt. Auf den Affen ist das Gesicht von Jasmina Kuhnke montiert. Der Avatar dringt in dem »Spiel« in eine Wohngegend, dann in einen Garten ein. Über eine Google-Maps-Ansicht wird nun auf das Haus von Jasmina Kuhnke gezoomt und die echte Privatadresse eingeblendet. Jetzt schießt der Avatar auf den Gorilla mit dem Gesicht von Jasmina. Das digitale Blut spritzt. Die 39-jährige Frau sitzt vor dem Computer, aus dessen Lautsprechern immer noch gegrölt wird: »Ich leak dich. Ich will dich massakrieren.« Plötzlich klingelt es an der Tür. Jasmina erschrickt, sie öffnet nervös. Es ist eine Essenlieferung auf ihren Namen, die sie nicht bestellt hat. Kurz darauf kommt die nächste. Dann noch eine und noch eine. Bei jedem Klingeln zuckt Jasmina zusammen, jedes Mal wächst die Angst: »Der Nächste an der Tür ist vielleicht kein Lieferant, sondern jemand mit einer Waffe in der Hand. So wie bei Walter Lübcke.«[41]

Mehr als 40-mal klingelt es an diesem Abend bei Jasmina. Um sie einzuschüchtern, um ihr Angst zu machen, um ihr zu zeigen: Wir wissen, wo du wohnst. Du bist hier nicht mehr sicher. Jasmina ruft die Polizei an. Die Beamten lehnen es ab, vorbeizukommen. Sie solle online eine Strafanzeige erstatten.

Noch in derselben Nacht flieht Jasmina mit ihrer Familie in ein Hotel. Am nächsten Tag ziehen sie zurück in die Wohnung, alle Jalousien bleiben unten.

Sie ruft beim Landeskriminalamt an. Sie weist auf das Video hin, schildert die Geschehnisse. Die Mitarbeiter nehmen alles auf. Sie sagen, dass sie das Video bereits kennen. Es würden Kolleg*innen vorbeikommen. Niemand kommt. Stattdessen ruft ein LKA-Beamter an. Es handle sich um eine Beleidigung, keine Gefährdung. Sie solle aber nicht in den Briefkasten greifen oder auf direktem Wege von irgendwo nach Hause fahren. Das Video ist immer noch überall im Netz zu sehen: Es ist ein aufwendig produzierter öffentlicher Aufruf zum Mord – zusammen mit ihrer genauen Adresse sowie einem Grundriss der Wohnung. Jede*r potenzielle Täter*in weiß nun, wo sie schläft und wo ihre Kinder. Sogar auf Google Maps wird ihre Adresse markiert: als Restaurant mit dem Namen »N****«. Die Täter*innen feiern sich unter dem Hashtag #HaltdieFresseJasmina auf Twitter und Facebook. Jasmina fragt den LKA-Beamten, wie sie und ihre Kinder denn nun geschützt würden. Gar nicht. Es läge keine akute Bedrohungslage vor.

Sie engagiert einen privaten Sicherheitsdienst. Mit ihren Kindern verschanzt sie sich in der Wohnung. Ohne Tageslicht. Die Kinder gehen nicht vor die Tür. Mehr als zwei Wochen. Sie finden eine neue Wohnung. Der Umzug muss so organisiert werden, dass weder Jasmina noch ihre Kinder zu sehen sind. Hotel, Umzug und Sicherheitsdienst bezahlt sie selbst, rund 50 000 Euro, die sie nicht hat.

Wer sofort hilft, sind die Aktivist*innen von Reconquista Internet. Sie stellen mit ihrer Hatespeech-Meldestelle Hassmelden 193 Strafanzeigen im Fall von Jasmina Kuhnke. Leonhardt ist eine*r der Aktivist*innen, die bei Hassmelden ehrenamtlich arbeiten: »Dass man auf Polizeidienststellen mit solchen Delikten nicht ernst genommen wird, erfahren wir auch. Das ist vielleicht ein Grund, warum wir bis jetzt mehr als 100 000 Meldungen bekommen haben und mittlerweile 300 bis 400 am Tag dazukommen.[42] Es darf kein Glück oder Pech sein, ob man da an einen fähigen Polizisten kommt. Deswegen ist es sehr wichtig, dass es bei jeder größeren Polizeidienststelle mindestens eine Person gibt, die mit dem Tatort Internet als solchem vertraut ist und die dann auch einen entsprechend seriösen Umgang mit Geschädigten führen kann.«[43]

Jasmina Kuhnke hat Todesangst. Sie fühlt sich hilflos. Es ist der Stoff, aus dem die dunkelsten Albträume sind: Stell dir vor, du erhältst Morddrohungen und die Polizei will dich nicht schützen. Bis heute, Monate später, muss sie sich und ihre Kinder verstecken. Ein normales Leben

ist unvorstellbar. Alles, weil der Hass im Netz eskaliert. Weil es so viel Raum und Freiheiten für hetzende Nazis gibt, dass sie sich immer mehr ausbreiten. Hass, Gewalt und Terror schwappen aus der digitalen in die analoge Welt über, die im Übrigen ohnehin dieselbe ist.

Was helfen strengere Gesetze, wenn dich die zuständige Polizeidienststelle nicht ernst nimmt – dich und die Morddrohung, die du erhältst? Was ist das überhaupt für eine Welt, in der Morddrohungen zum Alltag werden? In der es vor allem Menschen trifft, die sich für andere, meist schwächere, stark machen? Wissenschaftler*innen, Aktivist*innen, Ehrenamtliche, Politiker*innen, Journalist*innen, Intellektuelle, Künstler*innen. Hass und Drohungen sind mittlerweile so selbstverständlich: Keine*r der Aktivist*innen, mit denen wir sprechen, ist bislang davon verschont geblieben.

Die Aktivist*innen von Reconquista Internet kämpfen deshalb mit all ihrer Kraft gegen den Hass im Netz. Es ist keine einfache Aufgabe. Es geht ihnen nah, es berührt, macht Angst, lässt sie nicht mehr los. »Wir haben uns von Anfang an gesagt, wir müssen miteinander reden, wenn wir merken, irgendwas wird uns gerade zu krass«, erzählt Lea. »Da wir ja ehrenamtlich arbeiten, sind wir nicht gezwungen weiterzumachen, weil wir dadurch vielleicht Geld verdienen wie die Contentmoderatoren bei Facebook. Wir haben die Möglichkeit, den Laptop erst einmal auszumachen und uns miteinander auszutauschen, zu sagen, ich hab da heute was gesehen, das lässt mich nicht mehr los, ich brauche hier mentale Unterstützung, vielleicht auch Ablenkung.«[44]

Sehr viele Menschen suchen Ablenkung von ihrem Leben, indem sie anderen beim Sport zuschauen. Gerade der Fußball zeigt dabei oft die hässlichen Gesichter der Gesellschaft. Im Sommer 2021 überschütten englische Fans die Schwarzen Spieler der eigenen Mannschaft mit rassistischer Hetze im Netz, rufen zur Gewalt gegen PoCs in England auf. Dem Aufruf wird gefolgt. Und: Englische Männer lassen den Frust über das verlorene Fußballspiel an ihren Partnerinnen aus. Die Gewalt gegen Frauen steigt so rasant, dass schützende Einrichtungen überfüllt sind. Kaum ist das verlorene Spiel abgepfiffen, bieten Helfer*innen spontan im Netz Übernachtungsmöglichkeiten für verängstigte Frauen an.[45]

Im Sommer 2018 scheidet die deutsche Fußballnationalmannschaft nach der Vorrunde aus der Weltmeisterschaft aus. Ein zu viel Bier trinkender Teil der Gesellschaft sucht Schuldige. Angeheizt durch die *Bild* wird im Nu das ideale Feindbild konstruiert: Mesut Özil. Der hatte nicht nur, wie alle anderen Spieler, erfolglos Fußball gespielt, sondern sich auch zwei Monate vor der Weltmeisterschaft mit dem türkischen Staatspräsidenten Erdoğan fotografieren lassen. Bereits direkt nach der Veröffentlichung des Fotos ernten die deutschen Nationalspieler Özil und Gündogan einen Shitstorm, der medial derart angeheizt wird, dass jegliche Verhältnismäßigkeit verloren geht. Dabei ist das Verhältnis von Özil zu Erdoğan durchaus kritikwürdig. Schließlich unterstützt Özil damit öffentlich einen Despoten, der für eine rückständige, menschenrechtsverletzende und undemokratische Türkei steht. Wird diese Kritik jedoch rassistisch, verliert sie jede Berechtigung und nützt nur dem, den sie eigentlich treffen sollte.

Die Geschichte von Özil und Erdoğan wird nun nach der Weltmeisterschaft wieder ausgepackt, um Özil auch wirklich allen schwarz-rot-goldenen Trolls zum digitalen Fraß vorzuwerfen. Der dabei offen formulierte Rassismus ist nicht zu ertragen. Weder für Mesut Özil, der deshalb erklärt, nicht mehr für die Nationalmannschaft spielen zu wollen. Noch für Ali Can. Özils Schilderungen von Alltagsrassismus bringen den Sozialaktivisten auf eine Idee. Angelehnt an die weltweite #MeToo-Bewegung, bei der Frauen Geschichten von sexueller Diskriminierung und Gewalt teilten, startet Ali Can unter #MeTwo den Aufruf, Geschichten rassistischer Diskriminierungen zu teilen. Gemeinsam mit *Perspective Daily*, dem Online-Magazin, das konstruktiven Journalismus bietet.

Dienstag, 24. Juli 2018. *Perspective Daily* postet unter dem Hashtag #MeTwo ein Video, in dem Ali Can die Aktion und die Hintergründe erklärt:

> »Özil will nicht mehr für die deutsche Nationalmannschaft spielen, weil er rassistisch angefeindet wurde. Und er ist bei weitem nicht der Einzige, der für seine Herkunft diskriminiert wurde. Auch ich habe einen Migrationshintergrund und den sieht man mir an. Was man mir aber nicht glauben will, ist, dass ich für demokratische Werte einstehe. Auch ich wurde deshalb schon oft diskriminiert: In die Disco wurde ich beispielsweise nicht reingelassen, bei der Wohnungssuche oder oft in den sozialen Medien. Gestern habe ich für *Perspective Daily* kommentiert, dass wir eine neue Debatte über Alltagsrassismus brauchen. Sozusagen eine MeToo-Debatte für Menschen mit Migrationshintergrund. Und viele von euch fanden die Idee so super, dass es ab heute einen neuen Hashtag gibt: #MeTwo ist der neue Hashtag gegen die Diskriminierung von Minderheiten. Doch warum 2? Weil ich mehr bin als nur eine Identität. Ich fühle mich in Deutschland zu Hause, habe hier Freunde, gehe hier arbeiten. Und gleichzeitig kann ich mich auch mit einer

> anderen Kultur, mit einem anderen Land verbunden fühlen. Weil das Land beispielsweise mich geprägt hat, meine Eltern dort geboren sind. Oder ich die Sprache mag. Die zwei Seiten verschmelzen. Sie stehen nicht im Widerspruch. Ich bin nicht nur deutsch, weil ich mich an die Regeln halte oder Erfolg habe. Ich bin es immer. Und auch das andere. Das ist wertvoll für mich und für uns alle. Denn unsere Gesellschaft ist keine Monokultur. Welche Erfahrungen habt ihr mit Diskriminierung gemacht? Lasst uns endlich frei darüber sprechen. Mit Hashtag #MeTwo.«[46]

Das Video geht am Dienstagabend online. In den nächsten 24 Stunden gibt es nur eine Handvoll Kommentare.

Donnerstag, 26. Juli 2018. Der Journalist Malcolm Ohanwe sieht das Video. Er postet fünf verschiedene Tweets über seine Diskriminierungserfahrungen mit dem Hashtag #MeTwo. Gegenüber *Perspective Daily* erinnert er sich später: »Das Facebook-Video von Ali hatte ich gesehen. Doch bis dahin war noch nicht viel passiert. Deshalb dachte ich: Okay, ich habe eine kleine Reichweite auf Twitter und poste einmal fünf krasse Storys und schaue, was passiert. Denn ich weiß, dass Aktivisten aus dem Bereich mir auf Twitter folgen.«[47]

Und diese Menschen retweeten die Beiträge von Malcolm Ohanwe. Einige von ihnen machten ähnliche Diskriminierungserfahrungen, die sie jetzt teilen: unter #MeTwo. Der Hashtag trendet – das bedeutet: Er gehört zu den zu dieser Zeit meistverwendeten Hashtags auf Twitter in Deutschland. Prominente und Politiker*innen beginnen die Aktion zu unterstützen. #MeTwo wird groß: Auch in anderen Ländern beginnen Menschen unter #MeTwo ihre Geschichten zu teilen.

Ali Can bleibt das Gesicht der Aktion. Er gibt Interviews, wird vom Bundespräsidenten eingeladen, in jedem Artikel über #MeTwo steht sein Name. Nicht ohne Folgen, wie er uns berichtet: »Weil wir versuchen aufzuklären, werden wir zur Zielscheibe. Ich habe diese Angst seit der ersten NSU-2.0-Nachricht, die mich erreicht hatte, kurz nachdem ich #MeTwo ins Leben gerufen hatte. Alles, was ich öffentlich sage und tue, bekommen nicht nur die mit, die das unterstützen, sondern eben auch diejenigen, die bereit sind zu Gewalttaten. Und die haben keine Angst, die fühlen sich so sicher. Fühle ich mich ausreichend geschützt? Nein.«[48]

Es ist eins der schlimmsten Gefühle für Betroffene: die Ohnmacht gegenüber der Flut von Hass. Es scheint, als höre das nie auf. Warum verlassen die Betroffenen nicht die sozialen Netzwerke? Für viele sind es die wesentlichen Werkzeuge ihrer aktivistischen Arbeit. Ohne Social Media kaum Öffentlichkeit. Ohne Öffentlichkeit kein Aktivismus.

Es gibt viele Initiativen gegen Hass im Netz. Seit Jahren. Einige von ihnen machen sehr gute Arbeit. Und doch scheint es, als würde das Pro-

blem immer größer. Aktivist*innen sind besonders oft betroffen. Mit ihrer menschenfreundlichen Lebenseinstellung provozieren sie offenbar diejenigen, die versuchen, den Frust über die eigene Perspektivlosigkeit feige und anonym hinter rechtem Hass zu verstecken. Während dieser digitale Hass, die Beleidigungen bis zu Morddrohungen, leider schon lange zu beobachten sind, häufen sich seit einigen Jahren auch daraus hervorgehende analoge Gewalttaten bis hin zu Morden durch Rechtsterrorist*innen.

Wer nicht selbst von diesem Hass betroffen ist, kann sich nicht vorstellen, wie es ist, so massiv bedroht zu werden. Die betroffenen Aktivist*innen sprechen nicht gern darüber. Verständlicherweise. Außerdem lauern oft Trittbrettfahrer*innen, die wir durch die Erwähnungen erst auf Ideen bringen. Das Dilemma ist: Sprechen wir nicht darüber, wird sich auch nichts ändern. Offenbar brauchen politisch Verantwortliche und die Strafverfolgungsbehörden den öffentlichen Druck, um zu handeln.

Luisa Neubauer lebt bereits seit mehr als drei Jahren mit diesen Drohungen. »Seit ich mich öffentlich politisch äußere«, berichtet sie, »ist es ein Dauerphänomen. Sobald ich irgendwas auf Twitter oder Instagram poste, kommen nach wenigen Minuten die Hasskommentare.«[49] Und das nicht nur aus Deutschland. Luisa ist nach Greta das weltweit bekannteste Gesicht der Bewegung. Der Sohn des rechtspopulistischen brasilianischen Präsidenten Bolsonaro teilt einen Artikel, in dem behauptet wird, Greta werde von Luisa gesteuert, die selbst wiederum eine Marionette des jüdischen Milliardärs George Soros sei. Na ja, denken wir: Es gibt ja auch Menschen, die an Zeitreisen oder Außerirdische glauben. Nur dass im Fall des Bolsonaro-Sohns gleich mehrere brasilianische Fernsehteams bei der nächsten regulären Fridays-for-Future-Demo am Berliner Invalidenpark auftauchen. Trotzdem gehört dies zu den Geschichten, die Luisa Neubauer vermutlich noch wegschmunzeln kann. Wenn jedoch Hashtags wie #LuiSSa trenden, weil der Mob versucht, ihrer Familie eine nationalsozialistische Vergangenheit anzudichten, dann gibt es da auch nichts mehr wegzulächeln.

In der Dokumentation *Aufschrei der Jugend* (ARD/Arte) zitiert Luisa aus den Morddrohungen, die sie erhält: »Gegen Sie läuft ein offener Mordauftrag. Wir werden Sie wie ein zur Jagd freigegebenes Tier schlachten. Mit einer Machete. Sie können nichts machen. Der Mordauftrag läuft schon. Wir werden zu Ihrem Wohnort kommen oder zu einer Demo.«[50]

Das war vor mehr als einem Jahr. Wir können nur grob erahnen, wie stark sich das Leben von Luisa geändert hat, seit sie diesen Attacken und Drohungen ausgesetzt ist. Es scheint, als summiere sich ihr gegenüber der dumpfe Hass all derjenigen, die weder Herz noch Hirn besitzen, die den Klimawandel leugnen, die Frauen hassen genau wie die Wissenschaft. Weil sie beides nicht verstehen. Sie müssen strafrechtlich verfolgt und zur Rechenschaft gezogen werden. Deutlich konsequenter als bisher. Als wir Luisa sprechen, wirkt sie gut gelaunt und ausgeglichen. Wir erkundigen uns, wie sich die Lage entwickelt hat: »Bedrohungstechnisch würde ich jetzt keine Erfolge vermelden«, resümiert sie bitter lächelnd. »Ich würde sagen, dass das mehr wird.«[51]

Fast scheint es, als habe sie sich mit der Zeit damit abgefunden, womit sich eigentlich niemand abfinden kann: Hass, Hetze, Morddrohungen. Es ist faszinierend, wie sachlich sie darüber spricht. Luisa Neubauer ist zu schlau, um den primitiven Hetzern zu geben, was sie wollen: ihre Angst. Stattdessen bleibt sie immer bei ihrem Thema. Bei der Klimakrise. Nicht um abzulenken, sondern ganz im Gegenteil: um eben nicht ablenken zu lassen von der größten Krise der Menschheit. Denn obwohl ihr das natürlich Menschen unterstellen: Ihr geht es nicht um sich, sondern um die Sache. Von Anfang an. Wenn es nicht ums Klima geht, zeigt Luisa Neubauer wenig Emotionen in der Öffentlichkeit. Warum sollte sie auch? Wir erkundigen uns nach ihrem privaten Umfeld. Wie gehen Freund*innen und Familie mit den Drohungen gegen Luisa um? »Meine

Mutter ist ein Fels in der Brandung«, verrät Luisa, »die ist so entspannt, wie man nur entspannt sein kann. Das ist gut für mich, dass sie das zumindest so vorgibt. Ich weiß gar nicht, wie gelassen sie damit tatsächlich ist, aber sie ist sehr souverän. Sie ist Krankenschwester von Beruf. Ich glaube, da ist man auch einfach die ganze Zeit immer so ein bisschen im Notfall.«[52]

Es klingt beinahe beruhigend: Immerhin 73 Prozent der Menschen in Deutschland finden es sehr wichtig, Hass und Hetze in Diskussionen entgegenzutreten. Aber deutlich weniger tun es tatsächlich. Nur 33 Prozent derjenigen, die in Kontakt mit einem Hasskommentar gekommen sind, haben schon einmal einen Kommentar gemeldet.[53]

Für Dana Buchzik ist der gewaltige Hass im Netz allgegenwärtig. Privat wie beruflich. Sie ist Expertin für Radikalisierung. Sie hat sich angesehen, wie und wo der Hass entsteht, und ist »der festen Überzeugung, dass die sozialen Medien Hassrede erst wirklich groß gemacht haben mit ihren ›recommender systems‹«. Dana erklärt, wie die Algorithmen funktionieren, nämlich indem »sie Menschen möglichst lange auf einer Seite festhalten, damit die maximal viele Werbeanzeigen sehen«. Radikale Personen seien für Plattformen wie Facebook »quasi ein Jackpot«, sagt sie, »weil sie unheimlich exzessiv konsumieren, weil sie ganz viel kommentieren, weil sie ganz viel teilen. Das macht sie zu guten Kunden.«[54] Und die sozialen Netzwerke wollen diese Kund*innen halten. Deshalb arbeiten die Algorithmen so, dass sie aktives Verhalten belohnen, unabhängig von den Inhalten. Die Folgen: Die Plattformen verdienen mit dem Hass viel Geld, und sie helfen dabei, dass er sich schneller und effektiver verbreitet.

Dana Buchzik denkt, dass Facebook, Twitter oder Telegram schon längst Algorithmen programmieren könnten, die »zwischen menschenfeindlichen und menschenfreundlichen Inhalten«[55] unterscheiden. Doch das tun sie nicht, weil sie dadurch weniger Gewinne machen würden. Stattdessen lautet die standardisierte Antwort der Plattformen auf das Thema Hass seit Jahren: User*innen sollen Gegenrede betreiben. Also möglichst viel auf den Hass reagieren. Diese Ansage ist perfide, da klar ist, dass allein die Unternehmen davon profitieren, weil die Gegenrede für noch höhere Aktivität auf den Seiten sorgen würde. Das Problem selbst hingegen würde am Ende verschärft statt gelöst. Dana Buchzik findet diesen Ansatz »grotesk«, denn »du als Bürger*in hast jetzt quasi die Aufgabe, diese Dynamik wieder einzufangen, und die Aufgabe, in deiner Freizeit radikale Personen zu bekehren. Viel zynischer geht es nicht.« Und was, wenn wir versuchen, einen friedlicheren Umgang in den sozialen Netzwerken zu etablieren? Die Radikalisierungsexpertin erklärt, dass höfliche Diskurse »unsichtbar« gehalten werden: »Wir sehen nur das, wo die Leute sich zerfleischen, weil das eben von den Algorithmen befeuert wird.«[56]

Gib es denn nichts, was wir tun können? Als Gesellschaft? Als Aktivist*innen untereinander und füreinander? Hier gibt es viele konstruktive Ansätze:

1. Wir können Druck auf politische Entscheider*innen ausüben. Die Strafverfolgung von Täter*innen muss konsequenter durchgeführt

werden und durch Fachleute erfolgen. Rechte Strukturen innerhalb von Behörden selbst müssen identifiziert und beseitigt werden. Diesen Druck machen wir, indem wir die Forderungen formulieren und adressieren. An unsere Abgeordneten. Und indem wir laut sind: auf der Straße sowie im Netz.

2. Wir können Initiativen unterstützen, die helfen. Initiativen wie Hassmelden brauchen Spenden. Damit unterstützen wir am Ende die Opfer und stärken den Kampf gegen die Täter*innen.

3. Wir können uns stärker als Gemeinschaft formieren, um der Minderheit an Hassenden klar entgegenzustehen. Wir sind mehr. Und das müssen wir auch nutzen. In so einer klaren Wucht, dass denen die Lust am Hass vergeht. Es ist das alte Problem: Wenn wir die sozialen Medien den Hassenden, den Menschenfeinden überlassen, dann dürfen wir uns nicht wundern, wenn sie dort den Ton angeben. Es muss dort endlich eine zivilisierte Mehrheit geben, die für ein friedliches, höfliches und demokratisches Miteinander Sorge trägt.

Luisa Neubauer gibt sich diesbezüglich vorsichtig optimistisch: »Ich glaube, dass es zumindest immer größere Mehrheiten gibt, die sich proaktiv für eine Art von Klimaschutz, aber auch für den Schutz von denjenigen, die sich dafür einsetzen, aussprechen. Ich glaube, da gibt es so eine gemeinsame Bewegung. Was wir aber eben parallel erleben müssen, ist eine wirklich beunruhigende Radikalisierung bei denjenigen, die dem entgegenstehen.«[57]

Wäre es nicht sinnvoll, wenn sich Menschen in sozialen Medien nicht mehr gegenseitig an den Pranger stellen könnten? Wer anderen etwas zu sagen hat, dürfte das nur noch in Direktnachrichten, von Person zu Person, machen. Denn wenn es aufhört, dass Millionen andere mitlesen, weiter kommentieren und sich gegenseitig anstacheln, dann hören die großen Shitstorms auf, erst dann können wir das Problem reduzieren. Der Hass darf sich nicht so einfach multiplizieren. Um nicht jegliches Kommentieren zu verbieten, könnte die Kommentarfunktion beispielsweise für 48 Stunden begrenzt werden.

Hetzende User*innen finden gerade in Krisenzeiten zueinander. So auch während der Coronapandemie. Der Versuch, Zusammenhänge zu begreifen, scheitert nicht selten am Hass: auf Wissenschaft, auf Politiker*innen, auf Aktivist*innen. Die Krise macht das Schlechte, das Böse sichtbar: Rechtspopulisten, Sexisten, Menschenfeinde, Rechtsterroristen, Wissenschaftsleugner – meist sind es Männer mit überholten Weltbildern. Dort ist weder Platz für Komplexität noch für gleichberechtigte oder gar politische Frauen. Der Hass dieser rechten Männer richtet sich vor allem gegen diejenigen, die für liberale Werte eintreten.

Aktivistinnen werden attackiert, weil sie Frauen sind. Kaum ein Aktivist wird angefeindet, weil er ein Mann ist. Sondern weil er sich engagiert, gegen die Klimakrise, für Inklusion, gegen Rassismus – weil er eine Behinderung hat, weil er in einem anderen Land geboren wurde, weil er eine andere Religion hat. So erzählt es uns auch Shai Hoffmann, der es oft mit Antisemitismus im Internet zu tun bekommt: »Ich bin ja in den sozialen Medien ein sehr transparenter Mensch. Und natürlich werde ich da auch angefeindet und bekomme Hass ab.«[58]

Natürlich? Entspricht dieses Verhalten tatsächlich unserer Natur? Ist es mittlerweile eine Selbstverständlichkeit, dass Menschen beschimpft werden? Bis vor Kurzem ist die Forschung davon ausgegangen, dass sich Menschen im Internet viel böser verhalten, als sie es in analogen Begegnungen tun würden. Wir erinnern uns an Shai Hoffmanns Frage: »Was ist denn eigentlich, wenn wir uns treffen und uns direkt in die Augen schauen: Hassen wir uns dann auch?« Und wir haben uns bislang damit beruhigt, dass dies ja online viel schlimmer sei als im vermeintlich realen Leben. Eine neue Studie zu politischen Diskussionen im Internet[59] deutet jedoch »auf eine sehr hohe Übereinstimmung zwischen denjenigen, die im Internet beleidigend sind, und denjenigen, die auch in persönlichen Gesprächen beleidigend sind«, hin.[60] Die Studie geht so weit, zu sagen, es sind die Menschen, die böse sind. Es sind nicht das Medium und seine Anonymität, die sie zu diesem Verhalten verleiten.

Für die Betroffenen macht dies wohl nicht viel Unterschied. Werden wir Ziel von Hass im Netz, ist vielmehr die Frage: Was können wir tun? Was, wenn uns der Hass erreicht oder wir ihn in unserem Umfeld beobachten?

Wir haben bereits von Radikalisierungsexpertin Dana Buchzik gehört, warum Gegenrede keine gute Option ist. Sie befeuert die Algorithmen, die am Ende den Hass verteilen und die Plattformen davon profitieren lassen. Der Grundgedanke scheint trotzdem richtig: Hass und Fake News sollen nicht unwidersprochen stehen bleiben und weiterhin so von anderen wahrgenommen werden. Denn »Gegenrede« muss heißen: mit Haltung kommentieren, den Hass demontieren und entkräften. Wenn ein Hasskommentar unwidersprochen bleibt, wirkt er am Ende allgemein akzeptiert. Nun stammt die Idee von *Counter Speech* (Gegenrede) aus einer Zeit, in der Hasskommentare und Fake News als Spitze des bösen Eisbergs galten. Leider ist der dunkle, braune Sumpf mittlerweile deutlich größer, gewalttätiger und gefährlicher. Gegen persönliche Angriffe oder gar Morddrohungen hilft *Counter Speech* nicht. Zudem frisst sie unfassbar viele Ressourcen, wie uns Pia von Reconquista Internet berichtet. Sie versucht lange, mit Gegenrede andere zu unterstützen und für Aufklärung zu sorgen, doch »*Counter Speech* ist unheimlich zeitaufwendig und schlauchend. Das macht einen richtig fertig. Also man muss eine dicke Haut haben, um das auszuhalten.«[61] Den Aktivist*innen von Reconquista Internet ist schnell klar, dass ihre Ressourcen nicht ausreichen und diese Strategie auch keinen echten Erfolg haben kann. »Im Endeffekt geht es darum, den Diskurs zu entschärfen und wieder zu einem Ort zu machen, wo jede*r angstfrei teilnehmen kann«, sagt Aktivistin Lea. »Wenn ich

Feuer mit Feuer bekämpfe, dann brennt der Raum trotzdem. Und das ist nicht das Ziel.« Es sei wichtig, die Täter*innen anzuzeigen und juristisch zur Verantwortung zu ziehen: »Wir haben festgestellt, es gibt eigentlich einen großen Partner, die Justiz. Da ist eine große Schnittmenge zwischen dem, was wir wollen und was sie will.«[62] Es dürfte ein einmaliger Fall sein, in dem Aktivist*innen ganz offiziell den Strafverfolgungsbehörden zuarbeiten. Ist das konstruktiver Aktivismus? Ja. Die Aktivist*innen merken, dass ihre Methoden nicht zielführend waren, nicht effektiv. Sie überlegen, wie sie im Sinne ihres Ziels besser agieren können, und finden einen neuen Weg.

Eine ganze Generation vor den Aktivist*innen von Reconquista Internet liegen die Ursprünge der Feminismusaktivistin Anne Wizorek. Es ist das Ende der Anfangsjahre von digitaler Kultur in Deutschland, vor allem in Berlin. Es ist das Ende der großen Zeit der Blogs, als sich Menschen tatsächlich selbst als »digitale Boheme« bezeichnen und Begriffe wie »Blogosphäre« benutzen. Das gelebte Klischee: mit dem Laptop im Café. Kurz denken sie sogar, Blogger*in sei ein Beruf. Willkommen in der digitalen Filterblase. Wenige der damaligen Akteur*innen sind bis heute anerkannte Dichter und Denker der Neuzeit: re:publica-Gründer Johnny Haeusler oder Autorin Kathrin Weßling. Im Jahr 2013 war die große Zeit der Blogger*innen schon so gut wie um. Längst äußerten sich die Menschen auf Facebook oder Twitter und irgendwann auch auf Instagram. Anne Wizorek ist Teil dieser alten digitalen Filterblase. Sie ist bereits seit 2008 aktiv als @marthadear bei Twitter und als Autorin beim einstigen Erfolgsblog *spreeblick* von Johnny Haeusler.

Am 14. Januar 2013 gründet Anne Wizorek den Gemeinschaftsblog *kleinerdrei* zu Themen aus Gesellschaftspolitik und Popkultur. Letzteres ist auch so ein Begriff aus dem ersten Jahrzehnt dieses Jahrhunderts. Anne Wizorek versteht sich bereits als Feministin: »Besonders ausschlaggebend dafür, dass ich mich überhaupt Feministin genannt habe, war die amerikanische Aktivistin und Autorin Jaclyn Friedman, die insbesondere zu Themen sexueller Selbstbestimmung und dem Einsatz gegen sexualisierte Gewalt arbeitet. Ich habe damals Texte von ihr gelesen, die mich unfassbar beeindruckt haben, allein weil sie auch schon so offen über Sexualität und ihre traumatischen Erfahrungen geschrieben hat. Und dann habe ich entdeckt, was sie sonst so macht, und fand einfach, die ist 'ne coole Sau, so will ich auch sein.«[63]

Es ist die Nacht vom 24. auf den 25. Januar 2013. 00:11 Uhr. Anne Wizorek sitzt am Schreibtisch, vor ihr der Computer. Der Bildschirm bringt noch Licht ins Dunkel. Den Tag über hat sie sich auf Twitter unter anderem über den neuen Film von Quentin Tarantino, *Django Unchained*, ausgelassen. Währenddessen erscheint auf dem Gemeinschaftsblog *kleinerdrei* ein Beitrag von Autorin Maike mit dem Titel »Normal

ist das nicht!«. Es geht um Sexismus und sexuelle Belästigungen im Alltag. Die Autorin schreibt: »Laura Bates, Betreiberin der Seite everydaysexism.com, hat eine Aktion ins Leben gerufen, um mittels des Hashtags #ShoutingBack *Street Harassment* auf Twitter sichtbar zu machen und so verbal zurückzuschlagen. Was hält uns davon ab, dort mitzumachen? Ebenso denkbar wäre es, einen deutschen Hashtag ins Leben zu rufen.«[64]

Einen Tag zuvor, am Donnerstag, den 24. Januar 2013, erscheint im Magazin *Stern* der Text »Der Herrenwitz« der Journalistin Laura Himmelreich. Weil sie darin unter anderem beschreibt, wie der FDP-Politiker Rainer Brüderle ihr an der Hotelbar auf die Brüste geschaut und dies mit »Sie können ein Dirndl auch ausfüllen« kommentiert habe, startet eine Debatte über Sexismus in der Politik. Der Blogartikel von Maike erscheint also fast zeitgleich, aber völlig unabhängig davon.

Der Beitrag auf *kleinerdrei* bewegt die Leser*innen. Er wird oft geteilt. Frauen beginnen ihre eigenen Erlebnisse zu erzählen. Meist auf Twitter. Das entdeckt Anne Wizorek jetzt, als sie kurz nach Mitternacht noch mal die Seite mit dem hellblauen Vögelchen aufruft. Maike hat bereits in ihrem Blogbeitrag vorgeschlagen, einen eigenen Hashtag für diese Erfahrungen zu finden. Weitere Frauen aus der Community folgen dieser Idee. Es ist 00:26 Uhr.

> wir sollten diese erfahrungen unter einem hashtag sammeln. ich schlage #aufschrei vor.[65]

Das schreibt Anne Wizorek auf Twitter und gibt der Debatte damit ihren Namen: #aufschrei. Der Hashtag wird nur Augenblicke später von weiteren Frauen aufgegriffen, die ihre Erlebnisse verbaler oder körperlicher sexueller Übergriffe schildern. Anne Wizorek ist sehr müde. Doch sie kommt nicht los von dem, was jetzt gerade unter #aufschrei beschrieben wird. Sie teilt ihre eigenen Erfahrungen.

> der kommilitone, der mir anbot, mich nach Hause zu fahren, und während der fahrt seine hand nicht von meinem knie nahm. #aufschrei[66]

> der vater einer schulfreundin, der auf ihrer geburtstagsfeier all ihren freundinnen poklapse gab. ich habe mich immer versteckt. #aufschrei[67]

Anne Wizorek weint. Die Anzahl an Geschichten, die einzelnen Erlebnisse, all das ist zu viel. Erst nach drei Uhr in dieser Nacht findet sie Nachtruhe. Sie glaubt nicht, dass es der #aufschrei bis zum Morgengrauen schaffen wird.

Wenige Stunden später klingelt der Wecker. Anne Wizorek greift zum Telefon. Noch nicht aufgestanden, prüft sie die Nachrichtenlage auf Twitter. Wie jeden Morgen. Nichts ist wie jeden Morgen. Twitter ist über Nacht explodiert. Zumindest aus Sicht von Anne Wizorek, die wenige Stunden zuvor den Hashtag #aufschrei startete. Alles spricht und schreibt darüber. In Annes Postfach finden sich erste Presseanfragen. Die

Süddeutsche berichtet bereits über #aufschrei. In den nächsten Stunden und Tagen folgen unzählige Interviews für Anne Wizorek, samt Auftritt in der Sonntagabend-Talkshow von Günther Jauch.

Die mediale Aufmerksamkeit führt dazu, dass noch mehr Frauen unter #aufschrei ihre Erfahrungen sexueller Diskriminierung teilen: Allein in den ersten 14 Tagen erscheinen 58 000 Beiträge mit dem Hashtag.[68]

Aber sowohl für die tausenden Frauen, die sich hier mutig beteiligen, als auch für die Initiatorin bedeutet #aufschrei auch wieder Gewalt. Psychische Gewalt. Nicht nur durch die Erinnerungen an das, was sie teilen. Sie kommt in Form von Hassnachrichten, Vergewaltigungsdrohungen, Verleumdungen, Beleidigungen. Die Flut an Sexismus offenbart, dass das gesellschaftliche Problem noch viel gegenwärtiger, offener ausgetragen und gesellschaftlich verbreitet ist als befürchtet. Bittere Bestätigung findet sich im Kommentar des damaligen Bundespräsidenten Gauck: »Wenn so ein Tugendfuror herrscht, bin ich weniger moralisch, als man es von mir als ehemaligem Pfarrer vielleicht erwarten würde.« Es gäbe sicher in der »Frauenfrage« noch einiges zu tun, aber »eine besonders gravierende, flächendeckende Fehlhaltung von Männern gegenüber Frauen kann ich hierzulande nicht erkennen«[69].

Sieben Jahre später sitzen wir mit Anne Wizorek in der Alten Münze, einem ehemaligen Münzprägewerk in Berlin-Mitte. Mittlerweile sind die Mechanismen des Hasses im Netz bekannter, erforschter und analysierter als zur Zeit des Hashtags #aufschrei. Wir wissen nicht nur, dass der Hass im Netz fast ausschließlich von rechts[70] kommt, wir wissen auch, dass er sich vor allem gegen Frauen richtet[71]. Für Anne Wizorek ging es wortwörtlich über Nacht los: »Ich bin da in einer Art und Weise angegriffen worden, darauf kannst du keinen Menschen vorbereiten. Ich habe #aufschrei ja in der Nacht von Donnerstag auf Freitag losgelassen. Am Sonntag saß ich schon bei Günther Jauch. Da wusste ich nicht, ob ich da ein Wort rauskriege. Aber mir war das Thema zu wichtig, um es nicht wenigstens auszuprobieren oder zu sagen: Ich spring jetzt hier ins kalte Wasser.«[72]

Und spätestens dieser Sprung macht Anne Wizorek zur Aktivistin. Sie denkt nicht in erster Linie an sich, sie denkt an die Sache.

BE G

WE

UNG.

»Hashtags stoßen keine Bewegung an. Menschen tun das.«[1]

Alicia Garza

Es begann mit Aktionen wie #aufschrei oder #ShoutingBack, die heute mit vielen anderen als »Hashtag-Aktivismus« bezeichnet werden. Im Jahr 2017 folgt die globale Variante unter dem Hashtag #MeToo. Auslöser sind die Enthüllungen sexueller Übergriffe durch den US-amerikanischen Filmproduzenten Harvey Weinstein. #MeToo wird allein am ersten Tag, dem 15. Oktober 2017, mehr als 200 000-mal auf Twitter verwendet[2] und von mehr als 4,7 Millionen Nutzer*innen auf Facebook. Er trendet in mehr als 85 Ländern, ein Jahr später ist aus dem Hashtag eine weltweite Bewegung geworden.[3]

Wie war das für Anne Wizorek als Initiatorin von #aufschrei? Wie hat sie es erlebt, dass vier Jahre später wieder unzählige Frauen und diesmal auch einige Männer von sexueller Diskriminierung und Gewalt erzählen? »Als #MeToo losgegangen ist, hat man sich im deutschsprachigen Raum auch auf #aufschrei bezogen«, sagt sie, »aber ich hatte das Gefühl, wir treten auf der Stelle. Wir kommen irgendwie nicht darüber hinaus, dass Betroffene ihre schmerzhaften und erniedrigenden Erfahrungen teilen und sich seelisch nackig machen müssen. Am Ende wirst du nur im Nachrichtenzyklus verdaut und wieder ausgespuckt. Dann ist völlig egal, wie es dir gerade geht. Insofern habe ich da auch mittlerweile eine kritischere Einstellung oder zumindest höhere Ansprüche daran, heutzutage Hashtag-Kampagnen zu machen.«[4]

Was als »Hashtag-Aktivismus« beschrieben wird, wird gern im selben Atemzug kritisiert: »Denn etwas posten und mit einem Hashtag versehen, das kann ja jede*r tun.« Doch hier werden zwei Dinge verwechselt. Während »Hashtag-Aktivismus« aktivistische Kampagnen oder sogar Bewegungen beschreibt, deren Ursprung in den Social Media liegt und die es ohne # gar nicht gäbe, benennt der Begriff »Slacktivism« die problematische Seite von Online-Beteiligung: Er beschreibt die Wahrnehmung, es reiche aus, mich online allein durch einen Like, einen Share oder einen kurzen Post zu betätigen. Aktivistisch vom Sofa aus. Das ist aber nur am Rande ein Problem von »Hashtag-Aktivismus«. Zum einen gibt es so gut wie keine aktivistischen Kampagnen und Aktionen mehr, die ohne soziale Medien arbeiten. Und dort werden Hashtags aus guten Gründen eingesetzt. Zum anderen gibt es mittlerweile ganze Bewegungen, die ohne die Kraft sozialer Medien und ohne die Funktionen und Strahlkraft ihres Hashtags gar nicht hätten entstehen können. Interessanterweise handelt es sich bei diesen beiden Bewegungen um die vermutlich größten der Gegenwart: #fridaysforfuture und #blacklivesmatter.

Durch prägnante Hashtags sammeln sich nicht nur Beiträge zu den Themen, es bilden sich neue Bewegungen. Selbstverständlich nicht allein durch den Hashtag, aber eben auch nicht ohne ihn. Es würde Fridays for Future nicht ohne Greta Thunberg geben. Nicht ohne die Geschichte des Mädchens vor dem Parlament, das einen Schulstreik fürs Klima startet. Doch ohne den Hashtag #fridaysforfuture wäre aus der Erzählung keine weltweite Bewegung entstanden. Er erklärt sehr kompakt, worum es geht und wie der Protest funktioniert – und er ist identitätsstiftend: Er gab den Namen, unter dem sich die jungen Menschen zusammenfinden, mit dem sie sich identifizieren.

Hashtags sind die politischen Leitsätze der Gegenwart. Sie schaffen oft etwas, das jeder Bewegung und Aktion nützt: Sie bringen den wesentlichen Gedanken auf den Punkt. Sie ermöglichen Vernetzung und Organisation von Menschen, die sich nicht kennen. Sie sorgen für Reichweite, Aufmerksamkeit und Bedeutung eines Themas. Nicht jeder Hashtag funktioniert. Natürlich nicht. Auch nicht jede Initiative wird eine Bewegung, nicht jede Geschichte wird weitererzählt.

Entscheidend ist: Was für Bewegungen, Protest, Initiativen gilt, gilt auch für Hashtags – sie funktionieren nicht top-down, von oben initiiert. Wenngleich die Werbeagenturen dieser Welt unaufhörlich damit beauftragt werden. Gelegentlich schaffen sie es auch: Ein*e Werbetexter*in erdenkt einen Hashtag, dem sodann mit großem finanziellen Aufwand Aufmerksamkeit verschafft wird. Verbirgt sich dahinter kein authentisches Anliegen, kein echter, sondern inszenierter Protest, verpufft dieser Hashtag, noch bevor die Texter*in den nächsten Auftrag auf dem Schreibtisch hat.

Wie arbeiten Aktivist*innen mit sozialen Medien? Sie nutzen die großen Plattformen, um Öffentlichkeit für ihre Botschaften zu schaffen, über ihre Themen aufzuklären, Druck auf Entscheidungsträger*innen auszuüben, neue Mitstreiter*innen zu rekrutieren und mehr Sympathisanten zu gewinnen. Für Letzteres scheinen Instagram und Co. wie gemacht, schließlich messen sie nichts anderes als Momentaufnahmen von Sympathie, wenn sie Likes zählen. Aus politischer und aktivistischer Sicht geht es meist darum, dass Menschen sich zu einer Haltung oder auch einer Bewegung bekennen können. Beliebt sind dabei Profilbildgeneratoren. Wer sein Foto auf dem Facebook-, Insta-, Twitter- oder WhatsApp-Account mit einer bestimmten Farbe oder einem Slogan versieht, zeigt auf einfachstem Weg: Ich unterstütze das. Das mag auf den ersten Blick nicht viel wert sein. Entdeckst du in der eigenen Community aber plötzlich mehr und mehr »Je suis Charlie«, »Klimastreik« oder regenbogenfarbene Profilbilder, spürst du die Relevanz eines Themas. Richtig, das verändert noch nichts in der Sache. Doch damit sich etwas bewegt, braucht es Anschub, weitere Schritte. Und die sind manchmal sehr klein. Eine Haltung im Profilbild zeigt, dass sich die Person mit der eigenen Position auseinandersetzt. Etwas passiert. Es ist vermutlich der kleinstmögliche Schritt nach der digitalen Herzchenvergabe für das jährliche Hiroshima-Gedenktag-Sharepic.

Doch als Nächstes folgt vielleicht ein eigener Kommentar, ein Retweet oder Share: Jede Handlung stärkt die Haltung. Aus dem Bekenntnis zu einer politischen Position wird das Vertreten einer Meinung, indem wir für sie einstehen und argumentieren. Sosehr manch Aktivist*in auch darüber lächeln mag, aber was hier passiert, ist ein Prozess. Er verläuft in unterschiedlichen Geschwindigkeiten, mit unterschiedlichem Ausgang. Die allerwenigsten, die mal Herzchen oder Däumchen unter einem Sharepic geklickt haben, werden Aktivist*in in dieser Sache. Auch die wenigsten derer, die ihr Profilbild färben oder einen Kommentar verfassen. Andererseits fängt bei den meisten jüngeren Aktivist*innen die Auseinandersetzung mit dem Thema genau so an: mit einem Like, einem Share, einem Retweet.

Soziale Medien und ihre Mechanismen werden zu Recht stark kritisiert. »Zu viel Zeit in sozialen Netzwerken tut uns nicht gut«, zitiert Luisa Neubauer die Psychologen der Bewegung, »es ist einfach nicht gut für den Kopf, es macht einen irgendwann verrückt. Das sind so absorbierende Blasen. Ich verbringe so viel Zeit in diesen sozialen Netzwerken. Dabei ist es oftmals einfach nicht der Ort, wo Gesellschaft stattfindet, und auch nicht der Ort, wo Wandel stattfindet.«[5]

Und doch sind es politische Orte. Deren Wege von allen genutzt werden: von morddrohenden Nazis über rechtspopulistische Politiker*innen oder reaktionäre Journalist*innen bis hin zu Aktivist*innen, die hier zusammenfinden, wo sie feststellen, dass sie nicht allein sind, es noch andere gibt, die Gutes wollen, die etwas bewegen. Es ist keineswegs nur Fridays for Future, das über soziale Medien entstanden ist. Fast alle neueren Bewegungen der letzten zehn bis 20 Jahre sind Kinder von Facebook, Instagram oder WhatsApp.

Trotzdem blicken Aktivist*innen kritisch auf soziale Netzwerke. Waldemar Zeilers unternehmerisches wie aktivistisches Tun findet größtenteils mit Hilfe von Social Media statt. Er wiegt Vor- und Nachteile ab: »Die Mobilisierung ist einfach, man kann schnell Botschaften raushauen. Aber die Gegenbewegungen können viele Sachen auch genauso schnell zerstören. Und es braucht ja mehr als einen Erstaufruf oder kurz eine Demo. Wir müssen andere Formen der Zusammenarbeit finden. Wir berauben Menschen so viel Lebenszeit, indem wir sie den Algorithmen dieser Social-Media-Monster folgen lassen und sie mit Informationen füttern. Am Ende sorgen wir mit unserem Content dafür, dass sich noch mehr Leute vor diese Bildschirme knallen und sich Facebook und Co. die Taschen voll machen. Das kann es ja auch nicht sein. Hätten wir unabhängige Social-Media-Konzerne, Non-Profit-Organisationen, die keine Algorithmen bauen, die uns nur in unserer Meinung bestätigen, könnte Social Media so richtig cool sein, aber aktuell ist das echt schwierig. Wir arbeiten da nur für jemand anderen.«[6]

Das größte Problem mit sozialen Medien liegt darin, dass die Algorithmen Inhalte fördern, die Empörung und Hass hervorrufen, weil sie Reaktionen provozieren. Die Algorithmen würden dasselbe auch für bessere Inhalte tun. Gäbe es nur mehr Menschen, die sie sehen möchten.

Fridays for Future

Im August 2019 folgt die Welt dem Hashtag #UniteBehindTheScience und sogleich einem Schiff auf dem Atlantischen Ozean. Eine Schülerin aus dem alten Europa segelt mit ihrer Botschaft nach Amerika. Um das Leben auf der Erde zu retten. Die Symbolik, die Bilder, die Erzählung – es sind überwältigende Momente, es könnte nicht größer sein. Innerhalb von Fridays for Future sind viele Aktivist*innen zwiegespalten. Greta erhält ihre volle Unterstützung, doch hadern einige damit, dass mit dem Segeln wieder das Reisen von Klimaaktivist*innen thematisiert wird. Schließlich geht es nicht um das individuelle Verhalten von jungen Menschen, sondern darum, für systemische Veränderungen zu sorgen. Weniger informierte Menschen stellen währenddessen gern die rhetorische Frage, ob »wir nun alle immer über den Atlantik segeln sollen, wenn wir nach Amerika möchten«. Ein Blick auf die Malizia 2 reicht aus, um die Frage zu beantworten. Die Reise ist so komfortabel wie ein Flug ins All: Extreme Enge, Lautstärke, Bedürfnisbefriedigung – das alles ist vergleichbar mit der Raumfahrt. Es sind zwei Wochen ohne Dusche und ohne Toilette: Zwei Eimer an Bord – das ist alles.

Schnell stellt sich heraus: Niemand bei Fridays for Future muss sich sorgen, dass die Aufmerksamkeit nur noch auf Greta und ihrer Atlantiküberquerung liegt. Im Gegenteil, zur gleichen Zeit steigen auch Unterstützung und Zulauf für die Bewegung. Auf allen Bildern von Greta und dem Schiff steht groß #fridaysforfuture. Social-Media-Expert*innen an Land sorgen dafür, dass mindestens jeder zweite Post Fakten zur Klimakrise kommuniziert und nicht nur Bilder vom Boot.

Die Bedeutung von Social Media für den politischen Aktivismus der Gegenwart geht weit über Hashtags hinaus. Schließlich organisieren und kommunizieren vor allem jüngere Bewegungen nicht über Plattformen wie Twitter oder Facebook, sondern über Messengerdienste wie WhatsApp. Dort haben sie unzählige Gruppen, tippen schnell ins Telefon: »Demo am Freitag, 12 Uhr, Invalidenpark«. Und schon stehen ein paar Tage später hunderte von streikenden Schüler*innen in Berlin-Mitte neben dem Bundeswirtschaftsministerium. Nein, ganz so einfach ist das dann doch nicht. Aber fast.

Seit Beginn der Bewegung in Deutschland im Dezember 2018 organisiert sich Fridays for Future über die lokalen Messengergruppen. Die überregionalen AGs mit jeweils bis zu drei Vertreter*innen aus den

Städten kommunizieren ebenfalls über WhatsApp. Klingt nach digitalen SPD-Ortsverbänden? Ein wenig. Doch die Teilnehmer*innen-Zahlen sind bei den Klimaaktivist*innen deutlich höher. Vom Engagement, also der tatsächlichen Beteiligung, ganz zu schweigen. Zu Hochzeiten waren es bis zu 700 Ortsgruppen[7] sowie bundesweite WhatsApp-Gruppen. Diese Strukturen dienen vor allem der Planung und Organisation, nicht etwa der inhaltlichen Diskussion.

»Vieles an dieser Struktur wirkt noch unfertig und improvisiert«, stellen Forscher*innen des Instituts für Protest- und Bewegungsforschung fest, »genau dieser Charakter« sei es aber, »der FFF auch unter strukturellen Gesichtspunkten für junge Menschen attraktiv macht und einen scharfen Kontrast zu Strukturen in etablierten Verbänden und Parteien bildet«[8]. Nicht alle Teilnehmer*innen an den freitäglichen Streiks sind in der Bewegung organisiert. Die Demonstrationen mit tausenden Menschen wurden vor allem über direkte und persönliche Kommunikation auf die Beine gestellt. Mehr als 90 Prozent der protestierenden Schüler*innen und rund 80 Prozent der erwachsenen Demonstrierenden erfuhren über »persönliche Gespräche mit Freunden und Bekannten« vom geplanten Streik.[9] Nun steckt der Termin bei Fridays for Future in gewisser Weise bereits im Namen, und in vielen Städten arbeiten die Aktivist*innen klug mit sich wiederholenden Abläufen: Nicht nur der Wochentag, sondern auch Uhrzeit und Ort bleiben immer gleich, um es den Teilnehmenden möglichst einfach zu machen. Auch auf die Zugänglichkeit wird geachtet, so dass die Demonstrationen für möglichst viele Menschen gut erreichbar sind. Trotz dieser Faktoren ist es bemerkenswert, welch geringe Rolle herkömmliche Massenkommunikation zu spielen scheint. Selbst die Organisationen, die die Proteste aktiv unterstützen, ob Greenpeace, WWF oder BUND, scheinen nur einen geringen Anteil an der Mobilisierung zu haben.[10]

Aus Perspektive der über 30-Jährigen formuliert, ist Fridays for Future die erste große politische Bewegung, die ausschließlich aus sogenannten *Digital Natives* besteht. Sie sind nicht nur mit »dem Internet« aufgewachsen, sondern auch mit den sozialen Medien. Daher der selbstverständliche Umgang und damit der Vorsprung in Kommunikation und Reichweite vor allem gegenüber jenen, die weiter in Parteizentralen über die Frage diskutieren, ob »die Menschen« das denn verstehen, wenn sie da auf ihre Großflächenplakate so ein »Hashdings« draufmachen. Vielleicht einfach mal Willy Brandt fragen, der steht doch unten im Foyer: Mehr Kommunikation wagen.

Die Kraft der niedrigschwelligen Beteiligung lässt die Bewegung Fridays for Future 2019 rasant wachsen. Am bisher größten Klimastreik im September 2019 nehmen in Deutschland rund 1,4 Millionen Menschen teil. Und die Proteste gehen auch nach diesem Teilnehmer*innen-Höhepunkt weiter, allen Gegner*innen zum Trotz. Selbst wenn an einem verregneten Freitag einmal nur eine Handvoll Schüler*innen zum Streik kommen, der Kraft der Bewegung nimmt das nach außen nur wenig.

Im Frühjahr 2020 verändert sich alles, denn »dann kam Corona«, erinnert sich Luisa Neubauer. »Und die zwei Säulen, auf denen wir als Bewegung stehen, kamen ins Wanken: die Massenproteste und die Haltung, die bedrohlichste Krise der Welt als unsere eigene zu verstehen. Weil Massenproteste nicht gingen und die größte, bedrohlichste Krise für die Menschen zu dem Zeitpunkt Corona war. Und eigentlich könnte man dann denken, das ist das Ende von Fridays for Future. Denn es kam eine andere Krise. Und die wurde auf einmal sehr ernst genommen. Es wurden die krassesten, disruptivsten Maßnahmen umgesetzt – in kürzester Zeit. Es wurden Gelder bereitgestellt, von denen man gar nicht wusste, dass sie da sind. Und Leute haben zusammengehalten, sind der Krise gerecht geworden, und man denkt: Okay, anscheinend wollte man die Klimakrise nie ernst nehmen, aber man hätte es gekonnt.«[11]

Spätestens mit dem ersten Lockdown feixen Konservative, Rechte und Klimaleugner*innen bereits über das Ende von Fridays for Future. Etwas, das viele von ihnen bereits drei Wochen nach Start der Bewegung im Januar 2019 prognostiziert hatten. Die jungen Aktivist*innen lassen sich jedoch zu keinem Zeitpunkt auf diese Debatte ein. Stattdessen nutzen sie abermals ihre Überlegenheit in sozialmedialer Kompetenz und organisieren ihre Aktionen neu. Wird der Bewegung noch vor Kurzem vorgeworfen, sie sei so wenig innovativ, beweist sie jetzt erneut das Gegenteil.

Während so manche*r verantwortliche Politiker*in versucht, sich am Elend der Krise beispielsweise durch Korruption bei Maskenkäufen persönlich zu bereichern, überlegen sich die jungen Aktivist*innen um Luisa Neubauer, wie sie ihren Protest pandemiegerecht organisieren können.

Luisa und Louis gehen ein Eis essen. Klingt wie ein Übungstext aus »Deutsch als Fremdsprache I«, führt aber zu einer weitreichenden Idee. Als Aktivist Louis später Aktivistin Sophia trifft, sagt er: »Wir brauchen 13 000 Schilder.« Wenn die Teilnehmer*innen nicht selbst zur Klima-Demo kommen können, dann schicken sie eben ihre Protestmaterialien. Am 17.04.2020 starten Luisa und Louis den Aufruf als Instagram-Story: »Falls Ihr in Berlin seid, Leute: malt ein Schild. Guckt auf fridaysforfuture.berlin, wo Eure Sammelstation ist. Bringt Euer Schild dahin. Dann schreibt 10 Freundinnen und Freunden, dass sie das auch machen. Und wir kümmern uns um den Rest.«[12]

Überall in Berlin bauen die Aktivist*innen Sammelstationen auf: große beschriftete Kartons für die bemalten Pappen. Sie werden von Aktivist*innen betreut bzw. regelmäßig beaufsichtigt, bevor dann alle Schilder nach und nach in Quarantäne gesteckt werden. So wollen die Aktivist*innen sicherstellen, dass keine Viren über die Pappen transportiert werden. Aus dem Rest des Landes senden Fridays-for-Future-Aktivist*innen ihre Werke in der Zwischenzeit mit der Post nach Berlin.

Am 24.04.2020 ist es dann so weit: Ein großer LKW hält direkt vor der Wiese am Berliner Reichstag. Nun werden riesige Pakete abgeladen, zusammengeschnürte Pappen. Es ist die größte Online-Demo aller Zeiten. Mehr als 20 000 Menschen sehen den Livestream, mehr als 100 000 später das Video auf YouTube, mehr als 1000 Schilder zeigt das Luftbild der Kunstaktion direkt am Berliner Reichstag. Es sind Aufnahmen, die an diesem Tag um die Welt gehen. Die Pappen umranden den gigantischen Schriftzug, der sich nahezu über die gesamte Fläche erstreckt: #Fight-EveryCrisis.

Während die konservative Presse weiter versucht, den Abgesang auf die Bewegung zu trällern, sind sich die Expert*innen, wie Simon Teune vom Institut für Protest und Bewegungsforschung, sicher, dass Fridays for Future hier innovative Demonstrationsgeschichte geschrieben hat: »Was Fridays for Future heute gemacht haben, hat sicher Maßstäbe dafür gesetzt, wie Protest online aussehen kann – und wie viele Menschen man damit mobilisieren und auch erreichen kann.«[13] Die Pandemie hält die Bewegung nicht auf, sie macht sie kreativer. Am 19.03.2021 folgt der nächste Beweis beim siebten globalen Klimastreik. Organisiert wie immer im Netz, ausgeführt wiederum analog. Auch diesmal verzichten die Aktivist*innen auf Seit-an-Seit-Demonstrationszüge. Auf die Straße bringen sie den Protest trotzdem: mit Farbe und riesigen kreativ dargestellten Botschaften. Die komplette Berliner Oberbaumbrücke ziert der bunt gestaltete Schriftzug »Another World is possible«. Unterstützt von Wissenschaftler*innen und Umweltorganisationen malen die jungen Aktivist*innen ihre Botschaften auf Straßen in über 70 Ländern. Allein in Deutschland werden 280 Protestaktionen gezählt.

Während eines Lockdowns besteht der Schulalltag nicht aus Klassenraum und Pausenhof, sondern aus Homeschooling und Zoom-Konferenzen. Die jungen Aktivist*innen von Fridays for Future nutzen diese Gelegenheit, um sich gegenseitig fortzubilden, sich auszutauschen oder überhaupt zu sehen. Das Gruppengefühl ist für Bewegungen elementar. Sind alle für Monate isoliert, kann es schnell verloren gehen. Und: Aktuelle oder tiefer gehende Informationen zur Klimakrise bieten die meisten Schulen weder im Regelbetrieb noch im Lockdown. Deshalb organisieren die Schüler*innen die Weiterbildung bei Fridays for Future selbst.

Über Webinare auf YouTube und via Zoom. Mit Gästen, die kaum eine Schule bekommen könnte. Expert*innen wie die Professorin Maja Göpel, Naomi Klein oder Professor Johan Rockström. Aber auch Aktivist*innen wie Kathrin Henneberger, Erik Marquardt, Luisa Neubauer und Greta Thunberg.

Es ist der 20. März 2020. Luisa Neubauer schaut fröhlich in die Kamera ihres Laptops. Fridays-for-Future-Aktivistin Carla Reemtsma sitzt ebenfalls vor ihrer Webcam und erklärt noch mal allen, wie das Q&A (Fragen-und-Antworten-Tool) bei Zoom funktioniert. Helena Marschall von Fridays for Future Deutschland schaltet sich aus Oberursel dazu. Greta Thunberg sitzt auf dem heimischen Sofa in Stockholm und krault ihren großen Hund, der ab und an seine Schnauze ins Bild streckt. Hunderte Teilnehmer*innen sehen dabei zu und stellen jetzt ihre Fragen. Neben Corona und dem Klima geht es auch um Persönliches. Greta erzählt von ihrer Vorfreude auf die Schule und geregelte Tagesabläufe, während sie mit ihrem Hund in die Kamera des Laptops schaut. Social Media schafft etwas, was hunderte Reportagen und Filme über sie nicht zeigen können: Greta ist für einen Moment eine Schülerin unter vielen. Hier bei Zoom wirken plötzlich alle privat, was nicht nur daran liegt, dass alle zu Hause zu sehen sind. Es ist das direkte Gespräch zwischen Helena, Luisa, Carla und Greta. Außerdem ist es live, unmittelbar. Und so scheinen Greta und Luisa für knapp eine Stunde auf YouTube und Zoom so nah wie sonst derzeit die Klassenkamerad*innen jeden Morgen im digitalen Fernunterricht.

Innerhalb weniger Monate ist aus der Idee einer einzelnen Schülerin in Schweden eine weltweite Bewegung geworden. Friedlich, offen und konstruktiv. Etwas Vergleichbares findet sich in der Geschichte der Menschheit nicht. Eine Generation, der zuvor jegliches Interesse an Politik abgesprochen wird, erhebt sich und kämpft um ihre Zukunft.

Black Lives Matter

25. Mai 2020, 19.50 Uhr. Minneapolis, Minnesota. Im Minisupermarkt »Cup Foods« kauft ein 46-jähriger Mann eine Schachtel Zigaretten. Er bezahlt mit einem 20-Dollar-Schein und verlässt das Geschäft. Der 19-jährige Angestellte ist sich nicht sicher, ob das Geld echt ist.

Es ist 19.57 Uhr, als der junge Angestellte und ein Kollege dem Mann hinterherlaufen. Der sitzt bereits in seinem dunkelblauen Wagen auf der anderen Straßenseite. Der junge Verkäufer fordert den Mann auf, ihm die Zigaretten zurückzugeben. Doch der weigert sich, er habe nicht mit Falschgeld bezahlt. Die beiden Supermarktangestellten gehen zurück in den Laden und rufen die Polizei. Bereits wenige Minuten später, um 20.08 Uhr, trifft der erste Polizeiwagen des Minneapolis Police Department ein. Zwei Polizisten steigen aus. Sie sprechen den Mann in seinem Auto an, konfrontieren ihn mit den Vorwürfen. Laut Polizeiberichten wirkt er alkoholisiert. Die Polizisten fordern ihn auf, er solle aussteigen. Er weigert sich. Jetzt ziehen sie ihn gewaltsam aus seinem Wagen und drücken ihn gegen das Fahrzeug. Sie fesseln seine Handgelenke mit Plastikbändern hinter seinem Rücken. Der Mann wirkt geschwächt. Er wehrt sich nicht. Die Polizisten stellen ihn an eine Wand. Er sackt zusammen, kniet auf dem Boden. Jetzt wollen ihn die beiden Polizisten in den Streifenwagen setzen. Der Mann sagt, dass er klaustrophobisch sei, fragt, ob er auf dem vorderen Beifahrersitz sitzen könne. Die Polizisten reagieren nicht. Sie versuchen ihn gegen seinen Willen auf die Rückbank des Streifenwagens ins Auto zu drücken. Der Mann gerät in Panik und fleht die Polizisten an. Er bricht an der offenen Wagentür zusammen und gibt an, keine Luft mehr zu bekommen. Das klassische Symptom einer Panikattacke.

Nun halten zwei weitere Streifenwagen vor dem Minisupermarkt. Insgesamt sind nun sechs Polizisten vor Ort. Hier, wo ein Mann beschuldigt wird, mit einem falschen 20-Dollar-Schein bezahlt zu haben. Es ist

20.17 Uhr. Die Polizisten Tou Thao und Derek Chauvin steigen aus dem letzten Wagen und greifen sofort ins Geschehen ein. Während zwei Kollegen den gefesselten Mann weiter auf die Rückbank des Wagens drücken, geht Polizist Chauvin auf die andere Seite und beginnt zu ziehen. Sie schaffen es, den panischen Mann in das Auto zu schieben, jedoch versucht der, wieder herauszukommen. Bei einer klaustrophobischen Panikattacke haben die Betroffenen das Gefühl, keine Luft mehr zu bekommen, und kriegen Todesangst. In dieser Angst versuchen sie, mit allen Kräften der Situation zu entkommen, sie kämpfen um ihr Leben. Obwohl der Mann nun bereits im Wagen ist, zieht ihn Polizist Chauvin auf der anderen Seite wieder heraus und lässt ihn auf den Asphalt fallen. Zwei weitere Polizisten eilen hinzu. Zu dritt fixieren sie den Mann auf dem Boden. Derek Chauvin kniet sich auf den Hals des Mannes. Der fleht die Männer an, gibt an, nicht atmen zu können. Polizist Chauvin drückt sein Knie fester auf den Hals. Wieder ruft der Mann auf dem Boden und bittet inständig, ihn atmen zu lassen. Ein anderer Polizist sagt ihm, er solle doch in den Streifenwagen einsteigen. Der Mann am Boden weint und beteuert, dass er das tun werde. Chauvin hält sein Knie weiter auf dem Hals des Mannes. Jetzt läuft Blut aus dessen Mund. Ein anderer Polizist ruft einen Krankenwagen. Immer noch wird der Mann auf den Asphalt gedrückt. Er bekommt offenbar kaum noch Luft, schreit: Ich kann nicht atmen. 16-mal in fünf Minuten. Die Passanten, die um das Geschehen herumstehen, beschimpfen die Polizei und fordern sie auf, den Mann atmen zu lassen, das Knie vom Nacken zu nehmen. Chauvins Partner Thao stellt sich nun breitbeinig vor ihn, damit die Leute nicht sehen, was passiert. Doch sie sehen und filmen es. Chauvin harrt auf dem Mann aus. Der ruft mit letzter Kraft nach seiner Mama, bevor er das Bewusstsein verliert und die Augen schließt. Der Krankenwagen kommt an. Chauvin kniet weiter auf dem Hals des nun regungslosen Mannes. Erst als ihn die Sanitäter mit Nachdruck dazu auffordern, löst der Polizist nach mehr als neun Minuten sein Knie und steht wieder auf. Der Mann auf dem Boden regt sich nicht mehr, als ihn die Sanitäter in den Krankenwagen schieben. Der 46-jährige George Perry Floyd Jr., Vater von fünf Kindern, wird noch auf dem Weg in Krankenhaus für tot erklärt.

»Wenn man ein Schwarzes Kind hat, und es fragt dich plötzlich, wieso ist George Floyd gestorben, dann stehst du da und musst die Antwort finden. Kinder wollen eine Antwort.«[14] Was Tupoka Ogette hier beschreibt, kann niemand nachempfinden, der nicht selbst unmittelbar von Rassismus betroffen ist. Der weiß auch nicht, wie es sich für *People of Color* anfühlt, das Video zu sehen, das die 18-jährige Darnella Frazier am 25. Mai 2020 in Minneapolis aufnimmt, zu sehen, dass jemand wegen seiner Hautfarbe ermordet wird. Was empfindest du, wenn du dieselbe Hautfarbe hast?

Es sind zumeist weiße Menschen, die denken, #blacklivesmatter sei nach dem Tod von George Floyd in den USA entstanden. Zu diesem Zeitpunkt gibt es die Bewegung bereits sieben Jahre. Ursprünglicher Auslöser ist der Freispruch von George Zimmerman nach dem Tod des afroamerikanischen Teenagers Trayvon Martin. Es sind so viele vergleichbare Fälle vor und nach George Floyd, vor und nach Trayvon Martin, da scheint es nicht wichtig, welcher Fall nun genau welchen Protest auslöst. Aber es ist wichtig. Weil jeder dieser Fälle wichtig ist. Weil jeder Hauch von Resignation, alles Pauschalisieren, zu Akzeptanz werden kann. Es hilft nicht, wenn nach Morden an PoCs immer dieselbe Debatte hochkommt, an deren Ende die einzige Erkenntnis steht: Wir haben ein Rassismusproblem. Denn es pauschalisiert die Fälle, es wird den Opfern nicht gerecht und auch den Problemen nicht.

Der 17-jährige Trayvon Martin ist am 26. Februar 2012 zu Besuch bei seinem Vater. Sie sehen sich am Abend gemeinsam ein Basketballspiel im Fernsehen an. In einer Pause geht Trayvon schnell aus dem Haus, kauft Süßigkeiten und Saft. George Zimmerman ist 28 Jahre alt und bewaffnet. Er fährt als »Nachbarschaftswache« durch die Gegend. Zimmerman sieht den Schwarzen Jungen Trayvon und ruft die Polizei:

»Hier läuft einer rum. Der führt nichts Gutes im Schilde. Der hat Drogen genommen oder so.« Das Auto des Mannes fährt langsam hinter dem Jungen her, der deshalb nun zu laufen beginnt und seiner Freundin am Handy erzählt: »Scheiße, hier ist so ein Spinner, der mich verfolgt.« Zimmerman stoppt sein Auto und sagt der Polizei: »Er rennt weg. Ich nehme die Verfolgung auf.« Die Polizei sagt, er solle dies nicht tun. Doch er tut es. George Zimmerman hält Trayvon fest, der sich dagegen wehrt. Dann schießt er aus nächster Nähe zwei Mal auf den Jungen. Einmal direkt in die Brust. Trayvon stirbt. Die Polizei ermittelt nicht einmal die Identität des Jungen. Die Leiche wird anonym verwahrt. Weil Trayvon in dieser Nacht nicht nach Hause kommt, gibt sein Vater am nächsten Morgen eine Vermisstenanzeige auf. Daraufhin schickt ihm die Polizei Fotos von der Leiche seines Sohnes.

Am 13. Juli 2013 wird George Zimmerman von einer ausnahmslos weißen Jury freigesprochen. Er habe aus Notwehr gehandelt.

> »Stop saying we are not surprised. That's a damn shame in itself. I continue to be surprised at how little Black lives matter. And I will continue that. Stop giving up on black life. Black people. I love you. I love us. Our lives matter.«[15]

> »Hören Sie auf zu sagen, dass wir nicht überrascht sind. Das ist an sich schon eine verdammte Schande. Ich bin immer wieder überrascht, wie wenig Schwarze Leben zählen. Und das werde ich auch weiterhin tun. Hört auf, das Schwarze Leben aufzugeben. Schwarze Menschen. Ich liebe euch. Ich liebe uns. Unser Leben ist wichtig.«

Als sie diese Zeilen schreibt, sitzt Alicia Garza in einer Bar in ihrer Heimatstadt Oakland in Kalifornien. Soeben hat sie das Urteil gehört. Freispruch für Zimmerman. Sie postet ihren Text als »A Love Note to Black

People« auf Facebook. Patrisse Cullors liest den Post und teilt ihn, dazu schreibt sie den Hashtag #BlackLivesMatter.

Beide Frauen sind zu diesem Zeitpunkt bereits Aktivistinnen: Alicia Garza setzt sich als Vorsitzende der Organisation »Right to the City Alliance« gegen Gentrifizierung und Polizeigewalt in Oakland ein, Patrisse Cullors ist politische Künstlerin. Sie wächst in massiv prekären Verhältnissen auf: »Die meisten Menschen in unseren Familien waren crackabhängig.«[16] Extreme Polizeigewalt gehört zu ihrem Alltag. So wie die Armut, die Arbeitslosigkeit, die Krankheiten. Niemand hier ist krankenversichert. Es ist die Zeit des großen Gewerkschaftssterbens in den USA. Der Neoliberalismus steigt auf. Wohnviertel wie das, in dem Patrisse Cullors ihre Kindheit verbringt, versinken im Sumpf aus Gewalt, Verzweiflung und Kriminalität. Menschen sterben wegen Drogen. Menschen sterben an unbehandelten Krankheiten. Menschen sterben durch Polizeigewalt. Wenn Patrisse zurückblickt, wirkt sie verwundert, dass sie es lebendig dort herausgeschafft hat: »Wir haben die komplette Vernichtung unserer Gemeinden mitangesehen. Wir mussten zusehen, wie der Sozialstaat fast vollständig gestrichen wurde.«[17]

Opal Tometi ist die Tochter »illegaler« Einwanderer aus Nigeria. Sie wächst in Phoenix, Arizona, auf. Die Diskriminierungserfahrungen ihrer Eltern, aber auch die eigenen Erlebnisse bringen sie früh dazu, sich zu engagieren. Ehrenamtlich arbeitet sie dann, während des Studiums, für ein Projekt der *American Civil Liberties Union*. Es dokumentiert den Umgang mit »illegalen« Immigrant*innen in den USA.

Alicia Garza, Patrisse Cullors und Opal Tometi finden über Facebook zusammen. Sie gründen gemeinsam eine Bewegung: #blacklivesmatter. Trotz des digitalen Ursprungs soll #blacklivesmatter kein rein virtueller Protest bleiben. Opal Tometi erklärt 2019 auf dem *Pocket Democracy Workshop* in Seattle: »Es ging den Leuten nicht bloß darum, zu klicken oder zu retweeten, sondern sie wollten auf die Straße gehen und zeigen, wir haben ein echtes Anliegen.«[18] Im ersten Jahr nach Einführung des

Hashtags #blacklivesmatter ist die Bewegung noch ein digitales Sammelbecken für Diskriminierungserfahrungen. Mit dem 9. August 2014 ändert sich alles.

Ferguson, Missouri, 12.02 Uhr Ortszeit. Der Polizist Darren Wilson hört den Notruf eines Ladenbesitzers. Dieser gibt an, zwei afroamerikanische Teenager hätten bei ihm Zigarillos gestohlen. Er beschreibt die Jugendlichen und sagt, in welche Richtung sie weggelaufen seien. Polizist Wilson fährt gerade auf dem Canfiled Drive, als er die beiden Jungen am Straßenrand entdeckt. Er spricht sie aus dem Auto an. Als sie nicht stehen bleiben, stellt er sich ihnen mit dem Wagen in den Weg. Zwischen dem 18-jährigen Schüler Michael Brown und dem Polizisten kommt es zu Handgreiflichkeiten. Officer Wilson sitzt dabei noch in seinem Auto. Er zieht Brown am Kragen zu sich heran, der versucht, sich loszumachen. Dann ein Schuss. Michael Brown ist getroffen. Polizist Wilson sagt später, der Schuss habe sich versehentlich gelöst. Brown und sein Freund Dorian Johnson rennen weg. Der Polizist hinterher. Er schießt auf Brown. Der bleibt stehen und hebt die Hände. Jetzt schießt Wilson erneut. Und noch mal. Erst in den Rücken. Der Junge dreht sich um und sackt zusammen. Der Polizist schießt noch mal. Diesmal in die Brust. Er trifft Michael Brown insgesamt elf Mal.

Keine zwei Häuserblocks entfernt wartet Michael Browns Großmutter auf ihren Enkel. Sie kann die Schüsse und Tumulte hören. Sie geht vor die Tür, bis zum Tatort. Sie findet ihren Enkel regungslos am Boden. Er ist bereits tot. Keiner der beiden Jugendlichen ist bewaffnet.

Noch am selben Tag organisieren die Black-Lives-Matters-Aktivist*innen um Alicia Garza, Patrisse Cullors und Opal Tometi einen »Freedom Ride« nach Ferguson. Sie knüpfen damit an die *Freedom Riders* aus der US-amerikanischen Bürgerrechtsbewegung an, die in den 1960er Jahren mit Bussen in den Süden gefahren sind, um gegen die Rassentrennung in öffentlichen Verkehrsmitteln zu protestieren. Als der *Freedom Ride* Ferguson erreicht, wird er bereits von hunderten Black-Lives-Matter-Plakaten empfangen. Die Bewegung wird national und international bekannt.

Am 24. November 2014 entscheidet ein Gericht, dass kein Verfahren gegen den Polizisten Darren Wilson eröffnet werden soll. Es kommt zu massiven Ausschreitungen überall im Land, vor allem in Ferguson. Dort brennen wie schon zuvor am 9. August 2014 Geschäfte und Autos. Die Polizei rückt mit militärischem Gerät an, feuert mit Tränengas. Es fallen Schüsse. Auf Polizist*innen, auf Demonstrant*innen. Am nächsten Morgen wird ein junger afroamerikanischer Mann tot in einem Auto gefunden. In mehr als 170 Städten in den USA kommt es in dieser Nacht zu heftigen Kämpfen zwischen Polizei und Demonstrant*innen.

Die Black-Lives-Matter-Bewegung wächst rapide. Überall wird der Hashtag eingesetzt. Nicht nur online, sondern auch auf Schildern und Transparenten steht #blacklivesmatter. Es entstehen Ortsverbände. Sogar in Kanada, Großbritannien und Deutschland. Black-Lives-Matter-Initiatorin Alicia Garza betont jedoch richtig:

> »Hashtags stoßen keine Bewegung an. Menschen tun das.«[19]

Welche Rolle spielt Social Media bei der Entstehung und Entwicklung der Bewegung? Das wollen die Wissenschaftler*innen des Center for Media & Social Impact 2016 in ihrer Studie *Beyond the Hashtags* herausfinden. Sie untersuchen mehr als 40 Millionen Tweets und 100 000 Links. Außerdem führen sie 40 Interviews mit Aktivist*innen. Die Studie besagt:[20]

- #blacklivesmatter wird ab Juli 2013 als Hashtag eingesetzt, seit den Protesten im November 2014 ist er Zeichen einer Bewegung,
- der Tod von Michael Brown wird durch Posts und Tweets von Aktivist*innen bundesweit in den USA bekannt,
- Aktivist*innen und Demonstrierende brauchen keine Mainstreammedien, um ihre Botschaften zu verbreiten,

- die Diskussionen in den Communitys der Aktivist*innen und der afroamerikanischen Jugendlichen fokussieren sich auf das Thema Polizeigewalt, allerdings auf sehr unterschiedliche Art und Weise,
- die interviewten Aktivist*innen setzen Social Media gezielt ein, um zu bilden, Stimmen zu stärken und eine Polizeireform zu fordern.

Rassistische Polizeigewalt ist so alt wie die USA selbst. Neu ist die Form der Dokumentation, die Beweise liefert. Und ihre schnelle, weltweite Verbreitung über die sozialen Medien. Es gibt plötzlich Videoaufnahmen von nahezu allen Vorfällen, anhand derer Taten oft erst belegt oder aufgedeckt werden. Ohne die mutigen Handyaufnahmen von Darnella Frazier wäre es vermutlich nie zu einer Verurteilung des Mörders von George Floyd gekommen. Allerdings betont Black-Lives-Matter-Gründerin Opal Tometi auch: »Quality of information is key!«[21] Es gebe einen so umfangreichen Zugang zu Informationen, dass die Richtigkeit umso mehr geprüft werden müsse.

> »Racism isn't getting worse, it's getting filmed.«
> (Will Smith)[22]

Rassismus ist ein uraltes Problem. Verändert hat sich die Sichtbarkeit. Gerade rassistische Polizeigewalt muss von Menschen spontan gefilmt werden. Vielleicht hilft es, die Bewegung immer wieder zu aktivieren. Denn mittlerweile ist es wieder ruhiger geworden um #blacklivesmatter. Was neben der Pandemie verschiedene weitere Ursachen haben wird. Leider ist keine davon, dass es weniger Vorfälle, also weniger Anlass für Proteste gäbe. Dennoch ist die Bewegung bereits ein Erfolg. Sie gilt als eine der größten und stärksten Bürger*innen-Bewegungen in der Geschichte der USA. Sie gibt Betroffenen und ihren Communitys Halt und Solidarität. Sie lenkt weltweit eine neue Aufmerksamkeit auf rassistische Probleme. Sie bringt das Thema in den US-amerikanischen Präsidentschaftswahlkampf 2020. Inzwischen gibt es mehr afroamerikanische Polizeichef*innen.

Es geht aber nicht ausschließlich um Polizeigewalt. Rassismus ist ein gesamtgesellschaftliches Problem. Antirassismusaktivist*in Tupoka Ogette ist wenig optimistisch, dass sich durch Black Lives Matter viel verbessern wird: »Wir haben ja das Gleiche gesagt, bevor George Floyd gestorben ist. Das hat sich nicht wirklich verändert. Das heißt, für mich gibt es nicht dieses Gefühl von ich müsse jetzt noch mehr machen. Als Individuum wünsche ich mir, dass die Menschen dranbleiben, auch nachdem diese ganzen Hashtags und schwarzen Kacheln verschwunden sind. Und politisch hoffe ich einfach auf weitere Maßnahmen, auf weitere Gespräche, auf weitere ... I don't know. Ich hab das Gefühl, I signed up für einen Langstreckenlauf. Und ich lebe auch nicht in der Utopie, dass ich denke, es werden nicht wieder Menschen sterben. Es sterben jeden Tag Menschen unter Rassismus, und viele schaffen es nicht in die mediale Öffentlichkeit.«[23]

Das Posten von schwarzen Kacheln ist ein Beispiel für Slacktivism, die symbolische und rasant vergängliche Online-Solidarität. Im Fall von Black Lives Matter folgt zusätzlich eine ungewöhnlich große Kommerzialisierung: Modemarken bringen T-Shirts mit #blacklivesmatter, Unternehmen und Prominente nutzen den Satz wie ein Accessoire. Dieser Einsatz nimmt ihm hier fast jede ursprüngliche Aussagekraft.

Doch das ist nur die eine Seite, die andere bleibt die wichtige Größe des Protests, der weltweit in den weißen Mittelschichten angekommen ist. Aus der Sicht von Antirassismusveteran*innen wie Tupoka Ogette ist das Glas immer noch halb leer, doch für viele Menschen ist #blacklivesmatter ein historisches Zeichen, das Hoffnung gibt. Einer davon ist Aktivist Orry Mittenmayer: »Ich bin 28 Jahre alt, und es war zum ersten Mal so, dass so viele Schwarze[24] Menschen als eine Reaktion auf das, was in Amerika passiert ist, protestieren. Und dass es dann auch übertragen worden ist auf das, was viele BIPoC[25] in Deutschland mit rassistischen

Erfahrungen erleben, und das als Auslöser benutzt haben, um auf die Straße zu gehen, zu protestieren. Das gab es so vorher noch nie, dass in so einer unglaublich großen Zahl so viele Schwarze und Aktivist*innen zusammengefunden haben. Ich hoffe, dass jetzt aus den Black-Lives-Matter-Bewegungen mehr Aktivist*innen aufsteigen und die Diversität unserer Communitys repräsentieren.«[26]

PETI
NEN.

TIO

»Wir brauchen alle. Es gibt nicht die eine Lösung. Ich glaube, das Beste, was wir machen können, ist, unsere Kräfte zu bündeln. Schließt euch zusammen!«[1]

Luisa Neubauer

Mehr als die Hälfte aller Deutschen haben laut einer repräsentativen Umfrage im Jahr 2020 eine Petition unterschrieben.[2] Das Verfahren ist überaus niedrigschwellig. Letztlich sind Petitionen nichts anderes als die klassischen analogen Unterschriftenlisten, nur dass dafür niemand mehr mit dem Klemmbrett durch Fußgängerzonen laufen muss. Heute stellen verschiedene Internetplattformen, wie *WeAct* oder *change.org*, Petitionen online. Solche Anbieter*innen sorgen nicht nur für Sichtbarkeit, sondern helfen auch, die Anliegen korrekt und verständlich zu präsentieren. Denn entscheidend ist hier der Text, der andere davon überzeugen soll, mit ihrem Namen und ihrer E-Mail-Adresse zu unterzeichnen. Das Grundprinzip ist so alt wie einfach: Je mehr Unterschriften, desto mehr Berichterstattung, desto größer der Druck auf Entscheidungsträger*innen. Denn nicht nur Berichte in klassischen, sondern vor allem auch Inhalte in sozialen Medien befeuern die Anliegen.

Der Vorteil von Petitionen ist, dass sie die Initiator*innen dazu zwingen, ihr Thema bekannt zu machen. Und diese Kommunikation für die

Sache bewirkt am Ende oft mehr als die eigentlichen Unterschriften. Aufmerksamkeit für die Petition ist Aufmerksamkeit für das Thema. Und die muss so groß werden, dass verschiedene Stimmen und Perspektiven zum Anliegen sichtbar werden. Denn oft sitzen wir vor Petitionen, deren Forderungen so subjektiv und ungeprüft wirken, dass wir uns die zwei Klicks sparen, die es braucht. Zudem sind die Identitäten der Initiator*innen oft nicht sofort transparent: Die Frau, die dort für rumänische Straßenhunde kämpft, könnte auch eine AfD-Sympathisantin sein, die morgen an der gleichen Stelle die Einführung der Todesstrafe fordert. Je mehr Petitionen auftauchen, desto geringer die Chance für das einzelne Anliegen. Nicht die Konkurrenz, sondern das Umfeld ist problematisch. Die meisten Petitionen sind nicht erfolgreich – obwohl die Teilnahme so wenig aufwendig ist. Demokratieaktivist Shai Hoffmann, der selbst einmal eine eher erfolglose Petition gestartet hat, sieht beide Seiten des Problems: »Petitionen sind ein bisschen inflationär geworden. Dennoch ist es besser als nichts, um damit auf einen Missstand aufmerksam zu machen und Menschen dafür zu mobilisieren. Eine Petition könnte Menschen zu einem Perspektivwechsel bewegen.«[3]

Change.org ist nach eigenen Angaben die größte Kampagnenplattform der Welt, über die jeder Mensch kostenlos Petitionen ins Internet stellen und Unterschriften sammeln kann. Die Mitarbeiter*innen von *change.org* unterstützen dabei. Und die Macht der Online-Petitionen ist nicht zu unterschätzen. *Change.org* kann auf große Erfolgsgeschichten zurückblicken.

Eine davon schreibt Lucas Schmitz. Er ist Tauchlehrer aus Hamburg und will das Bochumer Mineralölunternehmen Aral dazu bringen, keine Einwegbecher mehr zu verkaufen. Die 2,8 Milliarden Einwegkaffeebecher, die in Deutschland jedes Jahr verkauft werden, landen durchschnittlich nach 15 Minuten im Müll. Ihre Herstellung braucht jährlich 43 000 Bäume, 22 000 Tonnen Rohöl und 1,4 Milliarden Liter Wasser. Der Energieaufwand allein setzt etwa 110 000 Tonnen CO_2 frei. Lucas Schmitz organisiert die Petition, E-Mail-Aktionen und spricht schließlich mehrfach mit Verantwortlichen bei Aral. Währenddessen unterzeichnen mehr als 140 000 Menschen die Petition. Der Druck auf den Mineralölkonzern ist so groß, dass er sich im Februar 2020 dem deutschlandweiten Recup-System (dem Pfandsystem für Mehrwegbecher) anschließt. Laut Lucas Schmitz setzt Aral die vollständige Abschaffung von Einwegbechern auf die eigene Agenda.[4]

Auch Organisationen nutzen Online-Petitionen als Werkzeug ihrer aktivistischen Arbeit. Als Industrielobbyist*innen verhindern, dass ein Gesetz zum Verbot von Plastiktüten in den Deutschen Bundestag kommt, startet die Deutsche Umwelthilfe eine Petition und fordert damit das Gesetz ein. Sofort überzieht die Plastiktütenindustrie die Deutsche Umwelthilfe mit Millionenklagen. Die Aktivist*innen geben nicht auf. Rund 50 000 Menschen unterzeichnen die Petition. Am 27.11.2020 beschließt der Bundestag das Verbot von Plastiktüten ab 2022.

Manchmal können Menschen mit Petitionen sogar Leben retten. Im Jahr 2020 in Deutschland zu Zeiten der Pandemie ist Christian Homburg 24 Jahre alt und arbeitet als technischer Produktdesigner bei Thyssenkrupp. Christian besitzt ein Lungenvolumen von 20 Prozent, eine Covid-19-Erkrankung wäre unmittelbar lebensbedrohlich. Umso erstaunlicher, dass er in der Liste der offiziellen Impfpriorisierung nicht vorkommt. Christian will als Mensch mit Schwerbehinderung und erhöhtem Pflegebedarf selbst über sein Leben bestimmen. Damit passt er nicht ins Raster von Gesundheitsminister Spahn. Wir erinnern uns: Das Intensivpflege- und Rehabilitationsstärkungsgesetz, der Riesendarm, die Maus und die Ignoranz. Spahn will, dass Menschen mit erhöhtem Pflegebedarf in Heimen leben. Wer das nicht tut, wird nicht früher geimpft als andere und in der kompletten Verordnung nicht erwähnt. Doch Christian Homburg kämpft. Er kann seine Wohnung monatelang nicht verlassen, aber er kann eine Petition starten. Und erreicht mit über eine Million Unterzeichner*innen sein Ziel. Damit und mit weiteren

Initiativen von anderen Seiten wird der Druck für den Bundesgesundheitsminister zu groß: Menschen, die als Risikopatient*innen mit ambulanter Versorgung leben, werden in den Corona-Impfplan priorisiert aufgenommen.

Von Impfpriorisierung über Einwegbecher und Plastiktüten bis hin zur Steuer auf Menstruationsprodukte: Mit Petitionen lassen sich Dinge bewegen.

Tamponsteuer

Donnerstag, 8. März 2018. Vor genau 100 Jahren erhalten Frauen in Deutschland das Recht zu wählen. Am heutigen Weltfrauentag starten Yasemin Kotra und Nanna-Josephine Roloff etwas, das nicht vergleichbar ist, wovon aber wieder viele Millionen Frauen in Deutschland profitieren sollen. Knapp drei Wochen zuvor lernen sich die PR-Beraterin Roloff und die Studentin Kotra auf dem Barcamp Frauen der Friedrich-Ebert-Stiftung im betahaus in Hamburg kennen. Sie sprechen über die »Tamponsteuer«: Für Menstruationsartikel gilt der Regelsteuersatz von 19 Prozent. »Waren des täglichen Bedarfs«, wie Hundefutter, sind nur mit sieben Prozent besteuert. Die beiden Frauen finden das ungerecht. Sie wollen Druck auf Finanzminister Olaf Scholz ausüben. Sie starten eine Online-Petition, die bereits vor dem Start knapp 30 000 Unterschriften zählt – eingesammelt im Jahr 2014 von der feministischen Aktivistin Penelope Kemekenidou. Mit ihrer Zustimmung können Yasemin Kotra und Nanna-Josephine Roloff die Petition bei *change.org* reaktivieren.

In den nun kommenden Wochen und Monaten machen die beiden Neu-Aktivistinnen eigentlich nur eins: Sie werben für ihre Petition. Für das Problem. Schnell merken sie, dass Facebook der falsche Kanal ist. Hier reagieren kaum Unterstützer*innen, sondern Männer, die sich in ihrem Leben deutlich mehr Bier als Bildung zugefügt haben: »Lass dir doch die

Gebärmutter rausnehmen.« Und das ist noch einer der konstruktiveren Beiträge. Yasemin Kotra und Nanna-Josephine Roloff wechseln von Facebook zu Instagram. Plötzlich erreichen sie andere Menschen, jüngere, intelligente und interessierte, denen das Problem noch nicht bewusst gewesen ist. Die User*innen sind empört und sorgen dafür, dass die Unterstützung für die Petition steigt.

Keine Unterstützung gibt es für die Aktivistinnen aus der eigenen Partei, der SPD. Yasemin Kotra erzählt von ihrem gescheiterten Versuch: »Wir haben im Mai 2018 auf dem Landesparteitag einen Antrag zur Steuersenkung eingebracht. Der liegt bis heute in der Schublade.«[5]

Langsam rühren sich aber die ersten Bundespolitiker*innen. Unterstützung gibt es vor allem von Lisa Paus. Sie ist finanzpolitische Sprecherin der Bundestagsfraktion von Bündnis 90/Die Grünen. Die Petitionskampagne läuft: Im August 2018, vier Monate nach dem Start, sind es schon mehr als 80 000 Unterzeichner*innen. Es erscheinen mehr und mehr Beiträge über die Aktion in klassischen Medien, auch der neue Hashtag #siebenprozent funktioniert gut. Einen Monat später kommt es zum ersten Treffen der Aktivistinnen mit Lisa Paus von den Grünen. Die Berichterstattung zum Thema bleibt konstant, die Öffentlichkeitsarbeit von Yasemin Kotra und Nanna-Josephine Roloff zahlt sich aus. Nach dem Jahreswechsel rufen sie alle Unterstützer*innen auf, sich direkt per E-Mail an Finanzminister Scholz (SPD) zu wenden. Zwischenstand bei den digitalen Unterzeichner*innen: 120 000.

Im Mai 2019 startet das Unternehmen Einhorn, das Menstruationsprodukte und Kondome produziert, gemeinsam mit dem Online-Magazin *Neon* eine eigene Bundestagspetition zum selben Thema. Yasemin und Nanna-Josephine sind sehr überrascht. Sie haben bereits Monate vorher den Kontakt zu Einhorn gesucht und gefragt, ob sie die Petition unterstützen wollen. Das Unternehmen lehnte ab. Nun plötzlich diese eigene Petition, die u. a. von Prominenten wie Charlotte Roche und Lena Meyer-Landrut beworben wird. Doch die Aktivistinnen aus Hamburg wollen keinen Disput, sie wollen die Tamponsteuer senken. Deshalb unterstützen sie die neue Petition und nehmen sie in ihren Kampagnen-Newsletter auf. Die Bundestagspetition von Einhorn erreicht mit mehr als 81 000 Unterzeichner*innen in kürzester Zeit das benötigte Quorum. Das bedeutet automatisch, der Petitionsausschuss des Bundestags muss sich öffentlich damit auseinandersetzen. Das bedeutet noch nicht, dass die Steuer auf Menstruationsprodukte gesenkt wird. Lisa Paus von den Grünen macht deshalb im September 2019 noch einmal Druck: »Menstruation ist kein Luxus. Deutschland sollte dem Vorbild vieler anderer Länder folgen und Tampons und Binden nur den reduzierten Steuersatz anrechnen.«[6]

Nur wenige Tage später wird der öffentliche Druck auf den Finanzminister zu groß. Am 4. Oktober spricht sich plötzlich auch Olaf Scholz über Twitter für einen verminderten Steuersatz auf Menstruationsprodukte aus[7]:

> Viele #Frauen haben sich für einen ermäßigten Steuersatz stark gemacht. Wir bringen das jetzt auf den Weg, denn es ist richtig! Mein Vorschlag ist, dass das gleich am 1. Januar in Kraft tritt: #tamponsteuer #pinktax #tampontax

Ein überraschender Erkenntnisgewinn. Parallel kämpft Olaf Scholz gerade um die Herzen der SPD-Mitglieder. Vor allem der weiblichen. Die Urabstimmung über den Parteivorsitz beginnt zwei Wochen nach diesem Tweet. Scholz ist nicht gerade beliebt bei Frauen, auch nicht innerhalb der Partei. Vielleicht deshalb der verzweifelt wirkende Hashtag: #Frauen.

Scholz will bis zum 25. Oktober möglichst viele weibliche SPD-Mitglieder (#Frauen) auf seine Seite bringen. Er lädt Yasemin Kotra und Nanna-Josephine Roloff ganz offiziell zur Übergabe ihrer Petition ins Bundesfinanzministerium ein. Auf den Pressefotos strahlt Olaf Scholz und hält eine Pappe mit dem Titel der Petition in die Kamera. Die Botschaft ist klar: »Von wegen, der kann nicht mit Frauen«. Trotz bereits überreichter Petition steigen die Unterzeichner*innen-Zahlen auf *change.org* weiter: Es sind jetzt 180 000. Denn eigentlich läuft der Zeitraum für die Petition noch. Irgendwer muss es besonders eilig mit dem Pressetermin zur Übergabe bei Olaf Scholz gehabt haben. Am 7. November beschließt der Finanzausschuss des Bundestags die Senkung der Steuer auf sieben Prozent. Grünen-Finanzexpertin Lisa Paus steht am Redner*innenpult: »Vielen, vielen Dank an die über 85 000 Unterstützer*innen der Petition an den Deutschen Bundestag: Sie haben wirklich etwas bewegt.«[8] Das Gesetz wird verabschiedet und tritt zum 1. Januar 2020 in Kraft.

Olympia

Der Erfolg der Tamponsteuer-Petition bringt die Gründer des Kondomherstellers Einhorn, Waldemar Zeiler und Philip Siefer, auf einen naheliegenden Gedanken: Wenn wir mit Bundestagspetitionen tatsächlich was bewegen können, warum dann nur zu einem Thema? Es gibt so viele Probleme, die wir angehen müssen. Und gleichsam bereits so viele Lösungen, die unsere Gesellschaft verbessern würden. Wie wäre es, wenn wir die zusammenbringen? Wir mobilisieren für einzelne Themen 50 000 Unterzeichner*innen, und dann muss sich das Parlament damit befassen. So bringen wir Menschen zu den Themen und die Themen zur Politik. Demokratisch, aktivistisch, konstruktiv.

Und hier können wir zum ersten Mal sagen: Ich muss diese Idee nicht gut finden, und ich darf sie auch ignorieren, solange sie weder mir noch irgendwem schadet. Ich darf sie ebenso kritisieren, wenn ich mich vorher mit ihr auseinandersetze. Diesen Hinweis werden wir wiederholen müssen.

Die Idee entsteht: Bis zu 90 000 Menschen sollen ins Berliner Olympiastadion kommen. Per Smartphone loggen sich alle auf der Petitionsseite des Deutschen Bundestags ein und unterzeichnen dann ein Vorhaben nach dem anderen, um es ins Parlament zu bringen. Die dazu notwendigen Stimmen von 50 000 pro Petition wurden stets leicht erreicht. Für mehr Klimaschutz, gegen soziale Ungerechtigkeit, für echte Gleichberechtigung. Und ein Zeichen an alle Demokratiezweifler*innen: Schaut her, sie funktioniert! Und es macht Spaß, sich zu beteiligen.

Waldemar Zeiler und Philip Siefer sind es gewöhnt, wenn sie selbst begeistert von einer Idee sind, diese auch direkt umzusetzen. Es ist diese Start-up- und Gründer*innen-Mentalität, die es vermutlich braucht, um ökonomisch erfolgreich zu sein. Sie wirkt auf viele Menschen unsympathisch, lässt sie schnell an Marktradikale und Neoliberale denken, die irgendwas von Ärmelhochkrempeln, Anpacken und ähnlichem Macher-

Zeug erzählen. Zur Start-up-Szene gehört aber offenbar eine riesige Portion Selbstinszenierung. Schließlich geht es von Anfang an darum, sich als Firma zu verkaufen. Und erneut: Müssen wir nicht gut finden, dürfen wir auch ignorieren. Waldemar Zeiler und Philip Siefer haben sich für diesen Weg entschieden. Sie müssen sich dazu weder erklären noch entschuldigen. Erst mal erinnert es an ein Video, das den FDP-Vorsitzenden Christian Lindner zeigt, wie er als 18-jähriger Schüler den Yuppie-Unternehmer mimt. Klar, wer das sieht, darf trotzdem FDP wählen. Nur diejenigen, die über das Video die Nase rümpfen, wollen das bereits vorher nicht. Es ist also nur die Bestätigung einer bereits betonierten Meinung. Wer sagt, Start-up-Unternehmer*innen sind doof, darf trotzdem mitmachen und sich konstruktiv an der Petitionen-Idee beteiligen. Im Übrigen: Für Christian Lindner, für Waldemar Zeiler und Philip Siefer und uns alle sollte gelten: Wir dürfen Fehler machen. Und manchmal ist das sogar das Beste, was wir tun können.

Sehen wir bei Lindner die Abiturientenversion eines Stereotyps – des Yuppies – der 1990er Jahre, ist es bei Waldemar Zeiler und Philip Siefer die der Gegenwart: der Hipster. Menschen, die das Andersartige so uniform gemacht haben, dass es ad absurdum geführt wird. Hipster versuchen durch Äußerlichkeiten »ein intellektuelles, aufgeklärtes und zugleich modebewusstes Anderssein vom Mainstream zu kultivieren und in den Vordergrund zu stellen«[9]. Zur Hipster-Uniform gehören wahlweise Retrobrillen, Schlauchschals, enge Röhrenjeans, Chucks oder Vans, Stoffbeutel und Wollmütze. Und (bei den männlichen Varianten) vor allem: ein Vollbart.

Warum ist das hier wichtig? Das Hipster-Klischee fehlt in keiner Kritik gegen das Olympia-Vorhaben. Die Auseinandersetzung mit der Idee ist weitestgehend destruktiv. Nicht ein einziger Vorschlag, wie Dinge besser gemacht werden könnten. Ganz so, als gäbe es keine Probleme, gar keine Anlässe für das Veranstaltungsformat. Eine Ausnahme ist der Ex-Pirat, Ex-SPD-Politiker und heutiges Grünen-Mitglied Christopher Lauer[10], der sich weitestgehend ernsthaft mit Olympia auseinandersetzt. Sein Gegenvorschlag: Von dem Geld sollten besser Jurist*innen bezahlt werden, die eine vernünftige Klimagesetzgebung entwickeln. Klingt gut. Unsere Fragen dazu: Wie kommt diese Klimagesetzgebung dann ins Parlament? Wie funktioniert das Crowdfunding dazu? Wie unterscheidet sich dieser Vorschlag beispielsweise von der Arbeit der Klimaschutzorganisation GermanZero? Und inwiefern widerspricht Lauers Vorschlag der Olympia-Idee? Konstruktiv wäre der Vorschlag, solche Ideen miteinander zu kombinieren. Die übrigen Kritiker*innen beziehen sich vor allem auf Äußerlichkeiten, auf die Personen, auf das Hipster-Klischee, auf die Vollbärte. Fast keine Kritik, die sich nicht daran abarbeitet, was das denn für »Typen« seien. Absurd wird die ganze Sache im Übrigen, wenn wir uns bewusst machen, dass viele dieser Kritiker*innen nicht weniger diesen äußerlichen Klischees entsprechen.

Aber zurück zum Anfang. Es ist Montag, der 18. November 2019, 19 Uhr. Markthalle Neun, Berlin-Kreuzberg. Hier stehen sonst die Stände und Buden von exklusiven Lebensmittelanbieter*innen: endorphina Bio-Backkunst, Grün & Gut Bio Smoothies, Holunderblütensekt aus der Biokelterei, Trüffel von Tartufo del Re. Die Brote von »Soluna Brot und

Öl« erzählen laut Website sogar Geschichten, praktisch, wenn man allein frühstückt. Und die gläserne Metzgerei Kumpel & Keule »will den ehrlichen Fleischgenuss zurückbringen«. Das wird das tote Lämmchen aber freuen.

Wer einen Film über Hipster drehen möchte, die Markthalle Neun wäre ein guter Schauplatz, Waldemar Zeiler und Philip Siefer gute Darsteller. Oft muss noch immer der Berliner Ortsteil Prenzlauer Berg als Synonym für Hipster herhalten, die dort dann »ihren Latte Macchiato« trinken würden. Zumindest in kleinkarierten Köpfen, die sonst über Anti-Gender-Sprüche des reaktionären Kabarettisten Dieter Nuhr lachen. Dabei gibt es »Kaffee Spezialitäten« mittlerweile doch an jeder Tankstelle, selbst in der geistigen Einöde. Und im Prenzlauer Berg wohnen eben Familien und keine »Hipschter« (Schwäbisch). Es ist doch längst das gute alte Kreuzberg mit seinem östlichen Pendant Friedrichshain und dem jüngeren Bruder Neukölln, wo sich Menschen finden, auf die sich diese Vorurteile projizieren lassen. Die jungen Hipster leben in Neukölln, die älteren (über 30 Jahre) in Kreuzberg.

Wer noch keine 20 Jahre hier im einstigen »alternativen« Kiez lebt, muss »gutes Geld« verdienen. Die Mieten in Kreuzberg und die Brotpreise in der Markthalle Neun sind zumindest starke Indizien dafür. Erst Biobrot und Trüffel kaufen, dann gegen Gentrifizierung des Kiezes demonstrieren. Und wieder gilt: Wir dürfen es kritisieren, müssen wir aber nicht. Wir hätten uns den Trüffel-Kommentar auch sparen können.

Auch wenn viele es hinterher anders darstellen, das Projekt Olympia war kein Marketing-Gag, den sich die Einhorn-Gründer überlegt und dann umgesetzt haben. Sie haben die Idee und machen dann eigentlich das Richtige: Sie stellen sie zur Diskussion, suchen Mitstreiter*innen. Bereits im Juli 2019 laden sie zu einem »Unfuck the world town hall meeting«. Das ist sicher keine Sprache, die außerhalb der »Community« funktioniert. Und auch hier: Wir dürfen sachlich kritisieren. Mit mehr linguistischer Sensibilität hätten sich die Initiator*innen einiges ersparen können.

Montag, 18. November 2019. Hier in der Markthalle Neun entsteht jetzt etwas, an diesem nasskalten Abend. Erst einmal der Eindruck, dass an diesem Hipster-Klischee vielleicht doch etwas dran ist. Und dann eine Stimmung. Es riecht nach Aufbruch und Euphorie. Und ein bisschen nach Revolution. Das Crowdfunding des Projekts soll initiiert werden. Vom Einhorn-Büro bis zur Markthalle sind es genau 450 Meter. Naheliegend, es hier zu veranstalten. Hunderte Menschen sind da, es ist schön kuschelig in dieser Ecke der Markthalle Neun.

Auf der kleinen Bühne sprechen Leute, die das können. Waldemar und Philip haben das durch zahlreiche Auftritte vor Investor*innen, Journalist*innen oder in der TV-»Höhle der Löwen« gelernt. Flankiert von einer stets euphorischen Moderatorin Charlotte Roche, die – wie Philip Siefer – den Eindruck vermittelt, die Demokratie erst vor wenigen Tagen entdeckt zu haben. Und auch das provoziert vermutlich Menschen, die sich seit Jahren im Politischen bewegen und mit viel Einsatz engagieren.

Andererseits gilt es doch, Menschen neu für die Teilnahme an demokratischen Prozessen zu begeistern. Gut, wenn es da welche gibt, die das glaubhaft vorleben. Denn die tendenzielle Melancholie des herkömmlichen Aktivismus wirkt oft wenig einladend. Euphorie und Begeisterung sind in der deutschen Politik noch seltener als PoCs oder Menschen mit Behinderung.

Darf also Demokratie Spaß machen und begeistern? Nicht, wenn es nach einigen der Kritiker*innen von Olympia geht. Aber auch das dürfen wir alle für uns selbst entscheiden. Wer heute Abend die Markthalle verlässt, kann sich vorstellen, dass es funktioniert mit dieser Idee, mit den 90 000 Menschen und den Petitionen. Euphorie ist Energie. Und ohne die gibt es keine Bewegung.

Wenig später startet das offizielle Crowdfunding. Für diesen Anglizismus gibt es keinen deutschen Begriff. Weder Schwarm- noch Gruppen-Finanzierung schaffen es bislang in den Sprachgebrauch. Über Crowdfunding werden Projekte (vor)finanziert. Und zwar durch viele Menschen, die sich meist mit kleineren Beträgen beteiligen. Das geschieht niedrigschwellig und online, so dass schnell ein Schwarmeffekt eintritt: das digitale Nachahmen.

Für Crowdfunding gibt es verschiedene Anbieter, über deren Portale die Projekte vorgestellt werden und die Finanzierungen ablaufen. Das Olympia-Projekt präsentiert sich über *startnext.com*: »Wir wollen am 12.06.2020 das Olympiastadion Berlin für ein Demokratie Festival mieten und dort Wissenschaftler*innen, demokratiefördernden Initiativen und zivilgesellschaftlichen Organisationen eine Bühne geben, um Lösungen für die drängendsten Probleme unserer Zeit gebündelt zu präsentieren und diese z.B. mithilfe von Petitionen direkt vor Ort zu verabschieden (alles non-profit). Wir können das Unmögliche möglich machen – aber nur, wenn wir alle bis zum 24/12/2019 zusammenlegen.«[11] Sie hätten es fast ohne Anglizismen geschafft, wäre das Ganze nicht »non-profit«.

Gleich zum Start produzieren die Initiatoren mit dem neuen Team aus ehrenamtlichen Mitarbeiter*innen ein Video, um für die Idee, die Veranstaltung, aber in erster Linie das Crowdfunding zu werben. Sie machen das so, wie es ihnen gefällt: Musikvideo-Stil, schnelle Schnitte, Fischaugen-Optik, grelles Licht. Die Protagonist*innen sprechen direkt in die Kamera. Der Hintergrund in dem kleinen Raum lässt nichts aus: bunte Protestschilder in bekannter Einhorn-Optik, ein großer ausgestreckter Mittelfinger mit kurzem »Unfuck«, ein gerahmtes Bild von Greta Thunberg, ein Weihnachtsbaum. Es wirkt wie eine Satire, oder zumindest selbstironisch. Und hier kommt das eigentliche Problem des Videos: die Ironie. Irgendwer kommt beim Schreiben des Textes, den Charlotte Roche, Luisa Neubauer und andere in die Kamera sprechen, auf die Idee mit den 29,95 Euro; das klingt doch wie aus einer schlechten Werbung, das ist lustig. Also heißt es am Ende ironisch im Text: »Für nur 29,95 Euro ... so billig war die Weltrettung noch nie. Und das pünktlich zu Weihnachten.« Nicht jeder Mensch versteht diese Ironie. Andere wollen sie nicht verstehen und zitieren, als sei es ernst gemeint. So wie die Kritiker*innen dieses Videos. Fridays for Future Frankfurt sieht sich gezwungen, sich offiziell davon zu distanzieren: »Zu sagen, dass die Weltrettung für 29.99 zu haben sei, stellt einen Schlag ins Gesicht für die Jugendlichen dar, die seit elf Monaten auf der Straße sind.«[12] Puh.

Das Olympia-Projekt entsteht spontan, und die Idee ist neu und ungewöhnlich, also wird sie öffentlich auseinandergenommen. Es scheint nicht möglich, solche Ideen auszuprobieren. »Naive Träumereien« sollen nicht sein. Philip Siefer wirkt dieser Tage wie vor den Kopf gestoßen: »Wenn wir uns nicht trauen, neue Sachen auszuprobieren, dann können wir nichts Neues erreichen. Wir werden nie sehen, was noch passieren kann und was möglich ist, wenn wir nichts Neues wagen. Und wenn wir alle, die was Neues wagen, verurteilen und zerstören und niederschreiben, und -schreien und -twittern, dann können wir keine Innovationen schaffen.«[13]

Etwas ausprobieren zu wollen, das ist natürlich kein Freifahrtschein, um kritiklos handeln zu können. Wer die Öffentlichkeit sucht und findet, muss auch damit rechnen, dass von allen Seiten öffentliche Meinungen zurückkommen, und nicht nur die guten. In der Debatte um die Idee kommt wiederholt der Vorwurf auf: Wie kann man nur so viel Energie in ein solches Luftschloss stecken? Die naheliegende Gegenfrage lautet: Wie kann man nur so viel Energie investieren, ein solches Luftschloss auseinanderzunehmen? Eine Zeitlang scheint es so, als gäbe es mehr Kritik an der Idee, etwas auszuprobieren, um Probleme zu lösen, als an den Problemen selbst.

Während das Crowdfunding läuft, wird die Feminismusaktivistin und Autorin Margarete Stokowski von Charlotte Roche angefragt, sich an Olympia zu beteiligen oder es zu unterstützen. Wir sprechen zwei

Jahre später mit ihr über das Vorhaben der Initiative: »Ich kenne die Leute nicht, die sich das ausgedacht haben. Ich weiß, Charlotte Roche war dabei. Und die Typen von dieser Einhorn-Firma. Aber angenommen, ich hätte überhaupt keine Ahnung, wer sich diese Olympiastadion-Aktion ausgedacht hat, würde ich denken, das sind einfach so koksende Business-Arschlöcher, die komplett von sich überzeugt sind, denen völlig egal ist, was es alles schon gibt in der Richtung, und denken, sie haben jetzt das Rad neu erfunden, die völlig manisch alle Energien ihres Umfelds in diese eine Idee stecken wollen, die sich zwischendurch am Kicker abreagieren und dann weitermachen auf Wodka Energy und viel Koks, sehr viel Koks. Und die dann irgendwie der Welt diese ›geile Idee pitchen‹. Das hat so eine richtig männliche, manische Überlegenheitsenergie.«[14]

Margarete Stokowskis Aussage belegt: Waldemar Zeiler und Philip Siefer lösen extreme Vorurteile in Menschen aus. Ob als Hipster oder als »koksende Business-Arschlöcher«. Vermutlich wäre ein Großteil der Kritik und Beleidigungen gegenüber dem Vorhaben ausgeblieben, wären die beiden nicht die Gesichter des Ganzen gewesen.

Wir sprechen direkt mit Waldemar Zeiler. Eine Idee, die den Kritiker*innen bislang nicht in den Sinn gekommen ist. »Bis dato wurden wir von der Presse als Einhörner immer nur gefeiert«, erzählt er verwundert, »solange wir in diesem Sozialunternehmertum-, New-Work-Kontext und damit klar in der Wirtschafts-Bubble geblieben sind. Und dann haben wir diese unsichtbare Grenze überschritten, indem wir politisch, aktivistisch unterwegs waren. Dann mussten wir eine ganz andere Seite davon spüren. Ich habe so viel gelernt wie noch nie im letzten Jahr.«[15]

Es sagt im Übrigen viel über Waldemar Zeiler aus, dass er nicht einmal über die ungerechte und persönliche Kritik jammert. Er reagiert sachlich und nachdenklich. Schon in der Vorbereitungsphase von Olympia erweckt er oft diesen Eindruck. Eigentlich wirkt er nie so, als sei er sich wirklich sicher, dass das alles so eine gute Idee ist. Zumindest trägt er nicht nur den zu viel zitierten Bart, sondern auch Zweifel im Gesicht:

»Warum machen wir den Scheiß?! Wir könnten echt andere Sachen machen.«[16]

Blicken wir auf die Rolle des Unternehmens. Einhorn ist nicht McDonald's, wie Philip Siefer zu Recht festhält[17], es bleibt jedoch ein Unternehmen, das selbstverständlich Produkte verkaufen will. Im zurückliegenden Fall der Bundestagspetition zur Tamponsteuer ist das wirtschaftliche Interesse von Einhorn als Hersteller und Verkäufer von Menstruationsprodukten eindeutig. Auch das Verhalten des Unternehmens gegenüber den eigentlichen Initiatorinnen der Petition ist kritikwürdig. Doch in jenem Fall bleibt Kritik weitestgehend aus.

Ein unternehmerisches Interesse an der Olympia-Idee ist weniger offensichtlich. Sie bringt viel Aufmerksamkeit für Waldemar Zeiler und Philip Siefer. Und jede Öffentlichkeit für die beiden ist automatisch Marketing für Einhorn. Die Firmengründer betonen in der Dokumentation, dass sie in den Räumlichkeiten überall den Schriftzug der Firma überklebt haben. Es bleiben aber die Büros des Unternehmens, es gibt keinen Beitrag über die Olympia-Idee, in dem Einhorn nicht genannt wird. Kritik mit enormer Reichweite kommt von Jan Böhmermann über Twitter: »Hey, Entrepreneurs, wenn es euch wirklich um Umwelt, Gesellschaft, Nachhaltigkeit und Gerechtigkeit geht, warum macht ihr dann nicht eure superwoken social Startups dicht und engagiert euch ohne Gewinnmaximierungsantrieb?«[18]

Eigentlich haben sie genau das getan. Sie haben sich für die Zeit der Aktion monatelang aus der Firma zurückgezogen, andere Mitarbeiter*innen von Einhorn ebenfalls. Der Tweet von Jan Böhmermann schießt am Ziel vorbei. Trotzdem ist klar, dass das Unternehmen von der Aufmerksamkeit profitiert. Die Frage ist: Warum ist das eigentlich so schlimm? Erstens lässt die Unternehmensstruktur bei Einhorn nicht zu, dass die Gründer bzw. Geschäftsführer Gewinne abschöpfen. Das Unternehmen gehört mittlerweile sich selbst. Gewinne werden damit automatisch reinvestiert. Zweitens ist die Frage, ob das mehr ist als ein

– vermutlich willkommener – Nebeneffekt. Denn der Aufwand ist so groß, die Investitionen von Einhorn immens: Monatelang arbeiten mehrere Mitarbeiter*innen inklusive beider Geschäftsführer ausschließlich an diesem Projekt. Öffentlichkeit gibt es auch günstiger. Das wissen Philip und Waldemar. Drittens bleibt die Frage, warum wir das so schlimm finden sollen, wenn Einhorn von der eigenen Idee profitiert. Was ist so verwerflich daran? Warum sollen sich Unternehmen, die nachweislich nachhaltig und fair handeln, nicht politisch engagieren dürfen?

Und wieder: Wir müssen das ja nicht gut finden. Es darf uns aber auch egal sein. Der Autor Friedemann Karig formuliert es in einem Tweet am 25. Dezember 2019 so:

> »Wenn das #12062020Olympia-Crowdfunding eins gezeigt hat, dann den erbärmlichen Zustand unserer Kritikkultur. Nahezu keine fundierte Auseinandersetzung, umso mehr Häme, Projektion, Vorurteile, Vorwürfe. Jeder zetert, keiner denkt nach oder fragt. Diskursiv deprimierend as fuck.«[19]

Wir haben auch eine verrückte Idee: Wie wäre es, wenn wir uns, statt uns reflexartig zu zerfleischen, statt uns auf Äußerlichkeiten (#Hipsterbärte) zu reduzieren, einfach kurz mit der Sache selbst auseinandersetzen? Also was haben die denn tatsächlich vor? Elisa Naranjo aus dem Olympia-Team erklärt im Deutschlandfunk, sie wollen »Lösungen erlebbar machen« und »nicht nur die Petitionen und Frontalbeschallung« anbieten. Ein Ziel sei es, »dass die Leute danach wissen, was sie persönlich tun könnten, wie sie sich Initiativen anschließen oder eigene ins Leben rufen könnten«[20].

Die inhaltliche Auseinandersetzung mit den Themen, die Bühne für diverse Stimmen, für Expert*innen, das Zusammenbringen unterschiedlicher Akteur*innen aus Wissenschaft, Aktivismus und Gesellschaft – all das bleibt im öffentlichen Gefecht um die Idee unerwähnt.

Das mag auch an Fehlern in der Kommunikation der Veranstalter*innen liegen. Eine Rolle spielt hier sicher die klare Reihenfolge des Vorhabens, das mit dem Crowdfunding für die Stadionmiete beginnt und die Planung der Themen und den Einreichungsprozess für Petitionen erst im zweiten Schritt vorsieht. Es ist das größte Crowdfunding aller Zeiten in Europa. So schnell eine solche Summe zu finanzieren, ist vorher noch nie gelungen. Kein Wunder also, dass sich die Initiator*innen erst mal mit voller Kraft auf diesen ersten Schritt konzentrieren. Denn erreichen sie das Ziel nicht, braucht es auch keine inhaltliche Vorbereitung. Der Vorwurf, sie würden sich nicht mit Inhalten auseinandersetzen, klingt aber gut in den Ohren derer, die auf Kritik aus sind. Das passt perfekt ins Bild: Hipster, Start-up-Typen, oberflächlich, naiv, inhaltslos, Marketingaktion. Haben wir was vergessen? Ach ja: die Bärte.

12. Dezember 2019. Es fehlen noch 1,35 Millionen Euro, um das Crowdfunding-Ziel zu erreichen. Es bleiben noch zwölf Tage Zeit. Es ist nicht zu schaffen. Waldemar Zeiler schlägt Philip Siefer vor, die Sache abzublasen. Doch der hat noch genug Hoffnung, noch genug Energie für zwei. Also raffen sich die beiden Gründer noch einmal auf, um das Unmögliche möglich zu machen: mehr als eine Million Euro in weniger als zwei Wochen über das Crowdfunding zu generieren.

Die Aktivist*innen in der Skalitzer Straße 100 in Berlin-Kreuzberg geben alles. Tag und Nacht. Fünf Tage vor Ende der Frist fehlen immer noch mehr als 900 000 Euro. Am Donnerstag, den 19. Dezember 2019, findet auf Instagram ein »Insta Live« mit Luisa Neubauer und Lena Meyer-Landrut statt. Luisa hat rund 250 000 Abonnent*innen, Lena fast 4 Millionen. Die beiden sprechen über die Probleme, um die es bei der Veranstaltung gehen soll. Lena betont, es sei Zeit, den Mund aufzumachen. Die Folge dieses Auftritts: Die Server der Crowdfunding-Seite *startnext* sind überlastet, zu viele Menschen wollen gleichzeitig Tickets kaufen und sehen, wie sich die Summe entwickelt. Sie steigt rasanter als je zuvor. Das motiviert das Olympia-Team noch einmal für den großen

Endspurt. Es werden noch mal alle Prominenten angerufen und mobilisiert, für das Crowdfunding zu werben. Waldemar und Philip gehen in einen stundenlangen Livemarathon auf Instagram, wo sich Influencer und Stars das Smartphone in die Hand geben und mit den beiden sprechen. Währenddessen steigt und steigt die Summe. Nur unterbrochen von Serverausfällen – wegen Überlastung. 15 Stunden vor Ende der Frist fehlen noch 160 000 Euro. Drei Tage zuvor waren es 900 000 Euro. Und dann passiert es tatsächlich: Mehr als 1,8 Millionen Euro sind erreicht.

Es ist von Anfang an klar, dass die persönliche Abneigung gegen »solche Typen« wie Waldemar und Philip in bestimmten Kreisen so groß ist, dass sie dort keine Chance haben. Wer sie verteidigt, wird ebenfalls beschimpft. Es baut sich ein beängstigender und unerklärlicher Hass gegen

die beiden Aktivisten und die Aktion auf. Sie sammeln sich inzwischen unter dem Hashtag #nolympia. Im Hass auf andere zueinanderfinden – wie schön.

Unter den lautesten Kritiker*innen finden sich viele Sozialdemokrat*innen: Für die 29,95 Euro einer Eintrittskarte sollten die Menschen lieber in die SPD eintreten. Das ist nun in jeglicher Hinsicht lustig. Weder reichen 30 Euro für eine durchschnittliche SPD-Mitgliedschaft, noch wird sich dort ernsthaft mit der Klimakrise befasst. Im Gegenteil: Als langjährige Regierungsbeteiligte ist die SPD mitverantwortlich für viele Probleme, die es zu lösen gilt. Absurd wird es, wenn aus dieser Richtung der Vorwurf kommt, dass Einhorn als (wirklich faires und nachhaltiges) Unternehmen diese Veranstaltung ermögliche. Denn die Liste der Sponsoren von SPD-Parteitagen liest sich wie eine Anklageliste von LobbyControl: vom Verband der Privaten Krankenversicherer über BMW und Volkswagen, den Spielautomaten-Verband, den Zigarettenverband bis hin zu Europas größtem CO_2-Verursacher RWE und natürlich RAG. #Nebenjobs #Subventionen #Aufsichtsrätin

Der Twitter-User Lucas Gerrits fasst es sehr passend zusammen: »Natürlich kann man sich als aktives Parteimitglied darüber aufregen, dass #12062020Olympia so viele Menschen mobilisieren kann, die auch zusammen in eine Partei gehen könnten. Oder man macht sich Gedanken, wie man attraktiver für politische Partizipation und Aktivismus sein kann.«[21] Hinzu kommt: Der Vergleich zwischen einer Veranstaltung und einer Parteimitgliedschaft ist so weit hergeholt, dass wir uns Sorgen um seine CO_2-Bilanz machen müssen. Ernsthaft: Äpfel und Birnen, liebe soziale Demokrat*innen auf Twitter. Und auch mal wieder durch die Nase atmen.

»Die Kritik ist überheblich und unsolidarisch«[22], kommentiert *taz*-Redakteur Erik Peter am 26.12.2019 die Reaktionen aus linken Kreisen in den sozialen Netzwerken: Ein Schaden sei durch die Veranstaltung weder für die Demokratie noch für soziale Bewegungen zu erwarten. Noch mal zur Erinnerung: Hier ist ein friedliches, überparteiliches und offenes Treffen mit Information und Partizipation zu wichtigen Themen geplant. Es kostet Eintritt, weil davon die Miete des Veranstaltungsortes gezahlt werden muss. Für Menschen, die es sich nicht leisten können, gibt es Soli-Tickets, die durch andere mitfinanziert werden. Außerdem wird die Veranstaltung kostenlos im Internet wie im TV übertragen. Und alle Menschen können mit über die Petitionen abstimmen, auch von zu Hause aus. Und das Beste ist: Wer die Idee doof findet oder sich nicht dafür interessiert, kann auch einfach was anderes machen und es ignorieren. Also: Wo ist eigentlich das Problem?

In der Chronologie der Geschichte folgt nun das Interview von Philip Siefer mit dem YouTube-Journalisten Thilo Jung. Wäre Olympia eine Partei im Wahlkampf und Siefer ihr Spitzenkandidat, es wäre der Moment, an dem »die Kampagne« am Ende gewesen wäre. Wie so oft in großen gescheiterten Interviews ist es eine missverständliche Nazi-Aussage, über die der Protagonist stolpert.

Interessanter ist jedoch eine andere Passage des Interviews von Philip Siefer: »Wenn man immer davon ausgeht, dass alle Leute lügen, dann kann man ja mit keinem mehr reden. Dann würde ich mich ja überall hinsetzen und denken, du willst mein Schlechtestes. Und dann müsste ich ja immer total Angst haben.«[23] Dieser Satz lässt mutmaßen, was Philip Siefer für ein Mensch ist: gutgläubig, etwas naiv, optimistisch, ein Menschenfreund. Sonst hätte er sich vielleicht gar nicht auf das Interview mit Thilo Jung eingelassen. Der ist nämlich, zumindest in seiner öffentlichen Rolle, eher das Gegenteil von Siefer. Und damit so ein bisschen der Held der zynisch verbitterten, nonkonformistischen Bubble aus stets kritisch daherkommenden Männern zwischen 20 und 30 Jahren: Hauptsache, dagegen. Thilo Jung ist dafür bekannt, Leute gerne vorzuführen. Und dazu stellt er eben auch Fragen, die auf den zweiten Blick manchmal nicht fair sind.

Aber langsam. Wie lief das Interview an dieser Stelle ab?[24]

Thilo Jung: »Was ist denn der Plan?«

Philip Siefer: »Also, der Plan ist …«

Thilo Jung (unterbricht): »Ihr seid ja gestartet, ohne einen Ablaufplan zu haben, ohne die Inhalte der Petitionen zu nennen … Alle sind willkommen … Auch Nazis?«

Philip Siefer denkt laut, unsicher: »Ja, wenn die sich konstruktiv an den Lösungen der Probleme, die wir genannt haben, beteiligen möchten … dann finde ich das … dann ist das ja … also … es ist ja … du musst …«

Die schnelle Zwischenfrage, ob »auch Nazis« bei der Veranstaltung willkommen seien, ist ketzerisch und eine rhetorische Falle. Allein durch die Themen und Organisator*innen ist völlig offensichtlich, dass Nazis nicht willkommen sind. Die Frage ist derart abwegig, dass sie den Einhorn-Gründer komplett überrumpelt. Vermutlich rechnet Jung damit, dass Philip die Frage verneint, um dann nachzufragen: »Aha, es sind also doch nicht alle willkommen?! Ist das denn demokratisch?« Das wiederum ist die Frage nach der Toleranz gegenüber Intoleranten, die Karl Popper bereits 1944 beantwortet: »Uneingeschränkte Toleranz führt mit Notwendigkeit zum Verschwinden der Toleranz. Denn wenn wir die unbeschränkte Toleranz sogar auf die Intoleranten ausdehnen, wenn wir nicht bereit sind, eine tolerante Gesellschaftsordnung gegen die Angriffe der Intoleranz zu verteidigen, dann werden die Toleranten vernichtet werden und die Toleranz mit ihnen.«[25]

Hier dürfen wir Thilo Jungs Methoden kritisch sehen: Ein Journalist sollte rhetorische Fallen anwenden, wenn er dadurch Informationen gewinnen kann, und nicht, um seine*n Gesprächspartner*in bloßzustellen. Doch genau das möchte Thilo Jung. Und es gelingt ihm noch besser als erhofft.

Philip Siefer beantwortet die Nazi-Frage mit Ja. Falle gestellt. Und zugeschnappt. Aus professioneller Sicht läuft das Interview für Philip katastrophal. Er wirkt unsicher, teilweise uninformiert, er macht viele Fehler. Wäre er Politiker, dieses Interview wäre vermutlich sein letztes gewesen. Thilo Jung geht es darum, Siefer in seiner Naivität bloßzustellen. Das Video ist ein gefundenes Fressen für alle, die ohnehin gegen Bärte sind.

Die ganze Sache gerät ins Stocken. Die Stimmungsmache gegen die Veranstaltung und die beiden Einhorn-Gründer wird lauter. Es gibt, in tendenziell linken Kreisen, Menschen, denen es wichtiger ist, en *vogue* (im Trend) als *woke* (sensibel für politische Ungerechtigkeit) zu sein. Und die äußern gern bei jeder Gelegenheit, wie verabscheuungswürdig diese Olympia-Sache doch sei. Nur wenige trauen sich noch zu sagen, dass sie das Vorhaben gut finden. Eine davon ist Claudine Nierth, Vorstandssprecherin des Vereins Mehr Demokratie: »Da kommen so ein paar junge Menschen und sagen sehr konstruktiv: Wir fühlen uns verantwortlich für die Welt und wir wollen eine Zukunft haben. Und wir zeigen euch mal, wie es geht. Und vor allem zeigen wir euch, dass es ein Interesse gibt – in der jungen Community, in der weiblichen Community: ›Hey, ich habe Anliegen und für die möchte ich mich einsetzen.‹ Für mich ist

Olympia so ein kleiner Startschuss, aber auch ein Leuchtturm, ein Funke, der ein Hoffnungslicht wirft in die Zukunft.«[26]

Was das Licht noch nicht zeigt: Die Zukunft sieht ganz anders aus, als sich irgendwer zu diesem Zeitpunkt vorstellen kann. Während sich Philip Siefer nach Veröffentlichung des Interviews im Januar 2020 erst mal eine Auszeit nehmen muss, entwickelt sich in China eine Lungenkrankheit zur Epidemie. Im März ist sie bereits weltweit verbreitet. Die WHO erklärt Covid-19 offiziell zu einer weltweiten Pandemie. Kurz darauf wird alles abgesagt.

Acht Monate später sprechen wir mit Waldemar Zeiler. Er hat in der Zwischenzeit ein Buch veröffentlicht, zusammen mit der Journalistin Katharina Höftmann Ciobotaru. Es heißt *Unfuck the Economy*. Wir wollen

wissen, ob Waldemar bereits verarbeiten konnte, was in den vergangenen zwölf Monaten geschehen ist:

■ *»Wenn du das Wort Olympia hörst, was geht dir als Erstes durch den Kopf?«*

»Für mich persönlich war es eine der steilsten Lernkurven: ganz viel persönlicher Schmerz, aber auch ganz viel Lernen. Ich habe dadurch tolle Menschen kennengelernt und tatsächlich auch zum ersten Mal über diese Unternehmer-Bubble hinaus mit Menschen zusammengearbeitet, also mit NGOs, mit Mehr Demokratie, mit Scientists for Future, mit Fridays for Future, und das war cool. Aber das war auch ziemlich hart.«

■ *»Welche Kritik konntest du denn annehmen aus der Planungszeit? Was können wir daraus lernen?«*

»Wir haben erzählt, wir wollen was gegen Rassismus machen, und waren alle weiß. Wir haben uns da nicht genug Mühe gegeben, ein diverses Team aufzustellen. Das war ein wesentlicher Punkt. Wir haben nicht genügend Organisationen eingebunden. Denn in jedem Feld, in dem man heutzutage aktiv wird, gibt es sicherlich 50 bis 100 Jahre Aktivismus davor. Das hätten wir uns anschauen sollen: Wer sind eigentlich die Player? Und wie kann man mit denen zusammenarbeiten? Unser Plan war: Erst wenn wir das Stadion finanzieren können, machen wir uns über die Inhalte Gedanken. Und das in einem politischen Kontext: Da will jemand ein Stadion füllen mit 70 000 Leuten und erzählt nicht, was er da genau machen will – das kann in der aktuellen Zeit durchaus kritisch gesehen werden. Das haben wir unterschätzt. Aber wir wollten nicht diejenigen sein, die die Inhalte machen, sondern: Wir haben gesagt, das ist eine Plattform, und wir wollen das gemeinsam mit Wissenschaftler*innen erarbeiten, die sollen die Bühne bekommen, deshalb; es geht erst nur um die Location-Anmietung.«

■ *»Aber das klingt ja so, als ob ihr es gar nicht anders machen würdet, wenn ihr es wieder machen würdet. Denn ihr wolltet das ja offenhalten.«*
»Ja, aber dann würden wir das besser kommunizieren. Ich glaube aber, dass es so ein Event in den nächsten fünf Jahren sowieso nicht geben wird. Wir würden viele Sachen anders machen. Wenn wir dasselbe Event wieder genauso machen wollen würden, hätten wir ja wirklich gar nichts gelernt.«

■ *»Von Aktivist*innen wird immer erwartet, dass sie eine Lösung parat haben. Von euch wurde erwartet, dass ihr – bevor ihr wisst, ob ihr das Stadion finanzieren könnt – ganz genau sagen könnt, was da passieren soll. Man hätte euch im Nachhinein daraus auch wieder einen Strick gedreht, nach dem Motto, es gibt da kein Mitspracherecht.«*
»Ja, hätten wir unsere Ressourcen nicht in die Kampagne gesteckt, sondern zuvor in inhaltliche Arbeit, dann hätten wir eventuell die Location nicht bekommen. Es war so ein Henne-Ei-Problem, wenn du so willst. Und die Begeisterung von Freiwilligen, die wurde erst richtig geweckt, als feststand, dass es stattfinden wird. Das hat noch mal einen richti-

gen Push gegeben: Jetzt lohnt es sich, sich richtig zu engagieren, weil es sicher ist, dass es stattfindet. Wir haben da sehr viele neue Sachen auf einmal miteinander gemixt. Wir haben sehr viele Innovationen dadurch angestoßen. [...] Aber: Neues macht auch immer Angst. Das ist vielleicht auch eine kulturelle Sache. Da haben wir schon einiges mitgemacht. Auch, dass das Stadion eine NS-Vergangenheit hat und da schon Hitler gesprochen hat, ist uns ja vorgeworfen worden. Es waren auf einmal sehr viele Themen, mit denen wir uns auseinandersetzen mussten. Oft zu Recht, aber manchmal klaut es einem natürlich auch die Energie, um tatsächlich mal etwas Neues zu erschaffen.«

■ *»Ihr seid durch die Hölle gegangen, mit den Shitstorms und den Dingen, die euch nachgesagt wurden. Was hat das persönlich mit dir gemacht?«*
»Es hat mich viel demütiger gemacht und viel kritischer mit mir selbst. Das ist auch durch Psychotherapie geschehen. Einerseits muss man Kritik entgegennehmen können. Andererseits sollte man sich auch nicht davon abhängig machen. Ich war vorher süchtig nach positiver Kritik und habe dann die andere Seite bekommen, von mega negativer Kritik. Die Schwierigkeit liegt in dieser Schnelligkeit, die Entrepreneurship eben treibt: schnell auf Resultate kommen, und lass uns einfach mal machen. Und ja, ich verdaue immer noch, aber es ging ja weiter. Also für mich war das auch keine Niederlage, denn wir haben so viele Bande geknüpft, eben über unsere Bubble hinaus, die sich jetzt auch weitertragen. Wir konnten ganz viele Menschen miteinander vernetzen. Wir haben viele Leute für die Politik begeistert, die vorher nie erreicht worden wären.«

■ *»Und was hat dich persönlich besonders getroffen? Sind Freundschaften daran zerbrochen? Bist du von Menschen explizit enttäuscht?«*
»Nein, ich verstehe das doch auch. Wir werden verrückt gemacht durch die Medien. Es ist wahnsinnig schwer zu sagen, was ist jetzt richtig, was

ist falsch. Viele waren erst mal eingeschüchtert. Und die Anfangseuphorie, die es vor dem Crowdfunding gab, die hat dann abgenommen. Es war dann viel mehr Arbeit, die Leute dazu zu bringen, mitzumachen, weil viele der Leute in so eine kleine Angststarre gegangen sind.«

■ *»Bist du da auch ein bisschen enttäuscht von der Szene?«*
»Ja, sicher gab es Zeiten, wo ich enttäuscht war und gesagt habe: Was ist denn jetzt los?! Wir sind doch alle auf einer Seite. Dann sprecht doch mit uns, du hast meine Nummer, ruf mich an. Warum denn auf Social Media? Aber ich beurteile gern die Reise: Wenn einer etwas behauptet, ist das schön und gut, aber wie verhält er sich die Jahre danach? Hätten wir jetzt nach dem Ding gesagt, wir hören jetzt auf mit dem Aktivismus, jetzt haben wir uns da verbrannt, dann wäre das eher das Zeichen dafür, dass es uns gar nicht so ernst war damit. Uns ist es aber todernst damit. Wir suchen jetzt nach neuen Möglichkeiten.«[27]

Zusammenarbeit

Die Ereignisse um die Olympia-Idee zeigen, wie sehr sich aufgeklärte linke Kreise untereinander zerfleischen können. Wie sie sich über lange Zeiträume nur damit beschäftigen, sich gegenseitig zu bekriegen. Im Fall von der Olympia-Idee allerdings nicht gegenseitig, sondern einseitig gegen die Organisator*innen. Es bleibt am Ende das Phänomen der judäischen Volksfront und der Volksfront von Judäa. Denn Zerwürfnisse linker Aktivist*innen sind seit jeher ein großes Thema. Bereits im Filmklassiker *Das Leben des Brian* der britischen Komikergruppe Monty Python aus dem Jahr 1979. Er handelt von Brian, der gleichzeitig mit Jesus geboren wird, durch Missverständnisse für den Messias gehalten wird und sich gegen die römischen Besatzer engagieren will. In dieser Szene arbeitet Brian als Otternasen-Verkäufer in einer römischen Gladiatorenarena. Auf der Suche nach Mitstreiter*innen spricht er eine Gruppe Aktivist*innen an[28]:

Brian: »Seid ihr von der judäischen Volksfront?«

Aktivist 1: »Verzieh dich! Judäische Volksfront. Quatsch! Wir sind die Volksfront von Judäa! Judäische Volksfront … Schwächlinge!«

Brian: »Kann ich in eurem Verein mitmachen?«

Aktivist 1: »Nein. Verpiss dich!«

Brian: »Ich wollte dieses Zeug nicht verkaufen. Das ist nur ein Job. Ich hasse die Römer genauso wie ihr!«

Aktivist 2: »Sagst du das auch nicht nur so?«

Brian: »Oh nein! Todsicher. Ich hasse die Römer schon lange.«

Aktivist 1: »Hör zu: Wenn du eintreten willst, in die VVJ, dann musst du die Römer wirklich verdammt hassen.«

Brian: »Das tue ich ja!«

Aktivist 2: »Ja? Und wie sehr?«

Brian: »Wie ein Verrückter.«

Aktivist 1: »Du bist aufgenommen. Hör zu: Es gibt Typen, die wir noch mehr hassen als die Römer: diese verfluchten judäischen Volksfront-Mistkerle.«

Nun stimmen auch die anderen aus der Aktivist*innen-Gruppe mit ein:

Aktivist 3: »Ja, diese Spalter!«

Aktivist 4: »Und die Populäre Front, Mistkerle!«

Aktivist 1: »Spalter, Mistkerle!«

Aktivist 3: »Und die Volksfront von Judäa! Spalter!«

Aktivist 1: »Was?!«

Aktivist 3: »Die Volksfront von Judäa: Spalter!«

Aktivist 1: »Wir sind die Volksfront von Judäa!«
Aktivist 3: »Oh … Ich dachte, wir wären die Populäre Front.«
Aktivist 1: »Mann, Volksfront!«
Aktivist 4: »Was ist eigentlich aus der Populären Front geworden?«
Aktivist 1: »Die sitzt da drüben …«

Wir sehen einen einsamen alten Mann.

Aktivist 1–4: »Spalter!«

Autorin und Radikalisierungsexpertin Dana Buchzik kennt sich mit Gruppenprozessen aus: »In der konservativen und auch in der rechten Bubble sind Vernetzung, Zusammenhalt und Solidarität tatsächlich stärker ausgeprägt, das ist messbar. In den linken Bubbles sehen wir eher so eine große Zerfaserung oder auch, dass Leute sich wirklich zerfleischen und dabei wertvolle Zeit verlieren für die gemeinsamen Ziele, die sie eigentlich haben.«[29] Und diese Ziele sind existenziell: Wir wollen eine Welt ohne Klimakrise, ohne Rassismus, ohne Ungerechtigkeit. Unsere Bemühungen konzentrieren sich dabei meist auf die Menschen, die wir nicht auf unserer Seite wähnen: Menschen, die es zu überzeugen gilt. Dabei scheinen wir selbst alles andere als überzeugt von unseren Zielen zu sein. Sonst würden wir uns doch auf sie konzentrieren und uns nicht untereinander bekämpfen. Würden wir anderen Menschen nicht stets niedere Motive unterstellen, wir fänden schneller zueinander. Doch wir lernen, davon auszugehen, es ginge anderen nur um Macht, nur um Geld, nur um persönliche Vorteile.

Wir sprechen mit Carola Rackete über Handlungsmotive der Menschen und das 1902 erschienene Buch *Mutual Aid: A Factor of Evolution* des russischen Autors Peter Kropotkin: »Er geht darauf ein, dass Tiere nur überleben, weil sie in Gruppen leben und sich gegenseitig helfen. Und das gilt auch für die Menschen. Sie hätten als Spezies gar nicht überlebt, wenn sie sich nicht in Gruppen gegenseitig geholfen hätten. So ist es bis heute. Ein ähnliches Buch ist von Rutger Bregman erschienen: *Humankind*. Da spricht er darüber, wie viele Beweise es dafür gibt, dass Menschen nur überleben, weil sie als Spezies sehr gut zusammenarbeiten und sich gegenseitig helfen. Die Menschheit wäre nicht so weit gekommen, wäre sie nicht extrem gut darin, zu kommunizieren, zu kooperieren und sich gegenseitig zu helfen. Darüber müssten wir viel mehr reden, damit sich die Leute daran erinnern.«[30]

Rutger Bregman belegt, dass entgegen einer allgemeinen Mär in Notsituationen das Beste im Menschen zum Vorschein kommt. Warum uns das nicht bewusst ist, erklärt er mit dem »Nocebo-Effekt«: Wir glauben, dass die Menschheit nicht gut ist. Also verhalten wir uns auch so. Ein

Großteil allen Leids, der Sorgen, des Hasses ist in unserer Annahme begründet, der Mensch sei im Grunde schlecht. Darin steckt eine *self-fulfilling prophecy*, die sich selbst erfüllende Prophezeiung. Weil ich etwas annehme, verhalte ich mich entsprechend, und dadurch tritt es dann tatsächlich ein. Und so wird, selbst wenn wir gleiche Ziele verfolgen, potenziellen Mitstreiter*innen Schlechtes unterstellt: die falschen Motive, Vorgehensfehler oder Machtgelüste. Grundsätzlich heißt der Vorwurf: Dir geht es nicht um die Sache, mir schon.

Auch deshalb gründeten zahlreiche Organisationen und Initiativen das Bündnis »Unteilbar«. In ihrem Erstaufruf formulierten sie: »Wir lassen nicht zu, dass Sozialstaat, Flucht und Migration gegeneinander ausgespielt werden. Wir halten dagegen, wenn Grund- und Freiheitsrechte weiter eingeschränkt werden sollen. Wir stehen #unteilbar für Gleichheit und soziale Rechte.«[31]

Doch selbst Initiativen wie »#Unteilbar« schaffen es nicht, ein dauerhaft handelndes Bündnis aus Gruppen mit vergleichbaren Zielen zusammenzubringen. Zu differenziert sind die Anliegen der einzelnen Beteiligten, zu groß die Egos, zu stark der Kampf um Aufmerksamkeit. Eine große Sorge ist stets, das Thema der anderen Gruppe nehme dem eigenen Anliegen das öffentliche Interesse. Auch deshalb tun sich beispielsweise Sozialdemokraten mit der Bekämpfung der Klimakrise so schwer. Es ist auszuschließen, dass sie tatsächlich die Fakten mehrheitlich nicht verstehen. Wahrscheinlicher ist die Befürchtung, mehr Aufmerksamkeit und öffentliches Bewusstsein für die Klimakrise verschaffe der politischen Konkurrenz mehr Zuspruch. Dann gehen wir doch besser alle mit der Klimakrise zugrunde. So ernst ist es dann halt doch nicht mit den Inhalten. *Content follows ego*. Stellen wir uns mal vor, ein Schiff von Greenpeace entdecke Menschen in Seenot auf dem Meer und beschließe, sie nicht zu retten, niemandem Bescheid zu geben, damit die Seenotrettungs-NGOs nicht mehr Aufmerksamkeit bekommen. Wir merken: Es nimmt absurde Formen an. Es ist ein sehr kurzsichtiger Selbsterhaltungstrieb, der nur die eigene Gegenwart, die eigenen Vorteile, Karriere und Macht im Blick hat. Dabei muss es ein menschlicher Selbsterhaltungstrieb sein, der uns dazu bringt, die Klimakrise gemeinsam zu stoppen.

Die Teilung von Gruppen kommt von oben, von dort, wo es um Macht geht. Wo Karrieredenken und Parteierfolge längst wichtiger zu sein scheinen als Haltung, Überzeugungen und der Wunsch nach gesellschaftlichem Wandel.

Solange das Schicksal der eigenen Karriere stets an Prozentzahlen bei der nächsten Wahl geknüpft ist, werden sich die Knoten der konkurrierenden Engstirnigkeit nicht lösen.

Während die ganze Welt 2018 und 2019, aufgerüttelt durch Fridays for Future, dabei ist zu begreifen, dass wir uns der Klimakrise stellen müssen, beschäftigen sich die damals Dauerregierenden CDU und SPD übrigens vornehmlich mit sich selbst, wählen mal wieder neue Vorsitzende, zerstreiten sich, machen mit nichts anderem Schlagzeilen als innerparteilichen Schlammschlachten. Je mehr sich die Parteien allerdings mit sich selbst und nicht mehr mit den tatsächlichen Herausforderungen der Gesellschaft auseinandersetzen, desto stärker wächst die Abneigung gegen »die da oben«, die Parteien, die Regierung, die Demokratie. Es ist ein sehr gefährliches Spiel. Gewählte*r Politiker*in zu sein, ist eine sehr große Verantwortung. Offenbar ist dies zur Floskel verkommen.

Folgen wir Rutger Bregmans Annahme, der Mensch sei »im Grunde gut« und auf Kollaboration ausgelegt, bräuchte es also eine Art Neustart. Und konkrete Maßnahmen, um Vertrauen in Politik und Demokratie wiederherzustellen:

- eine Begrenzung der Amtszeiten für Regierungsämter und Abgeordnete,
- eine Sperrfrist für die Beschäftigung nach der Abgeordnetenlaufbahn,
- ein Verbot jeglicher Nebeneinkünfte,
- ein Hausverbot für Wirtschaftslobbyist*innen im Bundestag,
- ein generelles Verbot von Parteispenden,
- ein Wahlrecht ab 16 Jahren.

Damit könnten wir anfangen.

Am Ende ist das, was wir brauchen, aber noch deutlich größer: ein gesellschaftliches Zusammenfinden, eine Rückbesinnung auf Gemeinsamkeiten, ein Handeln größerer thematischer Bündnisse über vereinzelte Differenzen hinweg.

Nicht nur die Klimakrise, sondern fast alle Themen brauchen die Zusammenarbeit gesellschaftlicher Gruppen. Große Veränderungen brauchen große Zusammenschlüsse. Um eine gerechte, tolerante, soziale, inklusive und friedliche Gesellschaft zu schaffen, reicht es nicht, sich in privilegierten Kreisen darauf zu einigen. »Wir brauchen alle. Es gibt nicht die eine Lösung«, betont Luisa Neubauer in unserem Gespräch: »Ich glaube, das Beste, was wir machen können, ist, unsere Kräfte zu bündeln. Schließt euch zusammen!«[32]

Was Luisa hier tut, nennen Aktivist*innen gern »Empowern«. Andere ermächtigen, ihnen Kraft geben, sie motivieren. Für Shai Hoffmann ist das »die Idee des Aktivisten, andere Leute zu aktivieren, etwas zu tun«. Über diese Prozesse entstehen Zusammenarbeit, Vernetzung und Gemeinschaft.

Für Orry Mittenmayer ist das eine Frage der Empathie, die wir uns als Aktivist*innen entgegenbringen: »Es ist unsere Aufgabe als Aktivist*innen, Menschen zu empowern, zu zeigen: Hey, Leute, der Status quo ist nicht zufriedenstellend. Ich kenne das Gefühl der Politikverdrossenheit. Ich kann verstehen, dass du das Gefühl hast, dass die Politik nicht auf dich hört. Aber dann lasst uns doch gemeinsam etwas machen. Das ist genau das, was ich mache: Ich organisiere Menschen. Ich höre mir die Probleme an. Ich spreche mit ihnen drüber.«[33]

Wer Menschen in solchen Gesprächen aktivieren will, muss Leidenschaft in ihnen entfachen. Und das geschieht durch emotionale Verbindungen zwischen dem Thema und dem eigenen Leben. Cesy Leonard beobachtet diese Prozesse in ihrer Arbeit mit jungen Menschen bei den Radikalen Töchtern: »Wow, da leuchten die Augen. Man merkt, darauf springen die an. Damit können sie was anfangen. Das hat was mit ihrer Lebensrealität zu tun. Das bringt ihnen etwas. Mit einem Menschen in Kontakt zu treten, der begeistert wird durch das, was ich ihm mitgebe, das ist einfach ein unglaublich tolles Gefühl.«[34]

Die Kraft des Aktivismus kommt aus der Zusammenarbeit. Erst wenn wir merken, dass wir mit unseren Anliegen nicht allein sind, kommt die Hoffnung, tatsächlich etwas bewegen zu können. Erst wenn wir immer mehr werden, wird aus der Hoffnung die Überzeugung, die Ziele zu erreichen. Es gibt für Aktivist*innen verschiedene Formen der Zusammenarbeit. Eine ist die Kollaboration über Vernetzung. Antirassismusaktivistin Tupoka Ogette beschreibt diese Form für ihre Arbeit: »Aus meiner Biografie heraus gesprochen, war für mich der Gamechanger das Thema Vernetzung. Auf Menschen zu treffen, die meine Erfahrungen validiert haben und bei denen ich gleichzeitig die Möglichkeit hatte, meine

Erfahrungen in einen kollektiven Kontext einzubetten. Und Menschen zu finden, bei denen du dich wohlfühlst, wo du gesehen und gehört wirst.«[35]

Vernetzen bedeutet mehr als lose Verbindungen über soziale Medien. Im Bestfall weisen sie einen Weg zu konstruktivem Netzwerken, das in gemeinsames Handeln mündet. Tatsächliche Ansprechpartner*innen zu haben, ist die erste Voraussetzung. Verbündete zu finden, die zweite. Jetzt erst entsteht aktivistisches Netzwerken. Dana Buchzik beschreibt den Schritt: »Meine Idealvorstellung ist, dass sich Menschen aus vielen Disziplinen zusammenschließen. Große Probleme werden erst gelöst, wenn man die Expertise vieler Menschen zusammenbringt.«[36]

Digitale Werkzeuge haben die Kollaboration wesentlich vereinfacht.

Gemeinsame Arbeit an Dokumenten, Videokonferenzen mit Screensharing oder andere Kommunikationssoftware führen zur Zusammenarbeit in Echtzeit, alternativ zeitversetzt, ortsunabhängig. Moderne Unternehmen verzichten zunehmend auf hierarchische Strukturen, deren wesentliche Funktion die Befriedigung von Machtbedürfnissen ist. Längst gibt es Arbeitsmodelle, in denen Menschen mit unterschiedlicher Expertise und Fähigkeiten ohne Status- und Machtunterschiede zusammenarbeiten können. Und zwar deutlich besser. Waldemar Zeiler kennt sich damit sehr gut aus. Und er weiß als Unternehmer, dass mit den Privilegien auch die gesellschaftliche Verantwortung wächst. Und die bedeutet, dass gerade diejenigen handeln müssen, die dazu die besten Voraussetzungen mitbringen: »Ich glaube, dass jede*r den Aktivist*in in sich wecken muss und gucken muss, wie kann ich mich mit meinem Wirkungsgrad, mit meinem Netzwerk, mit dem, was ich zur Verfügung habe, wie viel oder wenig das auch ist, einbringen – je größer der Hebel, desto mehr Verantwortung trägt man auch, Aktivist*in zu sein.«[37]

Die Mehrheit der Aktivist*innen nennt Zusammenarbeit und Netzwerken als die elementaren Säulen des Aktivismus. Umso erstaunlicher, dass die vermutlich bekannteste und vielleicht auch wichtigste Aktivistin unserer Zeit ihren Aktivismus allein begann. Doch hätten wir je wieder von Greta Thunberg gehört, wenn sich nicht in kürzester Zeit Millionen Menschen weltweit zu Fridays for Future zusammengefunden hätten? Gerhard Schick steht als prominenter Aktivist stellvertretend für die Bürgerbewegung Finanzwende. Gewohnt pragmatisch und realistisch schätzt er den Stellenwert des Zusammenarbeitens im Aktivismus ein: »Meine Erfahrung ist: Die Welt änderst du selten allein. Es gibt mal Einzelne, die einen entscheidenden Unterschied machen. Da gehört sicher Greta dazu, die Leute einfach motiviert hat und allein angefangen hat mit dem Klimastreik. Oder Leute, die durch konkrete juristische Aktivitäten allein etwas erreichen konnten, weil sie dann die Gerichte mobilisiert haben. Aber in der Regel ist es so, dass nur das Zusammenwirken von vielen Menschen etwas bewegen kann.«[38] Streng genommen gibt es keinen Einzelaktivismus. Zwar braucht es immer einzelne Personen, um Geschichten zu erzählen, am Ende aber geht es im Aktivismus doch darum, Gleichgesinnte zu finden, die Kräfte der Gruppe zu nutzen, sich gegenseitig zu stärken. Es gilt, diverse Meinungen, Talente, Expertisen und Perspektiven zusammenzubringen, die alle für ein gemeinsames Ziel kämpfen. Es ist die Kraft, die uns andere geben, die unsere Haltung teilen und uns damit bestätigen. Für Aktivistin Cesy Leonard ist es der erste Schritt, um Aktivist*in zu werden: »Suche dir Gleichgesinnte in deinem Thema, suche dir Menschen, mit denen du dich verbünden kannst, die eine ähnliche Haltung haben wie du. Weil es viel leichter ist, das gemeinsam zu machen. Und: Nimm dich selbst nicht zu ernst dabei. Es geht um die Sache, es geht nicht um dich.«[39]

Und letztlich ist es nicht nur der Glaube an die gemeinsame Sache. Es ist auch der Glaube an die Kraft der Gemeinschaft, der Initiative, der Bewegung. Luisa Neubauer lebt ihren Aktivismus in dieser Überzeugung: »Wir können Unglaubliches schaffen, wenn wir nur wollen und wenn wir uns zusammentun und uns nicht einschüchtern lassen und nicht lockerlassen.«[40]

KONSTR
AKTI
VIS
MUS.

UKTIVER

»Die Utopie, sie steht am Horizont.
Ich bewege mich zwei Schritte auf sie zu
und sie entfernt sich um zwei Schritte.
Ich mache weitere zehn Schritte
und sie entfernt sich um zehn Schritte.
Wofür ist sie also da, die Utopie?
Dafür ist sie da:
um zu gehen!«[1]

Eduardo Galeano

Jede*r Aktivist*in braucht Ziele. Ein Ziel kann sein, ein Gesetz zu verhindern oder durchzubringen. Ein Ziel kann der schnellere Kohleausstieg sein. Das Ziel kann sein, dass weniger Menschen AfD wählen. Die Gefahr bei messbaren und konkreten Zielen ist: Wenn wir uns allein auf sie konzentrieren, machen wir uns zu abhängig davon, ob sie erreicht werden oder nicht. Ein Misserfolg kann auf diese Weise schnell zu Resignation führen, im nächsten Schritt zum Ausstieg aus dem Politischen und schließlich zum Rückzug ins Private.

Wir brauchen also ein Bild von einer besseren Welt. Denn wir wollen nicht immer nur Brände löschen, Löcher stopfen und Katastrophen verhindern. Doch dieses Bild müssen wir mitgestalten. Wir müssen zuallererst in unserer Fantasie ein besseres Leben erschaffen. Nur wenn wir eine Idee davon haben, wofür und nicht nur wogegen wir kämpfen, können wir es erreichen.

Statt Utopien sind es Dystopien, die unsere Zeit prägen. Nicht zuletzt durch die weltweite Pandemie und den damit verbundenen Stillstand des öffentlichen Lebens sind dystopische Bilder entstanden, wie wir sie aus Filmen und Büchern kennen: Menschen decken sich mit Lebensmitteln ein, stehen vor leeren Supermarktregalen, heben ihr Geld von der Bank ab, Werte verändern sich, Angst und Misstrauen beherrschen das Zusammenleben. Sie verbinden sich mit den Bildern einer nahezu unbewohnbaren Erde. Dort herrscht Dunkelheit; die Straßen sind leer, die

Menschen bar jeder Freiheit, unterdrückt von wenigen Mächtigen oder Maschinen. Es sind diktatorische, repressive Gesellschaftsformen, voller Leid durch Krankheiten, Gewalt und Armut. Zwar finden sich in der Literatur durchaus Dystopien, in denen Wohlstand herrscht, jedoch auf Kosten anderer Werte, Gefühle oder individueller Freiheiten. Dieses literarische Zeichnen einer apokalyptischen Zukunft ist keinesfalls nur aus der Luft gegriffen. Es zeigt – mal mehr, mal weniger weit entfernt von aktuell wahrgenommenen Realitäten –, was passieren kann, wenn wir die großen Probleme der Welt nicht erfolgreich bekämpfen. So sehen wir in dystopischen Filmen die klimatischen Veränderungen unserer Erde, die so heiß oder so kalt ist, dass wir uns draußen nicht mehr ohne technische Hilfsmittel bewegen können, überflutete Städte, Kolonien von Überlebenden. Die Frage ist, was motiviert uns eher, etwas zu tun: die Angst vor diesen Zuständen? Oder die Lust, der Traum, die Vorstellung einer besseren Welt? Vielleicht sogar einer guten.

Waldemar Zeiler kann sich Dinge vorstellen, die andere für unmöglich halten, die fantastisch sind, die noch nie jemand zuvor gewagt hat: »Der Mensch lebt von Geschichten, wir brauchen Storytelling, wir brauchen Utopien – und die haben wir gerade nicht. Rutger Bregman hat es in seinem Buch *(Utopien für Realisten)* gut beschrieben: Früher gab es immer eine lebenswerte Welt, für die wir gearbeitet haben, man wollte raus aus dem Hunger, raus aus der Armut. Jetzt leben wir in einer Welt, in der vermeintlich alles so lala ist, und es macht die Menschen fertig, nicht zu wissen, auf welche Welt wir eigentlich hinarbeiten sollen. Von dieser Welt müssen wir jetzt erzählen.«[2]

Dem griechischen Wortstamm folgend, ist die Utopie ein Nicht-Ort. Er existiert nicht. Ein Ort, den wir nur in unserer Vorstellung erschaffen können. Mit unserer Fantasie. Aber auch mit unserer Erfahrung. In der Utopie können wir all die Rahmenbedingungen zur Seite lassen, die in unseren und anderen Köpfen die großen Schritte verhindern. All die Barrieren, die dem Denken entgegenrufen: Halt! Bis hierhin und nicht weiter.

Fantasie

Gleichfalls ist der Begriff der Utopie nicht unproblematisch. Denn sobald wir etwas als Utopie bezeichnen, transportieren wir damit auch den Gedanken, es sei nicht realisierbar. Zumindest wird das der Utopie im Allgemeinen nachgesagt. Die Geschichten über utopische Welten aus Literatur und Film sind meist durch technische Entwicklungen geprägt, die derzeit noch für unmöglich gehalten werden. Utopien können aber auch daran scheitern, dass Mehrheiten der Gesellschaft oder Machthabende die Ideen einfach kategorisch ablehnen. Ein autofreies Deutschland, ein Ungarn der freien Liebe oder ein religionsfreies Polen – die USA ohne Waffen. Alles vorstellbar. Alles nur unmöglich, weil die Menschen es nicht wollen.

Aktivist*innen wollen jedoch Veränderung. Das ist ihre Mission. Und diese Veränderungen erreichen sie besser, wenn sie sich das Ideal vorstellen können. Also: Wo wollen wir hin? Wovon träumen wir? Wofür lohnen sich unsere Anstrengungen? »Es gilt anzufangen zu träumen«, sagt Demokratieaktivist Ali Can. »Mal angenommen, wir könnten besser leben, wir könnten das Leben gerechter machen: Was bräuchten wir dafür? Wie sähe das aus? Aus diesem Grund ist für mich politischer Aktivismus immer auch verknüpft mit einer Fantasie, wie es besser sein kann, um die Leute möglichst dort hinzubringen.«[3]

Für Aktivist*innen ist eine Welt ohne das Problem, das sie bearbeiten, manchmal schwer vorstellbar. Es begleitet sie das ganze Jahr über, jeden Tag, rund um die Uhr. Sie stecken so tief in der Materie, dass für sie gar keine Auswege in Sicht sind. Als Aktivist*in für die Rechte von Menschen mit Behinderung weißt du, wie weit wir von einer inklusiven Gesellschaft entfernt sind, als Aktivist*in gegen Rechtsextremismus hast du vermutlich Informationen, die beängstigend tiefgreifend sind, so wie du auch als Klimaaktivist*in noch genauer weißt, warum die Politik der deutschen Bundesregierung kein Stück gegen die Klimakrise hilft. Aktivist*innen müssen wieder lernen, sich eine Welt ohne ihr Problem vorzustellen. Eine Welt ohne Ableismus, eine Welt ohne Rechtsextremismus, eine gerechte, friedliche und demokratische Welt. »Wer wärst du denn, wenn du Rassismus nicht erleben würdest«, fragt sich Tupoka Ogette selbst, »wenn du in der Welt geboren wärst, wo es keinen Rassismus gibt, was würdest du dann machen? Was für eine Tupoka wärst du? Und die Frage kann ich natürlich nicht beantworten, aber es ist schön zu träumen.«[4]

Luisa Neubauer will ihr Buch eigentlich »Das Ende der Klimakrise« nennen. Ihre Freunde raten ihr davon ab. Sie sagen, das Ende der Klimakrise gebe es doch gar nicht, der Titel suggeriere, es sei geschafft. Also nennt Luisa das Buch *Vom Ende der Klimakrise*, als eine Art utopische Erzählung oder Idee. Dennoch will sie die ständige »Utopie-Bremse« nicht gutheißen: »Unsere Hauptaufgabe in den nächsten Monaten und Jahren wird es sein, das Träumen richtig zu lernen, dass wir es wieder erlernen, von neuen und verheißungsvollen und gerechten und schönen und farbenfrohen und naturreichen und bereichernden Welten und Zukünften zu träumen und uns von diesen Träumen auch antreiben zu lassen.«[5]

Schließlich ist es ein großes Problem, dass sich Menschen an alles gewöhnen – selbst an die Krisen. Dadurch wird es immer schwieriger, sich vorzustellen, die Krisen zu überwinden und einmal in einer anderen Welt leben zu können. Wie können wir also uns selbst und andere Menschen dazu bringen, wieder von einer besseren Zukunft zu träumen? Indem wir darüber sprechen. Indem wir uns gegenseitig animieren und inspirieren. Indem wir Ideen teilen. Indem wir von unseren Träumen erzählen. Und indem wir es uns nicht von resignierten Zyniker*innen verbieten lassen. »Die Zukunft, die wir wollen, muss erfunden werden«, sagt Joseph Beuys, »sonst bekommen wir eine, die wir nicht wollen.«

Die Frage nach der Zukunft ist aber nicht immer die Frage nach einer weit entfernten Zeit. Denn natürlich geht es um die nahe Zukunft, um unser gemeinsames Morgen. Und da brauchen wir ganz konkrete Ideen, *wie* wir die Dinge besser machen. Wenn wir wollen, dass es eine gerechte und inklusive Gesellschaft geben kann, müssen wir jetzt Barrieren brechen und beseitigen. Nur dann können wir uns begegnen. Wir müssen jetzt konkrete Gesetze und Maßnahmen von politisch Verantwortlichen einfordern, sie mit unseren Ideen konfrontieren, bis sie sich ernsthaft damit auseinandersetzen. Und wenn sie das nicht tun, müssen wir dafür sorgen, dass andere Menschen in die Verantwortung gewählt werden. Wir müssen dafür sorgen, dass Wähler*innen einen leichten Zugang zu Fakten erhalten, beispielsweise darüber, welche Abgeordneten wie viel Geld von Unternehmen annehmen oder welche Politiker*innen entgegen welchen vorliegenden Informationen handeln. Eine transparente und faktenbasierte Berichterstattung über politische Entscheidungen und Hintergründe – das ist eine wichtige Voraussetzung, um gemeinsam Zukunft zu schaffen. Und schon klingt das hier wie auf einer Wahlkampfveranstaltung, weil Worte wie diese durch Politiker*innen entwertet worden sind. Durch jahrelanges Floskelpredigen.

Zu Recht wird es Machthabenden vorgeworfen, dass ihre Politik nicht weitsichtig und nachhaltig, sondern auf kurzfristige Effekte ausgelegt ist. Auch dadurch verlernen wir, uns eine bessere Zukunft vorzustellen. Wer maximal bis zur nächsten (Wieder-)Wahl denkt, wird sich keine neue Gesellschaft vorstellen können. Politische Fantasielosigkeit wird durch Regierende vorgelebt, und der Mangel an positiven Zukunftsentwürfen führt zu kollektiver Resignation, Depression und Stillstand. »Wir können das ein bisschen als utopische Einöde bezeichnen, was gerade passiert«, sagt Luisa Neubauer, »es ist so wahnsinnig leicht, ohne die Vision einer besseren Welt auszukommen. Dabei spüren immer

mehr Menschen, dass der Status quo so nicht mehr weitergehen kann. Wir haben aus aktivistischer Perspektive immer sehr aus der Krise, also aus der Dystopie heraus argumentiert. Wir haben gesagt: ›Ja, Leute, so schlimm ist es, und so schlimm wird es sein. Deswegen sollt ihr handeln.‹ Das war wenig ausbalanciert. Wir haben viel mit Krise argumentiert und viel mit Dystopie, aber relativ wenig mit Utopie. Jetzt hat sich die Lage aber verändert. Wir haben eine Coronakrise erlebt, und man muss niemandem mehr in diesem Land erzählen, wie es sich anfühlt, wenn man in einer Krise steckt, auf die niemand Bock hat. Und wie blöd es ist, wenn man sich auf Krisen nicht vorbereitet, haben wir jetzt auch alle erfahren. Das ermöglicht es für uns, in einen Modus zu kommen, in dem wir deutlich mehr aus dem verheißungsvollen Utopischen heraus argumentieren können.«[6]

Aktivist*innen müssen auch deshalb von einer besseren Welt träumen, um anderen damit Hoffnung zu geben. Carola Rackete wendet ein, Hoffnung sei etwas Passives und finde da statt, wo wir selbst nichts mehr tun können. Solange wir es aber könnten, sollten wir handeln und nicht hoffen. Wir stimmen Carola Rackete zu: Wenn wir nur auf eine Veränderung der Politik und unserer Welt hoffen, ergeben wir uns unserem Schicksal. Also brauchen wir den Glauben an unser eigenes Handeln und ebenso Fantasie, um uns große Ziele vorzustellen. Wir brauchen Utopien, um uns in ihre Richtung zu bewegen. Hoffnung kann uns begleiten. Sie kann entstehen, wenn wir bereits handeln. Oder wie Greta Thunberg sagt: »Ja, wir brauchen Hoffnung, selbstverständlich brauchen wir sie. Aber was wir noch dringender brauchen als Hoffnung, ist Handeln. Wenn wir anfangen zu handeln, ist überall Hoffnung. Anstatt nach Hoffnung zu suchen, sucht nach konkretem Handeln. Dann, und erst dann, kommt die Hoffnung.«[7]

Anfangen zu handeln heißt also, die Utopie und unsere Ziele selbst zu entwickeln, um mit all unserer Fantasie und unseren Ideen Lösungen und Lösungswege zu finden. Wir wünschen uns die autofreie Stadt? Wie kommen wir dahin? Wie fangen wir an? Je konkreter wir werden, desto machtvoller wird unser Handeln. Und hier bringt Philipp Ruch vom Zentrum für Politische Schönheit die Fantasie erneut ins Spiel: »Unsere Fantasie ist etwas Unglaubliches, weil sie unbegrenzt ist. Sie hat keine Mauern. Und genau so können wir auch Widerstand konzipieren.«[8]

Philipp Ruch meint die Fantasie für kreative Protestformen. Doch Protest, sei er noch so fantasievoll, bleibt auf das Erregen von Aufmerksamkeit beschränkt. Er ist wichtig, aber selten lösungsorientiert.

Lösungen

Der konstruktive Aktivismus überwindet diese Grenzen und macht aus politischem Protest politisches Handeln. Er betrachtet und beurteilt Politik nicht nur, er macht Politik. »Aber, aber! Das ist nicht seine Aufgabe! Aus gutem Grund gibt es dafür politische Abgeordnete, gewählte Volksvertreter*innen.« Doch: Politik hört nicht an den Außenmauern von Parlamentsgebäuden auf. Wir müssen uns an ihr beteiligen, sonst verschenken wir unseren Teil der Macht, wir begeben uns in die Hände anderer und verlieren damit auch das Recht, uns zu beschweren, über das, was schiefläuft in Sachen Klimawandel, Gerechtigkeit, Inklusion oder Rassismus samt all der Vorgartenprobleme, wie die Parkraumbewirtschaftung, die Steuern, die Radwege …

Mit dem Wahlzettel geben wir also nicht unsere Pflicht zur politischen Beteiligung ab. Was bringt mir mein privater Zorn über »die Politik«, wenn ich ihn nicht nach außen kommuniziere? Ich darf das in Deutschland im Rahmen der bestehenden Gesetze tun, sei mein Denken auch noch so eigen. Sich mit der eigenen Meinung zu beteiligen, heißt natürlich nicht, lediglich seine Emotionen in sozialen Netzwerken auszuleben. Geht vielmehr auf die Straßen, seid kreativ, lebt den Protest.

Noch immer ist dies allerdings erst der Anfang. Will ich mich konstruktiv an gesellschaftlicher Veränderung beteiligen, muss ich eine in der jeweiligen Sache förderliche Haltung kommunizieren. Oder ich bleibe weiter nur beschreibend oder urteilend – und damit meist destruktiv. Ein konstruktiver Aktivismus bringt demnach Lösungsvorschläge für die Probleme, die er benennt. Er sucht den Dialog, nicht nur die Konfrontation. Er handelt dort, wo er kann, und fordert andere zu konkreten Handlungen auf. Er erklärt, statt zu verurteilen. In diesem Buch finden sich viele Beispiele für einen konstruktiven Aktivismus, der uns mit seiner Fantasie und Tatkraft überzeugt und inspiriert.

Shai Hoffmann fragt sich in seiner Verzweiflung über hohe AfD-Zustimmungswerte, was er als Demokratieaktivist tun kann, und entwickelt die Idee, den Menschen direkt zu begegnen: Er fährt hin und spricht mit ihnen. Wie konstruktiv diese Idee ist, merken wir daran, dass sie direkt ins Handeln übergeht. Shai knüpft Kontakte, sucht sich Mitstreiter*innen, findet mit ihnen praktische Lösungen, organisiert ein Crowdfunding und realisiert mit den anderen gemeinsam die Bustour. Solche Gespräche anzubieten und durchzuführen, ist der konstruktive Versuch, Vorurteile und Skepsis untereinander abzubauen.

Auch Ali Cans »Hotline für besorgte Bürger« sucht Lösungen im Gespräch. Es ist auffällig, wie gering das Mittel des Protests in seiner aktivistischen Arbeit ausfällt. Ein Parolen rufender Ali Can? Schwer vorstellbar. Umso mehr setzt er auf Begegnungen am Telefon, bei Pegida oder in seinem VielRespektZentrum in Essen: Das Gespräch ist sein konstruktives aktivistisches Element.

Derart leise Töne werden Antikohleaktivist*innen wie Kathrin Henneberger meist abgesprochen. Sie gelten gemeinhin als laut und aktionsgetrieben. Sie besetzen Straßen und ketten sich an Schienen, Bagger oder Bäume an. Katrin ist weder laut, noch verweigert sie Gespräche. Ganz im Gegenteil. Den Großteil ihrer Zeit verbringt sie mit Begegnungen, hört den Menschen zu, argumentiert und erklärt. Um diese Fähigkeiten noch konstruktiver einzubringen und »an den Hebeln zu ziehen«, geht sie seit 2021 den Weg als Berufspolitiker*in.

Wie konstruktiv gehen die Aktivist*innen von Reconquista Internet gegen das Problem vor, das sie bekämpfen wollen? Ihre Plattform Hassmelden erleichtert Betroffenen die Anzeige gegen Drohungen und Hetze im Netz und damit eine strafrechtliche Verfolgung. Die Aktivist*innen entwickeln selbst die Lösung, die der Staat lange Zeit offenbar nicht liefern wollte. Sie helfen damit tausenden Menschen, wie Jasmina Kuhnke, deren Leben durch Hass im Netz bedroht und stark eingeschränkt wird. »Dadurch, dass wir uns vernetzt haben und nicht mehr allein gegen diese Flut an Hass stehen, können wir sehr viel konstruktiver dagegen vorgehen«, sagt die Aktivistin Lea, »wir können das Problem an der Wurzel packen.« Das Konstruktive ist hier im wortwörtlichen Sinn radikal: an der Wurzel packend. Das rückt beide Begriffe zurecht: Konstruktiv und radikal stehen in keinerlei Widerspruch, vielmehr passen sie zueinander. Denn wer etwas radikal verändern will, sollte lösungsorientiert handeln.

Einen sensibleren Umgang mit Sprache lehrt Tupoka Ogette. Sie hat ihren Aktivismus zum Beruf gemacht und verdient ihr Geld mit Antirassismusworkshops. Auch Firmen buchen sie, damit sie den Mitarbeiter*innen aufzeigt, was Alltagsrassismus bedeutet. Ist das Aktivismus?

Ja, denn Tupoka Ogette vollzieht in ihrer Arbeit den Schritt von Protest zu konstruktivem Handeln. Als Autorin und öffentliche Person bleibt sie nichtsdestotrotz Protestierende und Anklägerin gegen Rassismus in der Gesellschaft.

Waldemar Zeiler wiederum unterbricht seine beruflichen Aktivitäten für Monate, um aktivistisch tätig zu werden. Wie Shai Hoffmann kommt er sehr schnell von der Idee ins Handeln. Seine Olympia-Idee ist mehr als ausreichend kritisiert. Sie bleibt eine sehr konstruktive: Wir erkennen politische Probleme, also finden wir gemeinsam Lösungen. Das wären eine Menge konstruktiver Vorgänge gewesen – im Olympiastadion. Doch auch die Idee selbst – gemeinsam über Probleme zu diskutieren, Petitionen zu formulieren und darüber abzustimmen – trägt bereits diesen lösungsorientierten Charakter.

Der größte Unterschied zwischen den Gesprächen mit Aktivist*innen und Gesprächen mit Politiker*innen ist ihr Antrieb. Kathrin Henneberger, Shai Hoffmann oder Carola Rackete – in jedem ihrer Sätze steckt der Wille, etwas bewegen zu wollen. Und genau das vermissen wir bei vielen Politiker*innen. So sehr scheinen viele in ihren Karrieren, Parteiverstrickungen und den Strukturen des Apparats verhaftet, dass Bewegung gar keine Option zu sein scheint. Das nüchterne Urteil gegenüber politischer Führung lautet daher oft: Es wird verwaltet, nicht gestaltet. Und soviel Wahrheit dort auf den ersten Blick drinstecken mag, sind diese Begriffe doch kein Gegensatzpaar. Es gibt auch Verwaltung, die gestaltet.

Berlin-Kreuzberg. An der Yorckstraße, nahe Mehringdamm, steht das Rathaus des Bezirks. Keines wie in Gerhard Schicks Heimatfilmkulisse Hechingen – nein, das Bürgeramt Kreuzberg ist ein zehngeschossiges Gebäude, das überall Verwaltung sagt, innen wie außen. Schlicht, grau, zweckmäßig. Selbst Liebhaber*innen von 50er-Jahre-Architektur wird es schwerfallen, hier schöne Details zu entdecken. Im 8. Stock dieses Hauses hat Felix Weisbrich sein Büro. Er ist Leiter des Straßen- und Grünflächenamts des Berliner Bezirks Friedrichshain-Kreuzberg – mit seinen

289 787 Einwohner*innen größer als Wiesbaden, Braunschweig, Kiel, Potsdam oder Aachen. Noch vor wenigen Jahren hieß es über die Verwaltung, die Beamt*innen hätten manchmal die Treppen genommen, nur um das Gefühl zu bekommen, an diesem Tag etwas geschafft zu haben. Mittlerweile ist das anders.

Felix Weisbrich benutzt oft den Begriff Verwaltung. Ganz so, als müsse er sich und andere regelmäßig daran erinnern, warum er hier sei. Dabei ist der studierte Forstwirt ein Vorzeigeverwaltungsbeamter, er kennt jeden Paragrafen, jede Vorschrift, Regel, Ausnahme und Änderungsanträge. Denn nur so kann er konstruktiv arbeiten. Immer lösungsorientiert. Verwalten und gestalten. Als die Pandemie ausbrach, findet Felix Weisbrich gesetzliche Regelungen, die es ihm ermöglichen, in Berlin-Kreuzberg den ersten Pop-up-Radweg Europas errichten zu lassen. Sehr viele weitere sind gefolgt und werden bleiben. Weisbrich schafft eine ganz neue Fahrrad-Infrastruktur in der Hauptstadt. Was hat das mit Aktivismus zu tun? Es zeigt, wie wir mit konstruktivem Denken selbst dort zu Lösungen kommen, wo wir sie nicht unbedingt zuallererst vermuten: in den Büros Berliner Verwaltungsbeamt*innen. »Man braucht den politischen Willen und ein Markiergerät. Mehr nicht«, erklärt Weisbrich im Gespräch mit dem *Greenpeace Magazin*, wie Pop-up-Radwege entstehen.[9]

Bauer Nommsen ist ebenso wenig Aktivist wie Felix Weisbrich. Er versucht, einen Weidezaun zu ziehen. Mit dem dicken Holzhammer schlägt er auf die Pfosten ein. Eigentlich braucht er zwei bis drei Schläge, dann sind sie fest im Boden. Jetzt brechen sie ab. Die Erde ist zu trocken. Kein Holz lässt sich hier versenken. Es ist Ende April 2020. Die Kühe wären normalerweise schon längst draußen. Jetzt bleiben sie im Stall. Nicht wegen des fehlenden Weidezauns, sondern weil nicht genug Gras auf der Weide wächst. Wo es überhaupt gewachsen ist, ist es nur wenige Zentimeter hoch. Landwirt Nommsen muss Futter zukaufen. Das hält er nicht lange durch. Die ersten Tiere musste er bereits verkaufen. Familie

Nommsen lebt mit ihren drei Kindern auf Pellworm, der »grünen Insel«, wie sie genannt wird. Nicht mehr lange, wenn alles so trocken bleibt. Da hilft auch die Nordsee drum herum wenig. Während der Boden vertrocknet, steigt der Meeresspiegel. Längst müssen die Deiche regelmäßig wachsen, um die Insel zu schützen. Mittlerweile sind sie bereits acht Meter hoch. Sophie Backsen nennt das »Badewannen-Effekt«. Denn der Boden der Insel selbst bleibt immer gleich tief, einen Meter unter Normal. Übersteigt das Meer irgendwann die Deiche, läuft Pellworm voll wie eine Wanne. Sophie ist hier aufgewachsen. Aktuell ist die 22-Jährige zum Studieren in Kiel. Und doch oft bei ihrer Familie auf der Insel. Ihre Eltern, Silke und Jörg Backsen, betreiben hier einen Biohof. Sophie möchte ihn gern einmal übernehmen. Wenn die Eltern den Hof so lange halten können, wenn es die Insel dann noch gibt.

Es ist Donnerstag, der 29. April 2021, 20 Uhr. Die erste Meldung in der *Tagesschau* gehört Sophie Backsen. Rund elf Millionen Menschen sehen, wie sie auf dem Deich steht, wie sie auf dem Acker ihrer Eltern den Boden prüft und dann auf einen Traktor steigt. Dabei finden die Ereignisse der Meldung an diesem Tag nicht auf Pellworm statt, sondern in Karlsruhe. Sophie Backsen hat die Bundesregierung verklagt. Nicht allein. Mit ihr zusammen noch ihre drei Brüder, der Schüler Lueke Recktenwald von der Nordseeinsel Langeoog, Franziska Blohm und ihr Bruder Johannes aus Jork bei Hamburg, Lucas Lütke Schwienhorst aus Vetschau in Brandenburg sowie Luisa Neubauer. Unterstützt werden die neun Kläger*innen u. a. von Greenpeace und Germanwatch. Ihre Klage hat es bis hierher geschafft: nach Karlsruhe zum Bundesverfassungsgericht.

»Das Klimaschutzgesetz ist in Teilen verfassungswidrig und muss nachgebessert werden«, verliest *Tagesschau*-Sprecher Thorsten Schröder, Punkt 20 Uhr. »Mit dieser wegweisenden Entscheidung hat das Bundesverfassungsgericht die Politik aufgefordert, mehr für den Klimaschutz zu tun. Durch das Gesetz werden demnach vor allem die Freiheitsrechte der jungen Generationen verletzt.«

Greenpeace-Aktivistin Lisa Göldner ist direkt an der Klage beteiligt: »Ich kann es immer noch kaum glauben, was uns da gelungen ist.« Lisa sitzt zu Hause am Schreibtisch, als am Morgen des 29. April die ersten Meldungen zum Urteil kommen. Gerne wäre sie nun bei ihren Mitstreiter*innen. Doch das geht nicht. Es ist Pandemie. Sie treffen sich in einem virtuellen Raum. Roda Verheyen vertritt die Kläger*innen als Rechtsanwältin. Sie befasst sich seit mehr als 20 Jahren mit juristischen Klimafragen. Jetzt, in diesem Zoom-Call, hat sie Tränen in den Augen: »Das ist eines der weitreichendsten Urteile zum Klimaschutz weltweit.«

Einzig die nüchterne Sprache des Bundesverfassungsgerichts überrascht an diesem Tage nicht: »Mit heute veröffentlichtem Beschluss hat der Erste Senat des Bundesverfassungsgerichts entschieden, dass die Regelungen des Klimaschutzgesetzes vom 12. Dezember 2019 über die nationalen Klimaschutzziele und die bis zum Jahr 2030 zulässigen Jahresemissionsmengen insofern mit Grundrechten unvereinbar sind, als hinreichende Maßgaben für die weitere Emissionsreduktion ab dem Jahr 2031 fehlen. Im Übrigen wurden die Verfassungsbeschwerden zurückgewiesen.«[10] Im Urteil selbst argumentiert das Gericht so deutlich, dass Experten davon ausgehen, es werde weltweite Auswirkungen haben. Das Gericht stärkt das Pariser Klimaschutzabkommen und verpflichtet die Bundesregierung, sehr genau darzulegen, wie sie es umsetzen wird.

Verfassungsrechtlich noch spannender ist das Urteil bezüglich seiner Definition des Freiheitsbegriffes. Indem es anerkennt, dass die globale Erwärmung eben die Freiheit der Menschen, vor allem jüngerer Generationen, massiv einschränkt. Und zwar ausdrücklich stärker als die individuellen Einschränkungen, die der Klimaschutz mit sich bringt: weniger autofahren, weniger Fleisch und Milchprodukte essen, weniger fliegen, energieeffizienter bauen und wohnen, erneuerbare Energien nutzen. Eine Bedrohung sieht das Gericht nicht in einer konsequenten Klimapolitik, sondern darin, sie nicht umzusetzen. Ausdrücklich stellt es zudem fest, dass die jetzige Generation erwachsener Menschen auf Kosten der nachfolgenden lebt. Und zwar, weil sie deutlich zu viele Emissionen verursacht, was wiederum die Last einer enormen Reduktion allein auf künftige Generationen verlagere. Durch das Urteil wird zudem klipp und klar dargelegt, dass die Budgetierung von Emissionen keine politische Verhandlungsmasse, sondern physikalische Erfordernis ist. Erstmals wird Generationengerechtigkeit gerichtlich durchgesetzt.

Es ist ein unerwartetes Urteil. Wir fragen Luisa Neubauer, ob die Klage aus ihrer Sicht konstruktiver Aktivismus ist: »Es ist gar nicht so leicht, juristische Räume für diese Form von Klimagerechtigkeit, die wir antizipieren, aufzumachen. Wir haben probiert, den juristischen Rahmen zu weiten und zu nutzen. Und das ist schon so konstruktiv, wie man nur sein kann.« Luisa mobilisiert seit mehr als drei Jahren Menschen in ganz Deutschland und darüber hinaus, um fürs Klima zu streiken. Das hier, ihr Erfolg als Klägerin vor dem Bundesverfassungsgericht, ist anders. Es fordert die Machthabenden nicht nur auf, etwas zu tun. Es wirft ihnen nicht nur vor, »unsere Zukunft zu klauen«. Es zwingt sie, zu handeln. Es ordnet es an. Es zeigt, dass die Bundesregierung nicht einfach tun und lassen kann, was sie und große Teile der Industrie wollen. Und es unterstreicht: Es lohnt sich, zu kämpfen und zu klagen – für die eigenen Rechte, für die Rechte anderer. Das Urteil ist nicht nur ein Meilenstein für den Klimaschutz. Es ist auch ein Meilenstein für den politischen Aktivismus. Wenn er sich so organisiert und konstruktiv vorgeht wie in diesem Fall – dann ist er mehr als Demokratiekulisse, mehr als Protest, mehr als Parolen. Er ist politisches Handeln.

Die Spielräume dieses Handelns sehen wir durch die Aktivist*innen, die wir getroffen haben. Sie zeigen uns, wie Aktivismus mehr sein kann – ihr aktivistisches Tun trägt ein aktivierendes Element: Seht her, wir können etwas ändern! »Wir lassen uns nicht von der Angst treiben, sondern von der Wand der Entrüstung«, formuliert es Luisa Neubauer, »von der konstruktiven Entrüstung, die aber etwas Lebensbejahendes hat.«[11] Wer

Angst hat, versucht maximal, Dinge zu verhindern. Wer lebensbejahend ist und sich eine bessere Zukunft vorstellen kann, wird sich an Lösungen beteiligen.

Am 29. April 2021 sorgen Aktivist*innen dafür, dass in Karlsruhe Aktivismusgeschichte geschrieben wird. Der Anfang einer neuen Geschichte.

Danke

Raúl dankt Jessica, Julia, Fluff und allen Aktivist*innen im Buch und den Menschen im Hintergrund, die all das möglich gemacht haben und weiterhin möglich machen.

Benjamin dankt Tanja, Marlene und Filipa sowie Andreas Kowarschik und Ulrike Fritzsching.

AKTI
VIST
*INNEN.

Aktivist*innen

Dana Buchzik, geboren 1983, studierte Kreatives Schreiben, Kulturjournalismus und Philosophie an der Universität Hildesheim. Sie ist als freie Journalistin und Autorin für überregionale Publikationen wie *Zeit Online*, *taz* und *Tagesspiegel* tätig. Dana Buchzik wuchs in einer Sekte auf und berät heute als Expertin Menschen, die im privaten Umfeld oder im Berufsleben mit Radikalisierung konfrontiert sind. In ihren Workshops lehrt sie den konstruktiven Umgang mit Radikalisierung und Hass im Netz. Ihr Buch *Warum wir Familie und Freunde an radikale Ideologien verlieren – und wie wir sie zurückholen können* erscheint im Januar 2022.

Ali Can, geboren 1993, ist Sozialaktivist und Autor. Zu seinen bekanntesten Aktionen zählen die »Hotline für besorgte Bürger« sowie der Hashtag #MeTwo. 2019 gründete er in Essen das VielRespekt-Zentrum, das er seitdem leitet. Es repräsentiert seinen aktivistischen Ansatz: für Begegnung sorgen und das Miteinander fördern. 2017 erschien sein erstes Buch *Hotline für besorgte Bürger: Antworten vom Asylbewerber Ihres Vertrauens*, 2019 das zweite: *Mehr als eine Heimat. Wie ich Deutschsein neu definiere*. www.ali-can.de

Lisa Göldner, geboren 1990, arbeitet als Kampaignerin bei Greenpeace. Sie ist Expertin für nationale, europäische und internationale Klimapolitik und war Mitinitiatorin der erfolgreichen Klimaklage vor dem Bundesverfassungsgericht. Ihre aktivistischen Tätigkeiten begannen vor zehn Jahren bei Greenpeace, wohin sie nach Tätigkeiten an der Freien Universität Berlin und beim GenderCC – Women for Climate Justice e. V. zurückkehrte. Lisa Göldner koordiniert die klimapolitischen Aktivitäten von Greenpeace in Deutschland – von Demonstrationen über Protestaktionen bis hin zu juristischen Maßnahmen.

Kathrin Henneberger, geboren 1987, ist Politikerin und Aktivistin. Seit ihrem 13. Lebensjahr engagiert sie sich, vor allem gegen den Braunkohletagebau in ihrer rheinischen Heimat. Sie war Sprecherin der Grünen Jugend sowie Pressesprecherin von Ende Gelände. Kathrin Henneberger ist als Projektkoordinatorin Internationale Klimagerechtigkeit für das Institute of Environmental Justice e. V. tätig und kandidiert 2021 für den Deutschen Bundestag. Als Aktivistin ist sie sowohl vor Ort im Kampf gegen Waldrodung und Kohleabbau als auch international auf Klimakonferenzen präsent. www.kathrinhenneberger.de

Shai Hoffmann, geboren 1982, ist gelernter Hotelfachmann, Musiker, Schauspieler, Sozialunternehmer und heute Demokratie-aktivist. Nach einer Karriere als Darsteller in TV-Soaps sowie als Leadsänger verschiedener Bands absolvierte Shai Hoffmann ein Betriebswirtschaftsstudium sowie ein Zusatzstudium in Design Thinking und wurde als Sozialunternehmer mit verschiedenen Projekten wie den »Karma Chakhs« aktiv. Er arbeitet zudem als Dozent und Moderator. Bekannt wurde er vor allem mit seinen aktivistischen Projekten wie dem »Bus der Begegnung«. www.shaihoffmann.de

Cesy Leonard, geboren 1982, ist Demokratieaktivistin, Aktionskünstlerin, Filmemacherin und Gründerin der »Radikalen Töchter«. Sie war bereits als Graffiti-Artist, Rapperin, Schauspielerin und Regisseurin tätig. Als Chefin des Planungsstabs prägte sie fünf Jahre lang die Arbeit des Zentrums für Politische Schönheit. Seit 2019 ist sie mit der Gruppe Radikale Töchter aktiv, wo sie sich mit ihren Kolleginnen um aktivistischen Nachwuchs kümmert. Dort trainieren sie in Workshops mit Jugendlichen durch Aktion, Kunst und politische Bildung, den »Funken zu entfachen« und »ins Handeln zu kommen«.
www.cesyleonard.de

Orry Mittenmayer, geboren 1992, ist Gewerkschafter, Aktivist und Student der Politikwissenschaft. Bis 2018 arbeitete er als Fahrradkurier (Rider) für Online-Essenslieferanten. Aufgrund der miserablen Arbeitsbedingungen organisierte Orry Mittenmayer den Aufstand der Rider und die Initiative »Liefern am Limit«. Er wurde erster Betriebsrat bei Deliveroo. Bis heute vertritt er die Anliegen der Fahrradkuriere als aktiver Gewerkschafter und Aktivist.

Luisa Neubauer, geboren 1996, ist Klimaaktivistin und Autorin. Sie ist Initiatorin von Fridays for Future in Deutschland. Ihr Geografiestudium schloss sie 2020 mit dem Bachelor of Science ab. Ihr erstes Buch, das sie mit Alexander Repenning schrieb, erschien 2019: *Vom Ende der Klimakrise*. Im Juni 2021 folgte das zweite Buch, gemeinsam mit dem Journalisten Bernd Ulrich: *Noch haben wir die Wahl*. Seit 2020 erscheint zudem Luisa Neubauers Spotify-Podcast *1,5 Grad*. Luisa Neubauer gehört zu den bekanntesten Klimaaktivist*innen der Welt.

Tupoka Ogette, geboren 1980, ist Expertin für Rassismuskritik und Autorin. Sie arbeitet in der rassismuskritischen Bildungsarbeit, bietet Workshops an und tritt als Rednerin auf. Zuvor war sie in Tansania als Mediatorin aktiv und studierte in Frankreich an der Graduate School of Business. Zwischen 2008 und 2012 arbeitete sie dort als Lektorin des Deutschen Akademischen Austauschdienstes. Im Jahr 2017 erschien ihr Handbuch *exit Racism. Rassismuskritisch denken lernen*. Seit 2019 moderiert sie den Podcast *TuPodcast – Gespräche unter Schwestern*. Für ihre Arbeit wurde Tupoka Ogette mehrfach ausgezeichnet. www.tupoka.de

Carola Rackete, geboren 1988, ist Naturschutzökologin, nautische Offizierin und politische Aktivistin. Bekannt wurde sie als Kapitänin der Sea-Watch 3. Mit dem Team des Schiffs rettete sie im Juni 2019 53 Menschen aus Seenot. Carola Rackete brachte die geretteten Personen in den Hafen von Lampedusa in Italien und wurde dort aus diesem Grund verhaftet. Inzwischen wurde sie von allen Vorwürfen freigesprochen. Heute arbeitet sie vor allem als Aktivistin im Bereich Naturschutz. Ihr Buch *Handeln statt Hoffen* erschien im Herbst 2019.

Reconquista Internet entstand 2018 als digitale Bürger*innenbewegung, initiiert durch den Satiriker und Moderator Jan Böhmermann. Anlass waren die Aktivitäten des rechtsextremistischen Netzwerks Reconquista Germanica. Reconquista Internet zählte zu Hochzeiten mehr als 60 000 Mitglieder. Heute konzentriert sich ihre Arbeit unter dem neuen Namen forum:neuland auf das Portal Hassmelden.de und die dortige Zusammenarbeit mit der Justiz zum Thema Drohungen und Hass im Netz. Die Aktivist*innen Lea, Mia, Leonhardt und Pia sind nur mit Vornamen genannt, um ihre Sicherheit zu gewährleisten. www.hassmelden.de

Philipp Ruch, geboren 1981, ist künstlerischer Leiter und Gründer des Zentrums für Politische Schönheit. Mit der Künstler*innen-Gruppe führte er viele aufsehenerregende Aktionen durch: so den Nachbau des Holocaust-Mahnmals vor dem Haus des AfD-Politikers und Faschisten Björn Höcke in Thüringen. Der politische Philosoph Ruch fordert einen radikalen Humanismus. Im Jahr 2015 erschien sein Buch *Wenn nicht wir, wer dann?* und 2019 der Titel *Schluss mit der Geduld*. Ruch inszenierte bereits an vielen Theatern wie dem GORKI, dem Schauspiel Dortmund oder den Münchner Kammerspielen.

Dr. Gerhard Schick, geboren 1972, ist finanzpolitischer Experte und Aktivist. 2018 gründete er die Bürgerbewegung Finanzwende, deren Vorstand er ist. Zuvor arbeitete Gerhard Schick 13 Jahre lang als Abgeordneter im Deutschen Bundestag. Er war als Politiker von Bündnis 90 / Die Grünen finanzpolitischer Sprecher ihrer Bundestagsfraktion. Gerhard Schick war im Finanzausschuss des Parlaments und über Parteigrenzen hinweg anerkannter Experte. Er schied freiwillig aus dem Bundestag aus, um mit der Bürgerbewegung Finanzwende ein freieres und stärkeres Gewicht gegen die internationale Finanzlobby aufzubauen. 2014 erschien sein Buch *Machtwirtschaft – nein danke! Für eine Wirtschaft, die uns allen dient*, im Jahr 2020 ein weiteres unter dem Titel: *Die Bank gewinnt immer. Wie der Finanzmarkt die Gesellschaft vergiftet*.

Margarete Stokowski, geboren 1986, ist Autorin und Kolumnistin. Sie gilt als eine der wichtigsten Feministinnen des Landes. Bis 2015 schrieb sie Kolumnen für die *taz*. Ihre Bücher *Untenrum frei* (2016) und *Die letzten Tage des Patriarchats* (2018) sind Bestseller. Ebenso erfolgreich ist ihre Kolumne »Oben und unten«, die seit 2015 regelmäßig bei *Spiegel Online* erscheint. Margarete Stokowski studierte Sozialwissenschaften und Philosophie an der Berliner Humboldt-Universität. 2019 erhielt sie den Kurt-Tucholsky-Preis für literarische Publizistik.

Anne Wizorek, geboren 1981, ist Publizistin und feministische Aktivistin. Mit dem Hashtag #aufschrei löste sie 2013 eine große Debatte über Alltagssexismus aus. Anne Wizorek arbeitete als Sachverständige am 2. Gleichstellungsbericht der Bundesregierung mit. Als Expertin für feministische Themen hält sie u. a. Vorträge und schreibt in ihrer Kolumne für den *Hauptstadtbrief* darüber.

Waldemar Zeiler, geboren 1982, ist Unternehmer, Autor, Speaker und Aktivist. Er ist Gründer und Geschäftsführer von Einhorn, einer Firma für faire Produkte wie Kondome oder Menstruationsartikel, die allen Mitarbeiter*innen gemeinsam gehört. Zusammen mit seinem Geschäftspartner Philip Siefer trat er in TV-Shows wie *Kampf der Startups* oder *Die Höhle der Löwen* auf, um das Start-up Einhorn bekannt zu machen. Er gilt als Vordenker und Experte in den Bereichen New Work und Purpose-Ökonomie. Der Wirtschaftsfachmann ist seit Jahren aktivistisch tätig und plante 2020 gemeinsam mit anderen Aktivist*innen ein Demokratiefestival im Berliner Olympiastadion, das aufgrund der Covid-19-Pandemie nicht stattfinden konnte. Er engagiert sich im Bereich Klimaschutz und Nachhaltigkeit, befasst sich aber auch immer wieder mit neuen Themen wie Bildungsreformen. 2020 erschien sein Buch *Unfuck the economy*.

Anmerkungen

Vorwort

1 Wir verwenden durchgehend den Genderstern, um alle Geschlechter zu nennen. Anders verhält es sich in wörtlichen Zitaten oder wenn es sich nachweislich um bspw. eine ausschließlich weibliche Gruppe handelt.

1. Aktivismus

1 https://twitter.com/GretaThunberg/status/1031442623653928960, zuletzt aufgerufen am 09.08.2021.

2 https://www.aftonbladet.se/svenskahjaltar/a/G1AL4q/greta-15-skolkar--for-klimatets-skull, zuletzt aufgerufen am 09.08.2021.

3 Aus unserem Gespräch mit Carola Rackete vom 10.09.2020, Berlin.

4 Aus unserem Gespräch mit Cesy Leonard vom 26.02.2021, Berlin.

5 Arendt, Hannah: *Eichmann in Jerusalem: A Report on the Banality of Evil.* New York 1963, S. 479.

6 Menschen aus sogenannten »bildungsbürgerlichen« Schichten haben es nachweislich oft leichter, an differenzierte Informationen zu kommen, als Menschen, die sich diese Informationen unter Umständen erst selbst organisieren müssen.

7 In seiner Beschreibung des zoon politicon, in: Aristoteles: *Politik: Schriften zur Staatstheorie*, Reclam, 1998. Alternativ: Kullmann, Wolfgang: *Der Mensch als politisches Lebewesen bei Aristoteles*, in: Hermes 108, 1980, S. 419–443.

8 Aus unserem Gespräch mit Carola Rackete vom 10.09.2020, Berlin.

9 Aus unserem Gespräch mit Waldemar Zeiler vom 26.02.2021, Berlin.

10 Im Jahr 2020 gab es in der deutschsprachigen Bevölkerung ab 14 Jahre rund 17,27 Millionen Personen, die besonderes Interesse an Politik hatten. Bei einer von der Vodafone Stiftung Deutschland in Auftrag gegebenen Umfrage von 2019

gaben rund 80 Prozent der befragten Jugendlichen und jungen Erwachsenen an, dass es ihnen wichtig ist, die Politik in Deutschland beeinflussen zu können.

11 Aus unserem Gespräch mit Orry Mittenmayer vom 22.04.2021.

12 In wörtlichen Zitaten haben wir keine Änderungen von Begriffen vorgenommen, die aus unserer Sicht als problematisch wahrgenommen werden könnten.

13 https://taz.de/Kohleausstieg-und-Gewerkschafter/!5563994/, zuletzt aufgerufen am 09.08.2021.

14 Aus unserem Gespräch mit Ali Can vom 14.01.2021, Berlin / Essen.

15 Vgl. u. a. https://www.tagesspiegel.de/gesellschaft/medien/griechenland-und-kampagnenjournalismus-gefaehrlich-wird-es-wenn-der-funken-ueberspringt/11472634.html, zuletzt aufgerufen am 09.08.2021.

16 Aus unserem Gespräch mit Cesy Leonard vom 26.02.2021, Berlin.

17 Eigenbegriff, der nicht gegendert wird.

18 Wir bevorzugen »Menschen mit Behinderung« als Selbstbezeichnung, sind uns aber des Diskurses innerhalb der Community bewusst und möchten Nicht-betroffene darauf hinweisen, dass viele behinderte Aktivist*innen die Selbst-bezeichnung »behinderte Menschen« bevorzugen.

19 Aus unserem Gespräch mit Cesy Leonard vom 26.02.2021, Berlin.

20 Aus unserem Gespräch mit Carola Rackete vom 10.09.2020, Berlin.

21 Fromm, Erich: *Haben oder Sein. Die seelischen Grundlagen einer neuen Gesellschaft*. Stuttgart 1976, S. 20.

22 Zukunftsinstitut GmbH – Internationale Gesellschaft für Zukunfts- und Trendberatung: *Der Corona-Effekt: Vier Zukunftsszenarien*, 2020.

23 Aus unserem Gespräch mit Luisa Neubauer vom 05.11.2020, Berlin.

24 Aus unserem Gespräch mit Dana Buchzik vom 14.05.2021, Berlin.

25 Aus unserem Gespräch mit Anne Wizorek vom 06.10.2020, Berlin.

26 Aus unserem Gespräch mit den Aktivist*innen von Reconquista Internet vom 26.11.2020.

27 http://www.hiller-gesellschaft.de/aktivist.htm, zuletzt aufgerufen am 09.08.2021.

28 Aus unserem Gespräch mit Ali Can vom 14.01.2021, Berlin / Essen.

29 Beschrieben u. a. von der Kurt Hiller Gesellschaft: http://www.hiller-gesellschaft.de/aktivist.htm, zuletzt aufgerufen am 09.08.2021.

30 So zum Beispiel die Definition im Duden: aktives (1) Verhalten, [fortschrittliches] zielstrebiges Handeln, Betätigungsdrang, https://www.duden.de/rechtschreibung/Aktivismus, zuletzt aufgerufen am 09.08.2021.

31 Popper, Karl: *Das Elend des Historizismus*. 4. Auflage. Mohr, Tübingen 1974.

32 Aus unserem Gespräch mit Luisa Neubauer vom 05.11.2020, Berlin.
33 ProSieben Spezial: *Rechts. Deutsch. Radikal.* Dokumentarfilm, 2020.
34 Aus unserem Gespräch mit Shai Hoffmann vom 09.10.2020, Berlin.
35 https://www.identitaere-bewegung.de/blog/die-notwendigkeit-von-patriotischen-aktivismus/, zuletzt aufgerufen am 09.08.2021.
36 Beispielsweise die Definition im Duden: aktives (1) Verhalten, [fortschrittliches] zielstrebiges Handeln, Betätigungsdrang, https://www.duden.de/rechtschreibung/Aktivismus, zuletzt aufgerufen am 09.08.2021.
37 Aus unserem Gespräch mit Carola Rackete vom 10.11.2020, Berlin.
38 Aus unserem Gespräch mit Shai Hoffmann vom 09.10.2020, Berlin.
39 Aus unserem Gespräch mit Margarete Stokowski vom 21.04.2021, Berlin.
40 Aus unserem Gespräch mit Margarete Stokowski vom 21.04.2021, Berlin.
41 Aus unserem Gespräch mit Margarete Stokowski vom 21.04.2021, Berlin.
42 Aus unserem Gespräch mit Carola Rackete vom 10.09.2020, Berlin.
43 Aus unserem Gespräch mit Dana Buchzik vom 14.05.2021, Berlin.
44 Aus unserem Gespräch mit Luisa Neubauer vom 05.11.2020, Berlin.
45 Aus unserem Gespräch mit den Aktivist*innen von Reconquista Internet vom 26.11.2020.
46 Aus unserem Gespräch mit Carola Rackete vom 10.09.2020, Berlin.
47 Der Begriff »Gewalttourismus« steht hier für Menschen, die nicht aus inhaltlichen Gründen an Protesten teilnehmen, sondern ihren Rahmen ausnutzen, um zu randalieren und Gewalt zu erleben.
48 Aus unserem Gespräch mit Shai Hoffmann vom 09.10.2020, Berlin.
49 Chenoweth, Erica: »People are in the Streets Protesting Donald Trump. But When Does Protest Actually Work?«, in: *The Washington Post*, 21.11.2016, https://www.washingtonpost.com/news/monkey-cage/wp/2016/11/21/people-are-in-the-streets-protesting-donald-trump-but-when-does-protest-actually-work/, zuletzt aufgerufen am 09.08.2021.
50 Huxley, Aldous: *Plädoyer für den Weltfrieden und Enzyklopädie des Pazifismus.* München 1993. Das Original *An Encyclopaedia of Pacifism* erschien im Jahr 1937, S. 80.
51 Aus unserem Gespräch mit Dana Buchzik vom 14.05.2021, Berlin.
52 Aus unserem Gespräch mit Dr. Gerhard Schick vom 10.11.2020, Berlin.
53 Becker, Julia C.: *Kollektives Handeln – Außerparlamentarischer Aktivismus,* Politische Psychologie, 03/2013, https://de.in-mind.org/article/kollektives-handeln-ausserparlamentarischer-aktivismus?page=1, zuletzt aufgerufen am 09.08.2021.

54 Schubert, Klaus / Martina Klein: *Das Politiklexikon*. 7., aktual. u. erw. Auflage, Bonn 2020.
55 Referenz ist das Lied »Jein«, Fettes Brot, 1996, Label Alternation, https://genius.com/Fettes-brot-jein-lyrics, zuletzt aufgerufen am 09.08.2021.
56 Manche der hier verwendeten Formulierungen werden von Menschen als antisemitische Chiffren zur Abwertung von Jüd*innen verwendet. Wir möchten darauf hinweisen, dass wir zuschreibende Adjektive ausschließlich in ihrer wörtlichen Form den individuell Verantwortlichen gegenüber meinen.
57 http://www.fao.org/news/story/en/item/20568/icode/, zuletzt aufgerufen am 09.08.2021.
58 Aus unserem Gespräch mit Dr. Gerhard Schick vom 10.11.2020, Berlin.
59 Aus unserem Gespräch mit Dr. Gerhard Schick vom 10.11.2020, Berlin.
60 Aus unserem Gespräch mit Dr. Gerhard Schick vom 10.11.2020, Berlin.
61 https://www.abgeordnetenwatch.de/blog/nebentaetigkeiten/das-sind-die-nebeneinkuenfte-der-bundestagsabgeordneten-1, zuletzt aufgerufen am 30.07.2021.
62 https://www.faz.net/aktuell/finanzen/finanzmarkt/gruenen-politiker-gerhard-schick-baendigt-die-banken-15943855.html, zuletzt aufgerufen am 30.07.2021.
63 Peters, Jean, in: *Die Tageszeitung*, 07.04.2012, https://taz.de/!602292/, zuletzt aufgerufen am 09.08.2021.
64 https://www.zeit.de/zeit-wissen/2019/03/psychologie-helden-gut-boese-philip-zimbardo, zuletzt aufgerufen am 09.08.2021.
65 Aus unserem Gespräch mit den Aktivist*innen von Reconquista Internet vom 26.11.2020.
66 Aus unserem Gespräch mit Cesy Leonard vom 26.02.2021, Berlin.
67 Aus unserem Gespräch mit den Aktivist*innen von Reconquista Internet vom 26.11.2020.
68 Auf Wunsch von Orry Mittenmayer und Tupoka Ogette schreiben wir »Schwarz« im Kontext mit der Hautfarbe immer groß.
69 Orry Mittenmayer im Interview mit der *Welt*, 18.12.2020, https://www.welt.de/regionales/nrw/article222821356/Aktivist-Orry-Mittenmayer-ueber-Lieferanten-in-der-Corona-Krise.html, zuletzt aufgerufen am 09.08.2021.
70 Aus unserem Gespräch mit Orry Mittenmayer vom 22.04.2021, Berlin.
71 Aus unserem Gespräch mit Orry Mittenmayer vom 22.04.2021, Berlin.
72 Aus unserem Gespräch mit Orry Mittenmayer vom 22.04.2021, Berlin.
73 Aus unserem Gespräch mit Orry Mittenmayer vom 22.04.2021, Berlin.

2. Aktion

1 Greta Thunbergs Rede auf YouTube: https://www.youtube.com/watch?v=SfCUcDAlSKk, zuletzt aufgerufen am 24.08.2021.

2 Viele Autist*innen haben Schwierigkeiten mit Sensorik und damit auch mit Essen. Es hilft, wenn es immer die gleichen Lebensmittel von der gleichen Marke mit der gleichen Rezeptur gibt, vor allem auf Reisen, wenn viele andere Routinen unterbrochen werden.

3 Hugo, Mark: »Jugenddelegierte auf Weltklimagipfel – Die verschlossenen Türen von Kattowitz«, in: *heute+*, 14.12.2018, https://www.zdf.de/nachrichten/heute/jugenddelegierte-auf-wettklimagipfel-beklagen-die-verschlossenen-tueren-von-kattowitz-100.html, zuletzt aufgerufen am 09.08.2021.

4 https://www.youtube.com/watch?v=SfCUcDAlSKk, zuletzt aufgerufen am 24.08.2021.

5 Aus unserem Gespräch mit Philipp Ruch vom 26.11.2020, Berlin.

6 Aus unserem Gespräch mit Philipp Ruch vom 26.11.2020, Berlin.

7 Mehr zur Aktion und den zehn Thesen: https://politicalbeauty.de/reformation.html, zuletzt aufgerufen am 09.08.2021.

8 Aus unserem Gespräch mit Philipp Ruch vom 26.11.2020, Berlin.

9 Siehe: https://politicalbeauty.de/ueber%E2%80%93das-ZPS.html, zuletzt aufgerufen am 09.08.2021.

10 Aus unserem Gespräch mit Cesy Leonard vom 26.02.2021, Berlin.

11 https://www.sueddeutsche.de/medien/reconquista-internet-sieht-aus-wie-satire-ist-aber-aktivismus-1.3971396, zuletzt aufgerufen am 09.08.2021.

12 Aus unserem Gespräch mit Cesy Leonard vom 26.02.2021, Berlin.

13 Aus unserem Gespräch mit Cesy Leonard vom 26.02.2021, Berlin.

14 Aus unserem Gespräch mit Carola Rackete vom 10.09.2020, Berlin.

15 Aus unserem Gespräch mit Cesy Leonard vom 26.02.2021, Berlin.

16 Aus unserem Gespräch mit Luisa Neubauer vom 05.11.2020, Berlin.

17 Aus unserem Gespräch mit Carola Rackete vom 10.09.2020, Berlin.

18 https://www.sueddeutsche.de/politik/aktivismus-radikal-1.4697275, zuletzt aufgerufen am 09.08.2021.

19 Sharp, Gene: *Von der Diktatur zur Demokratie. Ein Leitfaden für die Befreiung.* München 2008, S. 44.

20 »Success of Nonviolent Revolution«. Academic Minute. Inside Higher Ed. Retrieved, 15.11.2012.

21 Arendt, Hannah: *In der Gegenwart. Übungen zum politischen Denken II.* München 2000.

22 Uns ist bewusst, dass es auch viele friedliche Proteste gegen den G20-Gipfel in Hamburg durch Aktivist*innen gab, die durch die gewalttätigen Auseinandersetzungen überschattet wurden.
23 Aus unserem Gespräch mit Kathrin Henneberger vom 27.05.2021, Berlin / Rheinland.
24 RWE ist laut Greenpeace mit 89,8 Mio. Tonnen CO_2-Äquivalenten der größte Emittent Europas.
25 https://taz.de/Der-Hausbesuch/!5719920/, zuletzt aufgerufen am 09.08.2021.
26 Aus unserem Gespräch mit Kathrin Henneberger vom 27.05.2021, Berlin / Rheinland.
27 Wirdeier, Eusebius; Nitschmann, Johannes: *Garzweiler oder wie die Braunkohlen-Connection eine ganze Region verheizt*. Köln 1995.
28 https://www.abgeordnetenwatch.de/blog/nebentaetigkeiten/nrw-landtags-abgeordnete-erhielten-mehr-als-24-mio-euro-an-nebeneinkuenften, zuletzt aufgerufen am 09.08.2021.
29 https://www.sueddeutsche.de/politik/lobbyisten-bundestag-verweigert-herausgabe-der-namen-von-lobbyisten-1.2701866?reduced=true, zuletzt aufgerufen am 09.08.2021.

30 https://www.abgeordnetenwatch.de/blog/nebentaetigkeiten/nrw-landtags-abgeordnete-erhielten-mehr-als-24-mio-euro-an-nebeneinkuenften, zuletzt aufgerufen am 09.08.2021.
31 https://www.group.rwe/nachbarschaft/rwe-erleben/unsere-aussichtspunkte/aussichtspunkt-skywalk, zuletzt aufgerufen am 09.08.2021.
32 Aus unserem Gespräch mit Kathrin Henneberger vom 27.05.2021, Berlin / Rheinland.
33 Aus unserem Gespräch mit Kathrin Henneberger vom 27.05.2021, Berlin / Rheinland.
34 Aus unserem Gespräch mit Kathrin Henneberger vom 27.05.2021, Berlin / Rheinland.
35 Luisa Neubauer auf der RWE-Jahreshauptversammlung am 03.05.2019 in Essen. Vgl. dazu auch https://www.tagesspiegel.de/wirtschaft/schalten-sie-ab-fridays-for-future-protestiert-auf-der-rwe-hauptversammlung/24284682.html, zuletzt aufgerufen am 09.08.2021.
36 Aus unserem Gespräch mit Kathrin Henneberger vom 27.05.2021, Berlin / Rheinland.
37 https://www.aachener-zeitung.de/nrw-region/braunkohle/polizei-leistete-fast-380000-einsatzstunden_aid-33600357, zuletzt aufgerufen am 09.08.2021.

38 https://taz.de/Polizeiaktion-im-Hambacher-Forst/!5619546/, zuletzt aufgerufen am 09.08.2021.

39 https://www.lanuv.nrw.de/umwelt/wasser/grundwasser/folgen-des-braunkohleabbaus/, zuletzt aufgerufen am 09.08.2021.

40 Garzweiler II: Prüfung der energiewirtschaftlichen Notwendigkeit des Tagebaus. Gutachten im Auftrag von Greenpeace e.V, Mai 2020. https://www.diw.de/de/diw_01.c.412066.de/themen_nachrichten/bedeutung_der_braunkohle_sinkt_neue_kraftwerke_und_tagebaue_sind_ueberfluessig.html, zuletzt aufgerufen am 09.08.2021.

41 Aus unserem Gespräch mit Kathrin Henneberger vom 27.05.2021, Berlin / Rheinland.

42 https://www.klimareporter.de/protest/rwe-geht-gegen-pressesprecherin-von-ende-gelaende-vor, zuletzt aufgerufen am 08.08.2021.

43 Aus unserem Gespräch mit Kathrin Henneberger vom 27.05.2021, Berlin / Rheinland.

44 https://taz.de/Debatte-Klimapolitik/!5251372/, zuletzt aufgerufen am 09.08.2021.

45 Laut Studie zur »Körperverletzung im Amt durch Polizeibeamt*innen« des von der Deutschen Forschungsgemeinschaft (DFG) geförderten Projekts »KVIAPOL«, das seit März 2018 rechtswidrige polizeiliche Gewaltanwendung aus der Perspektive der Opfer und im Kontext des polizeilichen Bearbeitungsprozesses untersucht. Im Fokus stehen dabei Viktimisierungsprozesse, das Anzeigeverhalten und die Dunkelfeldstruktur, https://kviapol.rub.de/, zuletzt aufgerufen am 21.08.2021.

46 Aus unserem Gespräch mit Kathrin Henneberger vom 27.05.2021, Berlin / Rheinland.

3. Begegnung

1 Aus unserem Gespräch mit Shai Hoffmann vom 09.10.2020, Berlin.

2 Aus unserem Gespräch mit Shai Hoffmann vom 09.10.2020, Berlin.

3 Aus unserem Gespräch mit Shai Hoffmann vom 09.10.2020, Berlin.

4 https://twitter.com/ShaiHoffmann/status/862190163002347520, zuletzt aufgerufen am 09.08.2021.

5 Aus unserem Gespräch mit Shai Hoffmann vom 09.10.2020, Berlin.

6 Aus unserem Gespräch mit Shai Hoffmann vom 09.10.2020, Berlin.

7 Aus unserem Gespräch mit Shai Hoffmann vom 09.10.2020, Berlin.

8 Gedächtnisprotokoll von Shai Hoffmann aus unserem Gespräch vom 25.05.2021.
9 Aus unserem Gespräch mit Shai Hoffmann vom 25.05.2021, Berlin.
10 Gedächtnisprotokoll von Shai Hoffmann aus unserem Gespräch vom 25.05.2021.
11 Aus unserem Gespräch mit Shai Hoffmann vom 09.10.2020, Berlin.
12 Aus unserem Gespräch mit Shai Hoffmann vom 25.05.2021, Berlin.
13 Aus unserem Gespräch mit Shai Hoffmann vom 25.05.2021, Berlin.
14 Aus unserem Gespräch mit Shai Hoffmann vom 25.05.2021, Berlin.
15 Mittlerweile agieren rechtsextreme Menschen sogar mit ihren Klarnamen im Netz. Siehe dazu: https://taz.de/Klarnamenpflicht-auf-Plattformen/!5730616/, zuletzt aufgerufen am 30.08.2021.
16 Aus unserem Gespräch mit Ali Can vom 14.01.2021, Berlin / Essen.
17 Aus unserem Gespräch mit Ali Can vom 14.01.2021, Berlin / Essen.
18 Pörksen, Bernhard / Schulz von Thun, Friedemann: *Die Kunst des Miteinander-Redens: Über den Dialog in Gesellschaft und Politik.* 2020, S. 40.
19 Pörksen, B. / Schulz von Thun, F., a.a.O., S. 40 f.
20 Aus unserem Gespräch mit Ali Can vom 14.01.2021, Berlin / Essen.
21 Aus unserem Gespräch mit Dana Buchzik vom 16.06.2021.
22 Aus unserem Gespräch mit Dana Buchzik vom 16.06.2021.
23 Aus unserem Gespräch mit Waldemar Zeiler vom 09.11.2020, Berlin.
24 https://miteinanderreden.net/ueber-uns/beirat/, zuletzt abgerufen am 10.08.2021.
25 Aus unserem Gespräch mit Waldemar Zeiler vom 09.11.2020, Berlin.
26 Quelle: https://library.fes.de/fulltext/asfo/00256006.htm, zuletzt aufgerufen am 30.08.2021.
27 Aus unserem Gespräch mit Shai Hoffmann vom 09.10.2020, Berlin.
28 Aus unserem Gespräch mit Shai Hoffmann vom 09.10.2020, Berlin.
29 Vgl. u. a. Oberzaucher, Elisabeth: *Homo urbanus. Ein evolutionsbiologischer Blick in die Zukunft der Städte*. Springer 2017.
30 Wiesemann, Lars: *Öffentliche Räume und Diversität. Geographien der Begegnung in einem migrationsgeprägten Quartier – das Beispiel Köln-Mülheim*. LIT, Berlin, Münster 2015.
31 Bourdieu, Pierre: Physischer, sozialer und angeeigneter physischer Raum, in: Wentz, Martin (Hrsg.): *Stadt-Räume*. Campus, Frankfurt a. M., New York 1991, S. 91.
32 Aus unserem Gespräch mit Ali Can vom 14.01.2021, Berlin / Essen.
33 Aus unserem Gespräch mit Shai Hoffmann vom 09.10.2020, Berlin.

4. Macht

1 Aus unserem Gespräch mit Cesy Leonard vom 26.02.2021, Berlin.
2 Aus: Vetter, Marcus: *Das Forum – Rettet Davos die Welt?* Filmdokumentation, 2019.
3 Aus unserem Gespräch mit Lisa Göldner vom 10.06.2021, Berlin / Hamburg.
4 Aus unserem Gespräch mit Lisa Göldner vom 10.06.2021, Berlin / Hamburg.
5 Aus unserem Gespräch mit Carola Rackete vom 10.09.2020, Berlin.
6 Aus unserem Gespräch mit Lisa Göldner vom 10.06.2021, Berlin / Hamburg.
7 Aus unserem Gespräch mit Cesy Leonard vom 26.02.2021, Berlin.
8 Aus unserem Gespräch mit Margarete Stokowski vom 21.04.2021, Berlin.
9 Aus unserem Gespräch mit Dr. Gerhard Schick vom 10.11.2020, Berlin.
10 Aus unserem Gespräch mit Shai Hoffmann vom 09.10.2020, Berlin.
11 https://www.lobbycontrol.de/2015/11/zugang-zum-bundestag-viele-lobbyisten-auf-unionsticket/, zuletzt aufgerufen am 10.08.2021.
12 Aus: *Greta Thunberg: A Year to Change the World*, BBC-Dokumentation, UK, 2021.
13 Aus: Vetter, Marcus: *Das Forum – Rettet Davos die Welt?* Filmdokumentation, 2019.
14 https://www.youtube.com/watch?v=paaen3b44XY, zuletzt aufgerufen am 10.08.2021.
15 https://www.youtube.com/watch?v=paaen3b44XY, zuletzt aufgerufen am 10.08.2021.
16 Aus unserem Gespräch mit Luisa Neubauer vom 05.11.2020, Berlin.
17 https://www.sueddeutsche.de/wirtschaft/weltwirtschaftsforum-davos-sinnsuche-im-schweizer-schnee-1.1267079, zuletzt aufgerufen am 20.09.2021.
18 Aus unserem Gespräch mit Luisa Neubauer vom 05.11.2020, Berlin.
19 Aus unserem Gespräch mit Cesy Leonard vom 26.02.2021, Berlin.
20 https://www.faz.net/aktuell/karriere-hochschule/buero-co/psychologie-was-macht-aus-uns-macht-1590134.html, zuletzt aufgerufen am 10.08.2021.
21 Aus unserem Gespräch mit Carola Rackete vom 10.09.2020, Berlin.
22 Aus unserem Gespräch mit Philipp Ruch vom 26.11.2020, Berlin.
23 Aus unserem Gespräch mit Shai Hoffmann vom 09.10.2020, Berlin.
24 Aus unserem Gespräch mit Shai Hoffmann vom 09.10.2020, Berlin.
25 Aus unserem Gespräch mit Lisa Göldner vom 10.06.2021, Berlin / Hamburg.
26 Studie *Jugend will bewegen*, Vodafone Stiftung, 2020. Befragt wurden 14- bis 24-Jährige in Deutschland.
27 Aus unserem Gespräch mit Ali Can vom 14.01.2021, Berlin / Essen.

28 Aus unserem Gespräch mit Tupoka Ogette vom 15.01.2021, Berlin.
29 Aus unserem Gespräch mit Cesy Leonard vom 26.02.2021, Berlin.
30 Aus unserem Gespräch mit Carola Rackete vom 10.09.2020, Berlin.
31 Aus: »Die Kinder der Apokalypse«, in: *Der Spiegel*, 31.05.2019.
32 Aus unserem Gespräch mit Carola Rackete vom 10.09.2020, Berlin.
33 Aus unserem Gespräch mit Philipp Ruch vom 26.11.2020, Berlin.
34 Aus unserem Gespräch mit Carola Rackete vom 10.09.2020, Berlin.
35 Aus unserem Gespräch mit Anne Wizorek vom 06.10.2020, Berlin.
36 Aus unserem Gespräch mit Luisa Neubauer vom 05.11.2020, Berlin.
37 Vgl. Studie *Jugend will bewegen*, Vodafone Stiftung, 2020. Befragt wurden 14- bis 24-Jährige in Deutschland.
38 https://www.faz.net/aktuell/politik/inland/fridays-for-future-verliert-aktivisten-an-die-politik-16918974.html, zuletzt aufgerufen am 10.08.2021.
39 Aus unserem Gespräch mit Kathrin Henneberger vom 27.05.2021, Berlin / Rheinland.
40 Aus dem Flyer *Hallo, Politik. Tag der offenen Tür der Bundesregierung*, Presse- und Informationsamt der Bundesregierung, Juli 2019.
41 Pressemitteilung von AbilityWatch zur Aktion: https://abilitywatch.de/2019/08/18/pressemitteilung-nach-protest-zum-risg/, zuletzt aufgerufen am 27.08.2021.
42 Aus unserem Gespräch mit Philipp Ruch vom 26.11.2020, Berlin.
43 Aus unserem Gespräch mit Philipp Ruch vom 26.11.2020, Berlin.

5. Ohnmacht

1 Aus unserem Gespräch mit Cesy Leonard vom 26.02.2021, Berlin.
2 Bandura, Albert: Self-Efficacy: Toward a Unifying Theory of Behavioral Change, in: *Psychological Review* 84 (2), 1977, S. 191 – 215.
3 Aus unserem Gespräch mit Shai Hoffmann vom 09.10.2020, Berlin.
4 Aus unserem Gespräch mit Carola Rackete vom 10.09.2020, Berlin.
5 Aus unserem Gespräch mit den Aktivist*innen von Reconquista Internet vom 26.11.2020.
6 Aus unserem Gespräch mit Shai Hoffmann vom 09.10.2020, Berlin.
7 Aus unserem Gespräch mit Cesy Leonard vom 26.02.2021, Berlin.
8 Aus unserem Gespräch mit Cesy Leonard vom 26.02.2021, Berlin.
9 Aus unserem Gespräch mit Luisa Neubauer vom 05.11.2020, Berlin.
10 Aus unserem Gespräch mit Ali Can vom 14.01.2021, Berlin / Essen.

11 Aus unserem Gespräch mit Tupoka Ogette vom 15.01.2021, Berlin.
12 https://www.sueddeutsche.de/wissen/klima-hannover-klimawandel-und-psyche-burnout-kurse-fuer-demonstranten-dpa.urn-newsml-dpa-com-20090101-200209-99-835383, zuletzt aufgerufen am 17.08.2021.
13 https://www.sueddeutsche.de/wissen/klima-hannover-klimawandel-und-psyche-burnout-kurse-fuer-demonstranten-dpa.urn-newsml-dpa-com-20090101-200209-99-835383, zuletzt aufgerufen am 17.08.2021.
14 Aus unserem Gespräch mit Luisa Neubauer vom 05.11.2020, Berlin.
15 Vgl. *Deutsches Ärzteblatt*, PP, 09.09.2019, S. 397.
16 Aus unserem Gespräch mit Tupoka Ogette vom 15.01.2021, Berlin.
17 https://www.tagesspiegel.de/politik/ich-kann-die-katastrophe-nicht-verhindern-wenn-die-angst-vor-dem-klimawandel-nicht-mehr-weggeht/25486848.html, zuletzt aufgerufen am 16.09.2021
18 Keck, Martin E.: *Burnout*. Max-Planck-Institut für Psychiatrie, https://www.psych.mpg.de/2319598/Burnout_BroschureA5_171024LOW.pdf, zuletzt aufgerufen am 17.08.2021.
19 Aus unserem Gespräch mit Anne Wizorek vom 06.10.2020, Berlin.
20 Aus unserem Gespräch mit den Aktivist*innen von Reconquista Internet vom 26.11.2020.
21 Aus unserem Gespräch mit Philipp Ruch vom 26.11.2020, Berlin.
22 Grönemeyer, Herbert: *4630 Bochum*. EMI 1984.
23 Aus unserem Gespräch mit Tupoka Ogette vom 15.01.2021, Berlin.
24 Aus unserem Gespräch mit Luisa Neubauer vom 05.11.2020, Berlin.
25 Aus unserem Gespräch mit Philipp Ruch vom 26.11.2020, Berlin.
26 Aus unserem Gespräch mit Waldemar Zeiler vom 09.11.2020, Berlin.
27 Aus unserem Gespräch mit Cesy Leonard vom 26.02.2021, Berlin.
28 Aus unserem Gespräch mit Carola Rackete vom 10.09.2020, Berlin.
29 Aus unserem Gespräch mit Carola Rackete vom 10.09.2020, Berlin.
30 Aus unserem Gespräch mit Dr. Gerhard Schick vom 10.11.2020, Berlin.
31 Aus unserem Gespräch mit Ali Can vom 14.01.2021, Berlin / Essen.
32 Aus unserem Gespräch mit Dr. Gerhard Schick vom 10.11.2020, Berlin.
33 Aus unserem Gespräch mit Carola Rackete vom 10.09.2020, Berlin.
34 Aus unserem Gespräch mit Luisa Neubauer vom 05.11.2020, Berlin.
35 Aus unserem Gespräch mit Cesy Leonard vom 26.02.2021, Berlin.
36 Aus unserem Gespräch mit Ali Can vom 14.01.2021, Berlin / Essen.
37 Aus unserem Gespräch mit Ali Can vom 14.01.2021, Berlin / Essen.
38 Aus unserem Gespräch mit Ali Can vom 14.01.2021, Berlin / Essen.

39 Grossman, Nathan: *I am Greta* (Dokumentarfilm), Schweden / Großbritannien 2020.

40 https://www.stern.de/panorama/gesellschaft/comedian-jasmina-kuhnke-fuerchtet-nach-morddrohungen-um-ihr-leben-30469820.html, zuletzt aufgerufen am 17.08.2021.

41 Aus unserem Gespräch mit Jasmina Kuhnke vom 09.06.2021.

42 Stand August 2021: 300 000+ Meldungen (1000 pro Tag), 150 000+ Nutzer:innen, 100 000+ Anzeigen.

43 Aus unserem Gespräch mit den Aktivist*innen von Reconquista Internet vom 26.11.2020.

44 Aus unserem Gespräch mit den Aktivist*innen von Reconquista Internet vom 26.11.2020.

45 https://www.morgenpost.de/vermischtes/article232767303/fussball-em-haeusliche-gewalt-studie.html, zuletzt aufgerufen am 17.08.2021.

46 Aus unserem Gespräch mit Ali Can vom 14.01.2021, Berlin / Essen.

47 https://perspective-daily.de/article/586/3820uG8z, zuletzt aufgerufen am 17.08.2021.

48 Aus unserem Gespräch mit Ali Can vom 14.01.2021, Berlin / Essen.

49 Luisa Neubauer im Interview mit Max Hoppenstedt: »Was über mich geschrieben wird, ist schon krass«, in: *Der Spiegel*, 12.08.2020.

50 Aus: Pitterling, Kathrin, *Aufschrei der Jugend. Generation Fridays for Future*, Dokumentarfilm, RBB, 2020.

51 Aus unserem Gespräch mit Luisa Neubauer vom 10.05.2021, Berlin.

52 Aus unserem Gespräch mit Luisa Neubauer vom 10.05.2021, Berlin.

53 Schaetz, N.; Leißner, L.; Porten-Cheé, P.; Emmer, M.; Strippel, C.: *Politische Partizipation in Deutschland 2019* (Weizenbaum Report, 1). Berlin: Weizenbaum Institute for the Networked Society – The German Internet Institute, 2020.

54 Aus unserem Gespräch mit Dana Buchzik vom 14.05.2021, Berlin.

55 Aus unserem Gespräch mit Dana Buchzik vom 14.05.2021, Berlin.

56 Ebenda.

57 Aus unserem Gespräch mit Luisa Neubauer vom 10.05.2021, Berlin.

58 Aus unserem Gespräch mit Shai Hoffmann vom 09.10.2020, Berlin.

59 Bor, Alexander; Bang Petersen, Michael: *The Psychology of Online Political Hostility: A Comprehensive, Cross-national Test of the Mismatch Hypothesis*, Aarhus University, 2021.

60 Alexander Bor, Politologe an der Universität Aarhus und Mitautor der Studie, im Deutschlandfunk am 29.07.2021.

61 Aus unserem Gespräch mit den Aktivist*innen von Reconquista Internet vom 26.11.2020.
62 Aus unserem Gespräch mit den Aktivist*innen von Reconquista Internet vom 26.11.2020.
63 Aus unserem Gespräch mit Anne Wizorek vom 06.10.2020, Berlin.
64 http://kleinerdrei.org/2013/01/normal-ist-das-nicht/, zuletzt aufgerufen am 17.08.2021.
65 https://twitter.com/marthadear/status/294586884540223488, zuletzt aufgerufen am 17.08.2021.
66 https://twitter.com/marthadear/status/294591451831078913, zuletzt aufgerufen am 17.08.2021.
67 https://twitter.com/marthadear/status/294601560858693633, zuletzt aufgerufen am 17.08.2021.
68 Quelle: https://www.profil.at/gesellschaft/anne-wizorek-ich-aufschrei-feministinnen-maenner-5533390, zuletzt aufgerufen am 17.08.2021.
69 Sexismus-Debatte: Gauck beklagt »Tugendfuror« im Fall Brüderle, in: *Spiegel online*, 03.03.2013.
70 Laut Daten der Bundesregierung kommen über 90 Prozent der Fälle von rechts; https://dserver.bundestag.de/btd/19/119/1911908.pdf, zuletzt aufgerufen am 17.08.2021.
71 https://de.statista.com/infografik/25335/haeufigkeit-der-wahrnehmung-von-hasskommentaren-im-netz/, zuletzt aufgerufen am 17.08.2021.
72 Aus unserem Gespräch mit Anne Wizorek vom 06.10.2020, Berlin.

6. Bewegung

1 https://taz.de/Die-Leidenschaftliche/!5725968/, zuletzt aufgerufen am 17.08.2021.
2 https://www.bbc.com/news/blogs-trending-41633857, zuletzt aufgerufen am 17.08.2021.
3 https://www.pbs.org/newshour/nation/twitter-chat-what-metoo-says-about-sexual-abuse-in-society, zuletzt aufgerufen am 17.08.2021.
4 Aus unserem Gespräch mit Anne Wizorek vom 06.10.2020, Berlin.
5 Aus unserem Gespräch mit Luisa Neubauer vom 05.11.2020, Berlin.
6 Aus unserem Gespräch mit Waldemar Zeiler vom 26.02.2021, Berlin.
7 https://taz.de/Inside-Fridays-for-Future/!5641252/, zuletzt aufgerufen am 17.08.2021.

8 https://issuu.com/obsfrankfurt/docs/2019_ipb_fridaysforfuture, zuletzt aufgerufen am 16.09.2021.

9 Sommer, Moritz; Rucht, Dieter; Haunss, Sebastian; Zajak, Sabrina: *Fridays for Future. Profil, Entstehung und Perspektiven der Protestbewegung in Deutschland*. Institut für Protest und Bewegungsforschung. Berlin 2019.

10 Ebenda.

11 Aus: Pitterling, Kathrin: *Aufschrei der Jugend. Generation Fridays for Future*, Dokumentarfilm, RBB, 2020.

12 Aus: Pitterling, Kathrin, *Aufschrei der Jugend. Generation Fridays for Future*, Dokumentarfilm, RBB, 2020.

13 https://www.deutschlandfunkkultur.de/fridays-for-future-neue-massstaebe-fuer-den-onlineprotest.1008.de.html?dram:article_id=475433, zuletzt aufgerufen am 17.08.2021.

14 Aus unserem Gespräch mit Tupoka Ogette vom 15.01.2021, Berlin.

15 Hillstrom, Laurie Collier: *Black Lives Matter: From a Moment to a Movement*, Santa Barbara 2018.

16 Patrice Cullors in *The Rise of Black Lives Matter*, VPRO documentary, 2016, https://www.youtube.com/watch?v=tgFI0phqRIY&t=1256s, zuletzt aufgerufen am 17.08.2021.

17 Patrice Cullors in *The Rise of Black Lives Matter*, VPRO documentary, 2016, https://www.youtube.com/watch?v=tgFI0phqRIY&t=1256s, zuletzt aufgerufen am 17.08.2021.

18 https://www.goethe.de/de/uun/pub/akt/g19/21693045.html, zuletzt aufgerufen am 17.08.2021.

19 https://taz.de/Die-Leidenschaftliche/!5725968/, zuletzt aufgerufen am 17.08.2021.

20 Freelon, Deen; McIlwain, Charlton D.; Clark, Meredith D.: *Beyond the Hashtags*, 2016, Center for Media & Social Impact, https://cmsimpact.org/resource/beyond-hashtags-ferguson-blacklivesmatter-online-struggle-offline-justice/, zuletzt aufgerufen am 17.08.2021.

21 Übersetzt: Die Qualität der Informationen ist entscheidend. Quelle: https://state-studio.com/pocket-democracy, zuletzt aufgerufen am 17.08.2021.

22 https://theweek.com/speedreads/640675/smith-racism-not-getting-worse-getting-filmed, zuletzt aufgerufen am 17.08.2021.

23 Aus unserem Gespräch mit Tupoka Ogette vom 15.01.2021, Berlin.

24 Orry Mittenmayer bat um diese Schreibweise: »Schwarz« groß geschrieben.

25 BIPoC ist die Abkürzung von Black, Indigenous, People of Color und bedeutet auf Deutsch Schwarz, Indigen.

26 Aus unserem Gespräch mit Orry Mittenmayer vom 22.04.2021, Berlin.

7. Petitionen

1 Aus unserem Gespräch mit Luisa Neubauer vom 05.11.2020, Berlin.

2 Schaetz, N.; Leißner, L.; Porten-Cheé, P.; Emmer, M.; Strippel, C.: *Politische Partizipation in Deutschland 2019* (Weizenbaum Report, 1). Berlin: Weizenbaum Institute for the Networked Society – The German Internet Institute, 2020.

3 Aus unserem Gespräch mit Shai Hoffmann vom 09.10.2020, Berlin.

4 Quelle: https://www.change.org/p/auf-coffee-to-go-becher-in-deutschland-verzichten-no2coffee2go-starbucks, zuletzt aufgerufen am 20.08.2021.

5 Aus: https://www.brandeins.de/magazine/brand-eins-wirtschaftsmagazin/2020/kommunikation/tamponsteuer-symbol-der-gerechtigkeit, zuletzt aufgerufen am 27.08.2021.

6 Statement vom 30.09.2019: Lisa Paus und Ulle Schauws zur Debatte um eine Reduzierung des Mehrwertsteuersatzes für Binden und Tampons, https://www.gruene-bundestag.de/presse/pressestatements/default-6bd01e9d9b, zuletzt aufgerufen am 30.08.2021.

7 https://twitter.com/OlafScholz/status/1180143053711036417, zuletzt aufgerufen am 20.08.2021.

8 Lisa Paus im Deutschen Bundestag am 07.11.2019, https://www.bundestag.de/mediathek?videoid=7400182#url=L21lZGlhdGhla292ZXJsYXk/dmlkZW9pZD03NDAwMTgy&mod=mediathek, zuletzt aufgerufen am 20.08.2021.

9 Binswanger, Michèle: »Das unrühmliche Ende der Hipster«, in: *Basler Zeitung*, 27.10.2010.

10 https://www.tagesspiegel.de/politik/klimaprotest-im-berliner-olympia stadion-die-idee-der-buergernnenversammlung-ist-dumm-und-grotesk/25271020.html

11 https://www.startnext.com/12062020, zuletzt aufgerufen am 21.08.2021.

12 https://twitter.com/FFF_Frankfurt/status/1198666424862027777, zuletzt aufgerufen am 21.08.2021.

13 Philip Siefer in: *UNFCK THE WORLD*, Doku-Serie von Finbarr Wilbrink, 2021.

14 Aus unserem Gespräch mit Margarete Stokowski vom 21.04.2021, Berlin.

15 Aus unserem Gespräch mit Waldemar Zeiler vom 09.11.2020, Berlin.

16 Ebenda.

17 Philip Siefer in: *UNFCK THE WORLD*, Doku-Serie von Finbarr Wilbrink, 2021.

18 Jan Böhmermann auf Twitter: (@janboehm) 21.11.2019.

19 https://twitter.com/f_karig/status/1209854696283873281, zuletzt aufgerufen am 21.08.2021.

20 https://www.deutschlandfunk.de/event-demokratie-politischer-aktivismus-aus-dem.862.de.html?dram:article_id=467540, zuletzt aufgerufen am 21.08.2021.

21 https://twitter.com/LucasGerrits/status/1210115469455372288, zuletzt aufgerufen am 21.08.2021.

22 https://taz.de/Crowdfunding-fuer-Buergerversammlung/!5648556/, zuletzt aufgerufen am 21.08.2021.

23 *Jung & Naiv*: Folge 450, https://www.youtube.com/watch?v=BEBGI774TiQ&t=4434s, zuletzt aufgerufen am 21.08.2021.

24 Ebenda.

25 Das Toleranz-Paradox nach Karl Popper: *The Open Society and Its Enemies*, London 1945. Deutsche Übersetzung: *Die offene Gesellschaft und ihre Feinde*, Band 1, Bern 1957; 8., bearb. Auflage, Tübingen 2003.

26 Claudine Nierth, Vorstandssprecherin von Mehr Demokratie e.V., in: *UNFCK THE WORLD*, Doku-Serie von Finbarr Wilbrink, 2021.

27 Aus unserem Gespräch mit Waldemar Zeiler vom 09.11.2020, Berlin.

28 Monty Python: *Das Leben Brians. Drehbuch und apokryphe Szenen*. Wilhelm Heyne Verlag (Taschenbuchausgabe), München 1994.

29 Aus unserem Gespräch mit Dana Buchzik vom 14.05.2021, Berlin.

30 Aus unserem Gespräch mit Carola Rackete vom 10.09.2020, Berlin.

31 Erstaufruf vom 13.10.2018, abgerufen unter: https://www.unteilbar.org/uber-unteilbar/positionen/aufruf-13-10-2018/

32 Aus unserem Gespräch mit Luisa Neubauer vom 05.11.2020, Berlin.

33 Aus unserem Gespräch mit Orry Mittenmayer vom 22.04.2021, Berlin.

34 Aus unserem Gespräch mit Cesy Leonard vom 26.02.2021, Berlin.

35 Aus unserem Gespräch mit Tupoka Ogette vom 15.01.2021, Berlin.

36 Aus unserem Gespräch mit Dana Buchzik vom 14.05.2021, Berlin.

37 Aus unserem Gespräch mit Waldemar Zeiler vom 09.11.2020, Berlin.

38 Aus unserem Gespräch mit Dr. Gerhard Schick vom 10.11.2020, Berlin.

39 Aus unserem Gespräch mit Cesy Leonard vom 26.02.2021, Berlin.

40 Aus unserem Gespräch mit Luisa Neubauer vom 05.11.2020, Berlin.

8. Konstruktiver Aktivismus

1 Galeano, Eduardo: *Wandelnde Worte*. Wiesbaden 1999.
2 Aus unserem Gespräch mit Waldemar Zeiler vom 09.11.2020, Berlin.
3 Aus unserem Gespräch mit Ali Can vom 14.01.2021, Berlin / Essen.
4 Aus unserem Gespräch mit Tupoka Ogette vom 15.01.2021, Berlin.
5 Aus unserem Gespräch mit Luisa Neubauer vom 10.05.2021, Berlin
6 Aus unserem Gespräch mit Luisa Neubauer vom 10.05.2021, Berlin.
7 Greta Thunberg beim TEDx Stockholm am 19.11.2019. https://www.youtube.com/watch?v=EAmmUIEsN9A#t=10m02s), zuletzt aufgerufen am 22.08.2021.
8 Aus unserem Gespräch mit Philipp Ruch vom 26.11.2020, Berlin.
9 https://www.greenpeace-magazin.de/wegweiser/felix-weisbrich
10 https://www.bmu.de/gesetz/bundes-klimaschutzgesetz, zuletzt aufgerufen am 26.08.2021.
11 Aus unserem Gespräch mit Luisa Neubauer vom 10.05.2021, Berlin.

Bildnachweis

Seite 274: Dana Buchzik, © Pierre Horn, Schall und Rauch Berlin
Seite 275: Ali Can, © privat
Seite 276: Lisa Göldner, © Lucas Wahl / Greenpeace
Seite 277: Kathrin Henneberger, © privat
Seite 278: Shai Hoffmann, © Peter van Heesen
Seite 279: Cesy Leonard, © Meike Kenn
Seite 280: Orry Mittenmayer, © privat
Seite 281: Luisa Neubauer, © Oguz Yilmaz
Seite 282: Tupoka Ogette, © Kristin Bethge
Seite 283: Carola Rackete, © Carolin Weinkopf
Seite 285: Philipp Ruch, © Glene Glover
Seite 286: Dr. Gerhard Schick, © privat
Seite 287: Margarete Stokowski, © Annett Etges
Seite 288: Anne Wizorek, © part GmbH
Seite 289: Waldemar Zeiler, © Anne Hufnagl

CPI
Mehr Bäume.
Weniger CO_2.
www.cpibooks.de/klimaneutral

FSC
www.fsc.org
MIX
Papier aus verantwortungsvollen Quellen
FSC® C083411